普通高等院校实验教材系列



# 有机化学实验

黄 超 杨丽娟 蒋 琳
钏永明 袁明龙 主编

科学出版社
北 京

# 内 容 简 介

本教材汇集多年本科有机化学实验基础教学和应用，内容包括有机化学实验的基本知识、基本操作、性质实验、合成实验、天然产物化学成分的提取、分离和鉴定、综合性实验及合成设计实验等六部分。实验采用微量、半微量、绿色化学等手段进行，注重节约试剂、减少污染，又能达到较好的实验效果。积极拓展现代有机化学中“绿色化学”的应用，引进有机化学现代研究手段，并注重结合实际开展实验。

本书适合作综合性大学、理工科院校、民族院校以及农林、医药类院校的教材，也可供相关专业的工作人员及研究人员参考。

**图书在版编目（CIP）数据**

有机化学实验/黄超等主编. —北京：科学出版社，2016.6（2018.8重印）
ISBN 978-7-03-048514-4

Ⅰ. ①有… Ⅱ. ①黄… Ⅲ. ①有机化学－化学实验－高等学校－教材
Ⅳ. ①O62-33

中国版本图书馆CIP数据核字（2016）第123723号

责任编辑：杨 岭 郑述方/责任校对：冯 铂
责任印制：罗 科/封面设计：墨创文化

科学出版社 出版
北京东黄城根北街16号
邮政编码：100717
http://www.sciencep.com

成都锦瑞印刷有限责任公司印刷
科学出版社发行 各地新华书店经销

*

2016年6月第 一 版 开本：B5（720×1000）
2018年8月第三次印刷 印张：14 1/2
字数：300 000

**定价：38.00元**

（如有印装质量问题，我社负责调换）

# 前言

有机化学实验是化学教学的重要课程。通过有机化学实验的基本训练，培养学生实事求是的科学态度、良好的科学素养和工作习惯。同时，加深学生对有机化学基本理论与概念的理解，提升运用所学的理论解决实际问题的能力。随着有机化学的迅猛发展，新反应、新技术、新合成方法和新化合物也不断涌现。本书融合“绿色化学”和“教育创新”的理念，注重学生的环保意识、实验积极性、开拓性和创造性的培养和提高。

本书包括六章，既有基础知识，又有综合应用拔高内容，帮助学生循序渐进掌握有机化学实验方法和技能。附录部分将常用有机物的性质列出，以便查阅。第 1 章为有机化学实验的基本知识，第 2 章为基本操作，第 3 章为性质实验，第 4 章为合成实验，第 5 章为天然产物化学成分的提取、分离和鉴定，第 6 章为综合性实验及合成设计实验。该书以多年实验教学积累为基础，内容充实可信，具有较强的实用性；图文并茂以方便学生理解实验内容；运用科技文写作风格，体现有机实验的科学性等特点。

本书是在教学实践中经过不断修改和完善而编写完成的。黄超、杨丽娟、蒋琳、钏永明、袁明龙为主编，蒋孟圆、刘文星、周永云、王韦、黄相中为编委。学生王平、王晓晶、白海瑞、刘花对书中的文字图形进行了部分整理和校正工作。感谢郭俊明、王红斌、刘天成、叶艳青、王炯、王如阳、董学畅、戴云、陈林、李干鹏等领导和前辈对本书实验教学内容的指导和付出。在编写过程中，编者也参考了不少兄弟院校已出版的实验教材。

本书由云南民族大学高水平民族大学建设学院特区项目资助出版，同时科学出版社郑述方编辑为本书的编辑出版倾注了大量心血和帮助。在此一并表示感谢！

由于本书是集体编写的，水平和编写时间均有限，书中错误、遗漏和欠妥之处在所难免，敬望读者批评指正，以便适时进一步修改和完善。

编者

2015 年 11 月于昆明

# 目　录

# 第1章　有机化学实验的基本知识

## 1.1　有机化学实验室规则

为能有效地维护人身安全，确保实验的顺利进行，培养严谨的科学作风和学习态度，养成良好的实验习惯，掌握实验方法，学生必须严格遵守下列实验室规则。

(1)学生进行实验前，必须认真学习并严格遵守实验室各项规则。

(2)做好实验前的一切准备工作。学生应在实验前，认真阅读有机化学相关实验的实验内容及参考资料，做好预习工作，其内容包括明确实验目的、了解实验意义及实验原理、熟悉操作方法、注意事项、所需试剂和仪器，并在每次实验前写出可行的实验预习报告。实验前必须提交预习实验报告，无预习报告者不得做实验。

(3)必须提前10 min进入实验室做好实验前的准备，不得迟到、早退和缺席，因病、事需要调整实验时间，事前必须经实验教师同意。

(4)一门实验课缺课三次实验者，本门实验课视为不及格，必须按有关规定进行重修。

(5)实验报告应在下一次实验前交实验指导教师批阅。

(6)进入实验室时，应先观察实验室内灭火器材放置地点并了解使用方法，严格遵守实验室的安全守则和注意每一项实验操作的安全事项。严格参照实验教材所规定的操作步骤、仪器及试剂的规格和用量进行实验；如需更改，必须征求指导教师的同意。若有意外事故发生，要立即采取应急措施，并立即报告指导教师进一步处理。

(7)学生进实验室必须穿实验服，不得穿拖鞋进实验室，严禁在实验室内吸烟、吃零食，实验中应遵守纪律，保持安静。实验时注意力要集中，操作要认真，观察要细致，积极思考，如实记录，不得擅自离开岗位。

(8)实验中必须按实验教师的要求进行实验，节约使用各类实验试剂，用过的试剂必须放回原处，实验的产品及“三废”应按有关规定进行回收或处理后进行排放，保持实验室的整洁和卫生，严格遵从指导老师的指导，严格按操作规程操作，注意安全。

(9)学生做完实验后，必须轮流值日打扫卫生，值日生须保证做到桌面、地面、水槽、仪器干净，并把实验过程中产生的垃圾送往垃圾存放点，把具有毒性和腐蚀性的废液按类别回收，便于统一回收处理。

(10)学生做完实验后，必须认真检查水、电、门、窗，征得实验教师同意后方可离开实验室，要爱护公物，公用仪器和试剂须在指定地点使用并保持整洁，用后立即归还原处。取用药品注意及时盖盖并整齐摆放，防止药品交叉污染。

(11)学生应学会正确使用灭火器材和急救药品，实验中遇突发事故，应及时报告实验教师并协助教师处理事故。

## 1.2　有机化学实验室安全知识

有机化学实验所用药品多数是有毒、易燃、具有腐蚀性或爆炸性的；所用仪器大部分是玻璃制品；实验中常使用水、电或气体；实验中常需要高温、高压或低温、负压等操作。因此，在有机化学实验中，如果违背实验操作规程、疏忽一些实验细节问题，就容易发生意外事故，如烧伤、烫伤、中毒、火灾或爆炸等。然而，只要我们重视安全问题，实验中严格按实验操作规程进行，加强安全措施，大多数事故是可以避免的。有些事故发生后，如果及时正确地处理就会减小损失。下面介绍实验室安全守则和实验室事故预防和处理的常用知识。

### 1.2.1　实验室的安全守则

(1)实验开始前应仔细检查仪器有无破损，装置是否正确，在征得指导教师同意之后，才可进行实验。

(2)实验进行时，不得离开岗位，要严密监视实验进行状况，观察实验是否有异常，注意反应进行的情况和装置有无漏气和破裂等现象。

(3)进行有可能发生危险的实验前要根据实验情况采取必要的安全措施，如戴防护眼镜、面罩或橡皮手套等，但不能戴隐形眼镜。

(4)使用易燃、易爆药品时，应远离火源；在操作易挥发的液体、有毒气体时，必须在通风橱内进行，实验试剂不得入口。严禁在实验室内吸烟或吃食物。实验结束后要仔细洗手。

(5)熟悉安全用具如灭火器材、砂箱以及急救药箱的放置地点和使用方法，并妥善爱护。安全用具和急救药品不准移作他用。

(6)实验结束，各种药品不得散失和丢弃，废渣、废液和废气要按照规定进行处理。

## 1.2.2　实验室事故的预防

**1. 火灾的预防**

实验室中的有机化学药品大多数是易燃品，着火是实验室常见事故之一，应尽量避免使用明火。

防火的基本原则：①使用易燃的溶剂时要远离火源，不得采用烧杯或者敞口仪器盛放易燃、易挥发的溶剂，试剂瓶盛装液体不能过满，一般为三分之二体积。②实验中，液体加热过程中防止局部过热和暴沸，不得在密闭的容器中加热液体，不要使易燃蒸气泄露。③使用金属钠、钾、铝粉和电石等药品时，应注意使用和存放，避免与水接触。④在处理大量的有机溶剂时，应在通风橱内进行。⑤严禁将易燃液体倒入下水道。⑥实验室内不得存放大量易燃物品。

**2. 防爆**

化学药品的爆炸分为支链爆炸和热爆炸：氢、乙烯、乙炔、苯、乙醇、乙醚、丙酮、乙酸乙酯、一氧化碳、水煤气和氨气等可燃性气体与空气混合至爆炸极限，一旦有热源诱发，极易发生支链爆炸；过氧化物、高氯酸盐、叠氮铅、乙炔铜、三硝基甲苯等易爆物质，受震动或受热可能发生热爆炸。

为了防止爆炸事故的发生，应注意以下几点：

(1)防止可燃性气体或蒸气散失在室内空气中，保持室内通风良好。当大量使用可燃性气体时，应严禁使用明火和可能产生电火花的电器。

(2)强氧化剂和强还原剂必须分开存放，使用时轻拿轻放，远离热源。

(3)常压操作时，切勿在密闭体系中进行反应或加热；减压蒸馏各部分仪器要具有一定的耐压能力，不能使用锥形瓶、平底烧瓶或薄壁试管等。

(4)使用醚类化合物时要注意过氧化物的检查，因为过氧化物浓度高时，加热会引起爆炸。

(5)在进行高压反应时，一定要使用特制的高压反应釜，禁止用普通的玻璃仪器进行高压反应。

**3. 防灼伤**

强酸、强碱、液氮、强氧化剂、溴、磷、钠、钾、苯酚、醋酸等物质，都会灼伤皮肤，应注意不要让皮肤与之接触，尤其防止溅入眼中。开启易挥发性药品的瓶盖时，必须先充分冷却后再开启；开启瓶盖时，瓶口应指向无人处，以免由于液体喷溅而造成伤害。如遇瓶盖开启困难，必须注意瓶内物品的性质，切不可贸然用火加热或乱敲瓶盖等。

**4. 防中毒**

大多数化学药品都有不同程度的毒性。有毒化学药品可通过呼吸道、消化道和皮肤进入人体而发生中毒现象。如氢氟酸侵入人体，将会损伤牙齿、骨骼、造血和神经系统；烃、醇、醚等有机物对人体有不同程度的麻醉作用；三氧化二砷、氰化物、氯化高汞等是剧毒品，摄入少量会致死。因此预防中毒应做到以下几点：

(1)称量药品时应使用工具，不得直接用手接触药品，尤其是剧毒药品。取用后应立即盖上盖子，以防其蒸气大量挥发。做完实验后，应认真洗手后再吃东西。任何实验药品禁止品尝。

(2)使用和处理有毒或有腐蚀性物质时，应在通风橱中进行或加气体吸收装置，并戴好防护用品。尽可能避免蒸气外逸，以防造成污染。

(3)如遇毒物溅入口中，立即用手指伸入咽部，促使呕吐，然后立即送往医院处置。

(4)如发生中毒现象，应让中毒者及时离开现场，到通风好的地方，严重者应及时送往医院就诊。

**5. 防触电**

实验室常用频率为 50 Hz、200 V 的交流电。人体通过 1 mA 的电流，便有发麻或针刺的感觉，10 mA 以上人体肌肉会强烈收缩，25 mA 以上则呼吸困难，有生命危险；直流电对人体也有类似的危险。为防止触电，应做到：

(1)修理或安装电器时，应先切断电源。

(2)使用电器时，手要干燥。

(3)电源裸露部分应有绝缘装置，电器外壳应接地线。

(4)不能用试电笔去试高压电。

(5)应用双手同时触及电器，防止接触时电流通过心脏。

(6)一旦有人触电，应首先切断电源，然后抢救。

仪器设备的安全用电：一切仪器应按说明书装接适当的电源，需要接地的一定要接地；若是直流电器设备，应注意电源的正负极，不要接错；若电源为三相，则三相电源的中性点要接地，触电时可降低接触电压；接三相电动机时要注意正转方向是否正确，否则，要切断电源，对调相线；接线时应注意接头要插牢，并根据电器的额定电流选用适当的连接导线；接好电路后应仔细检查无误后，方可通电使用；仪器发生故障时应及时切断电源。

### 1.2.3　事故的处理和急救

**1. 火灾的处理**

实验室一旦失火，千万不可惊慌，室内人员要积极有秩序地参加灭火。措施如下：

(1)切断火源。着火后，为防止火势蔓延，应立刻关闭煤气开关，切断电源，搬走火焰周围的易燃物质。

(2)灭火。有机化合物失火要根据燃烧物的特点进行扑救。①地面或桌面着火：若火势不大可用淋湿的抹布盖灭；若反应瓶内着火，可用石棉布盖上瓶口，使瓶内缺氧灭火。②衣物着火：切勿奔跑，就地躺倒，滚动将火压熄，邻近人员可用毛毯或被褥覆盖其身上使之隔绝空气而灭火。③电器着火：用二氧化碳或四氯化碳灭火剂灭火，因这些灭火剂不导电，不会使人触电。绝不能使用水或泡沫灭火器。④油类着火：要用沙子或二氧化碳灭火器灭火，也可撒固体碳酸氢钠粉末灭火。

总之，当失火时，应根据起火原因和火场周围的情况，采取相应的方法扑灭火焰。无论使用哪一种灭火器材，都应该从火的四周开始向中心扑灭，并及时拨打119电话通报火警。

**2. 灼伤的处理**

(1)轻微烫伤可在患处涂以玉树油或鞣酸软膏，重伤者涂以烫伤膏后，及时送医院就诊。

(2)皮肤上沾上酸液，用抹布擦掉后，立刻用大量水冲洗，然后用5%碳酸氢钠溶液洗涤后，涂上油膏。眼睛里溅入酸液，先抹去眼外的酸液，然后用大量水冲洗，或用稀碱碳酸氢钠水溶液洗涤。

(3)皮肤上沾上碱液，立刻用大量水冲洗，然后用饱和硼酸溶液或1%稀醋酸溶液洗涤后，涂上油膏。眼睛里溅入碱液，应先抹去眼外的碱液，然后用水冲洗，再用饱和硼酸溶液或1%稀醋酸溶液洗涤。

(4)若溴溅到皮肤上时，应立刻用水冲洗，涂上甘油。

上述方法仅为暂时减轻疼痛的措施。若伤势较重，应尽快送医院就诊。

**3. 中毒的处理**

毒物溅入口中尚无咽下的立即吐出，用大量水冲洗口腔。若已经吞下，应根据毒物性质给以解毒剂，并立即送往医疗单位。

腐蚀性毒物：对强酸，应先饮用大量的水，然后服用氢氧化铝膏、鸡蛋白；对于强碱，也应先饮用大量的水，然后服用鸡蛋白、醋。无论酸碱中毒皆再给以牛奶灌注，不宜吃呕吐剂。

刺激性及神经性中毒：先服牛奶或鸡蛋白使之缓和，再服用硫酸铜溶液(约30 g溶于一杯水中)催吐，有时也可以用手指伸入喉部催吐后，立即到医院就诊。

吸入气体中毒：将中毒者移至室外，解开衣领及钮扣，若吸入大量氯气或溴气者，可用碳酸氢钠溶液漱口。

### 1.2.4　急救用具

急救药箱：碘酒、双氧水、饱和硼砂溶液、1%醋酸溶液、5%碳酸氢钠溶液、70%酒精、玉树油、烫伤油膏、万花油、药用蓖麻油、硼酸膏或凡士林、磺胺药粉、洗眼杯、消毒棉花、纱布、胶布、绷带、剪刀、镊子、橡皮管等。

消防器材：泡沫灭火器、四氯化碳灭火器(弹)、二氧化碳灭火器、砂、石棉布、毛毡、棉胎和淋浴用的水龙头。

## 1.3　有机化学实验常用的仪器和装置

了解有机化学实验中所用仪器的性能、选用适合的仪器并正确使用仪器是对每一个实验者的基本要求。

### 1.3.1　有机化学实验常用普通玻璃仪器

实验室常用普通玻璃仪器如图 1-1 所示。

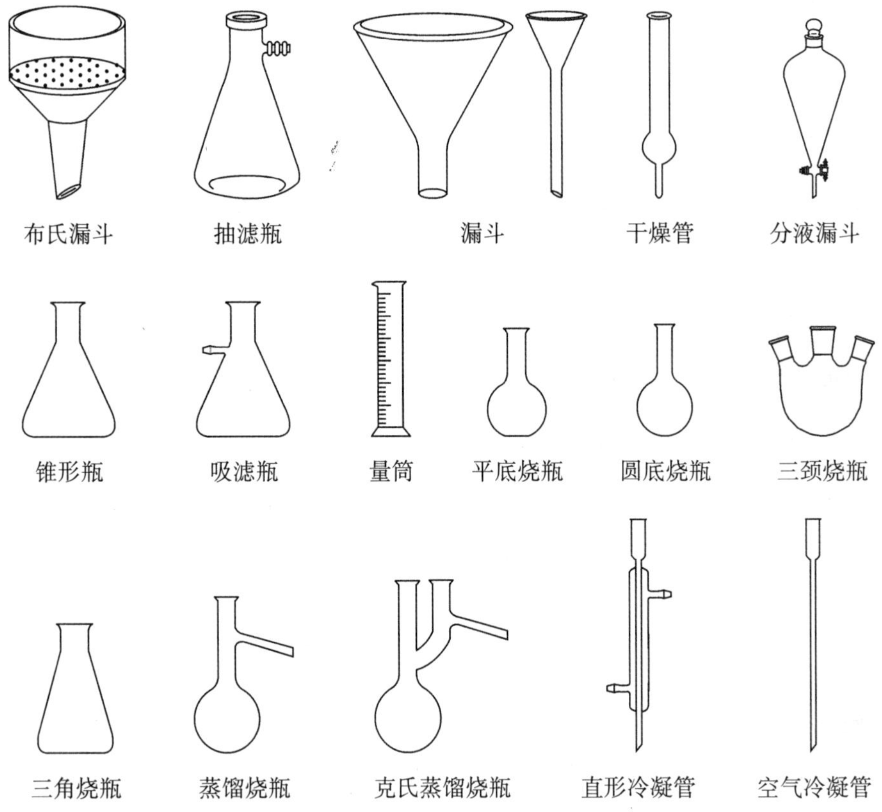

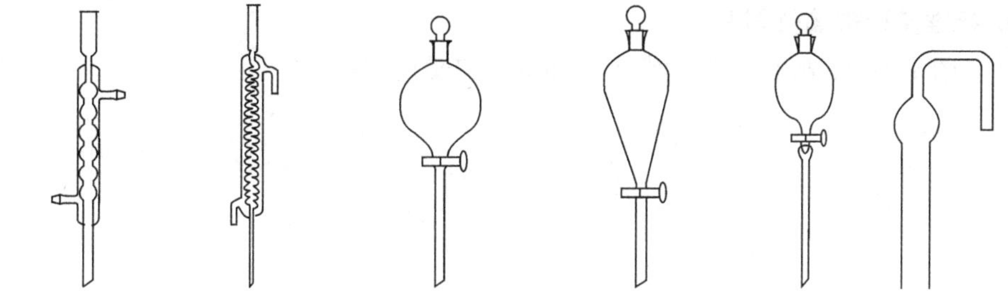


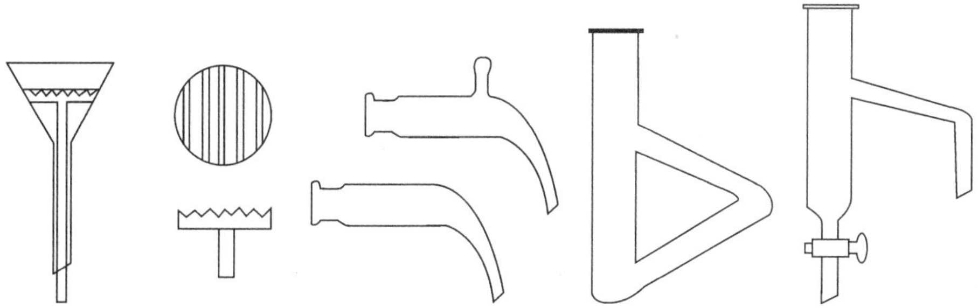


图 1-1 普通玻璃仪器

## 1.3.2 有机化学实验常用标准接口玻璃仪器

### 1. 标准接口玻璃仪器

标准接口玻璃仪器是具有标准磨口或磨塞的玻璃仪器。由于口塞尺寸的标准化、系统化，磨砂密合，凡属于同类规格的接口，均可任意互换，各部件能组装成各种配套仪器。当不同类型规格的部件无法直接组装时，可使用变径接头使之连接起来。使用标准接口玻璃仪器既可免去配塞子的麻烦，又能避免反应或产物被塞子沾污；口塞磨砂性能良好，使密合性可达较高真空度，对蒸馏尤其减压蒸馏有利，对于毒物或挥发性液体的实验较为安全。标准接口玻璃仪器，均按国际通用的技术标准制造。当某个部件损坏时，可以选配。标准接口仪器的每个部件在其口、塞的上或下显著部位均具有烤印的白色标志，标明规格。常用的有 10，12，14，16，19，24，29，34，40 等，如表 1-1 所示。

**表 1-1 标准接口玻璃仪器的编号与大端直径**

| 编号 | 10 | 12 | 14 | 16 | 19 | 24 | 29 | 34 | 40 |
|---|---|---|---|---|---|---|---|---|---|
| 大端直径/mm | 10 | 12.5 | 14.5 | 16 | 18.5 | 24 | 29.2 | 34.5 | 40 |

有的标准接口玻璃仪器有两个数字，如 10/30，10 表示磨口大端的直径 10 mm，30 表示磨口的高度为 30 mm。

**2. 标准接口玻璃仪器简介**

图 1-2 为有机化学实验常用的标准接口玻璃仪器。

圆底烧瓶

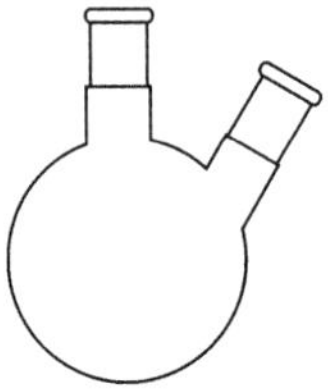
二颈烧瓶

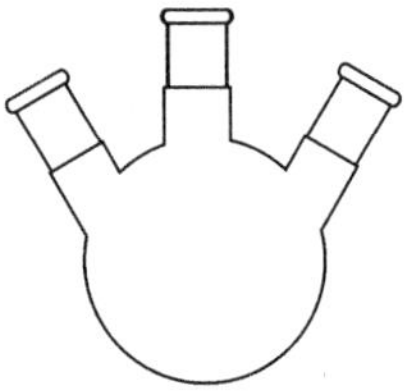
三颈烧瓶

梨形瓶

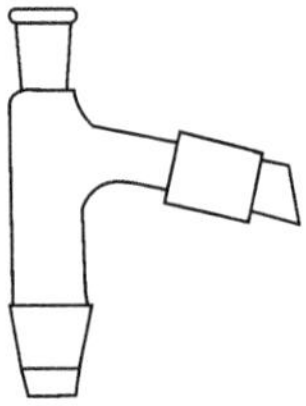
蒸馏头

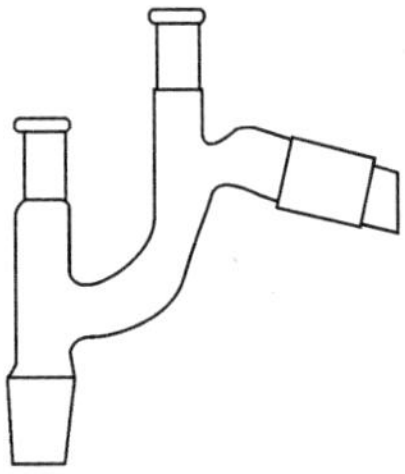
克氏蒸馏头

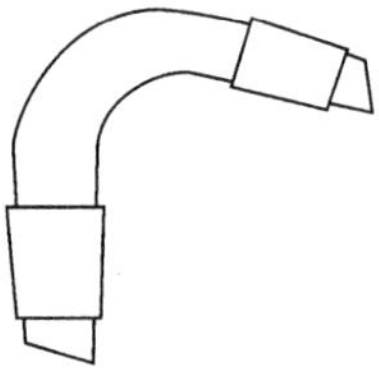
蒸馏弯头

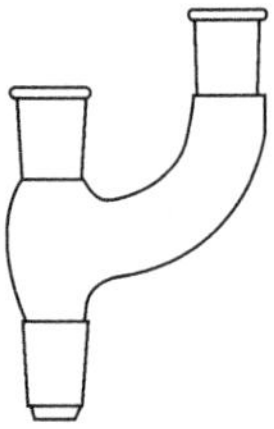
二口接管

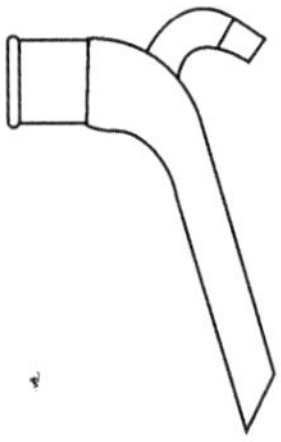
具支弯接管

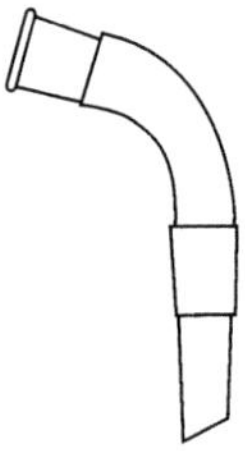
弯接管

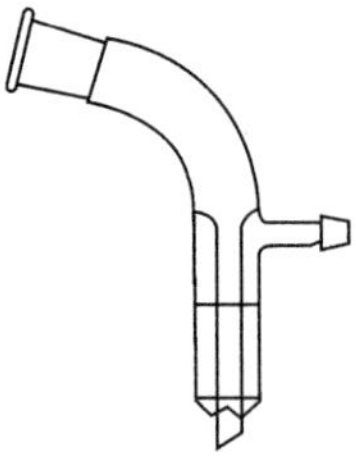
真空弯接管

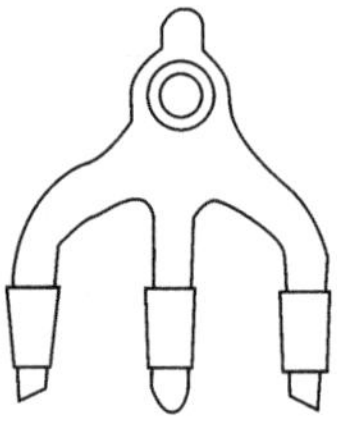
三叉弯接管

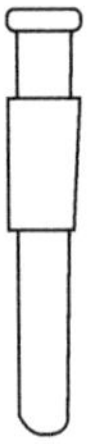
温度计套管

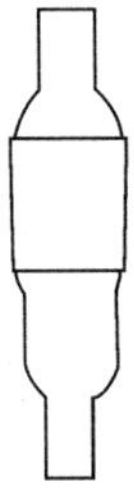
搅拌器套管

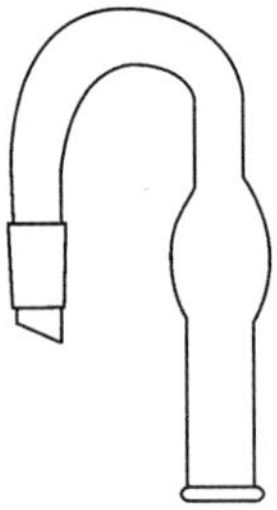
弯形干燥管

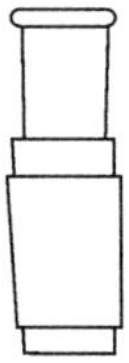
变径接头

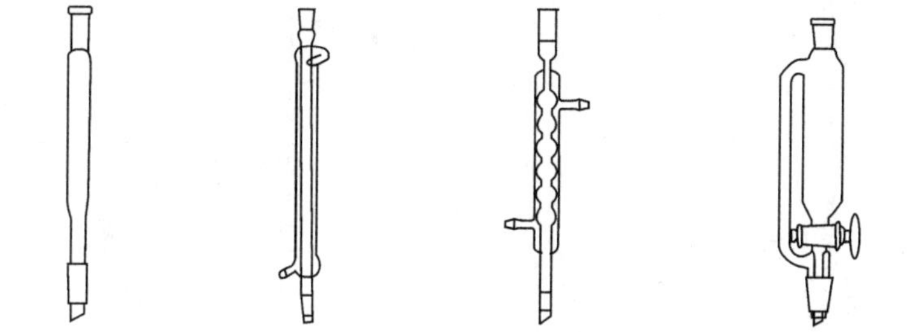

空气冷凝管　直形冷凝管　球形冷凝管　恒压(滴液)漏斗

图 1-2　有机化学实验常用的标准接口玻璃仪器

### 1.3.3　有机化学实验常用装置

图 1-3 中列出了有机化学实验中常用装置。

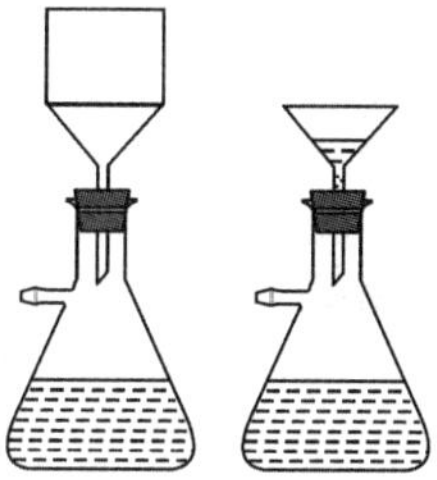

减压过滤装置

温度计及套管

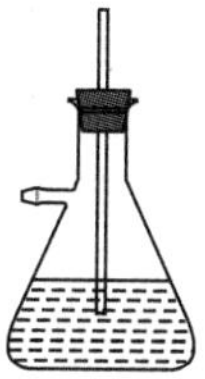

气体吸收装置

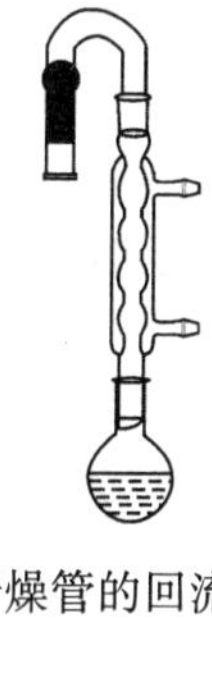

带干燥管的回流装置

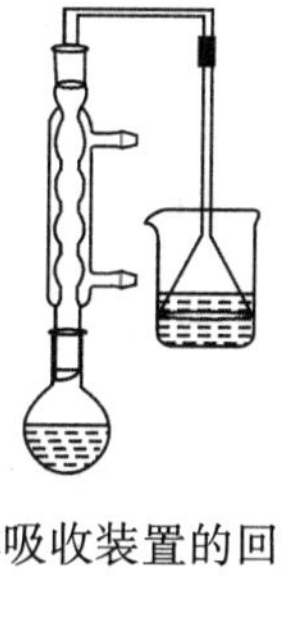

带气体吸收装置的回流装置

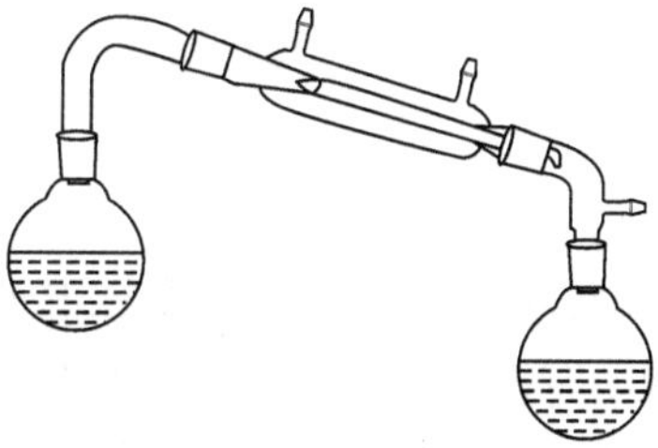

普通蒸馏装置

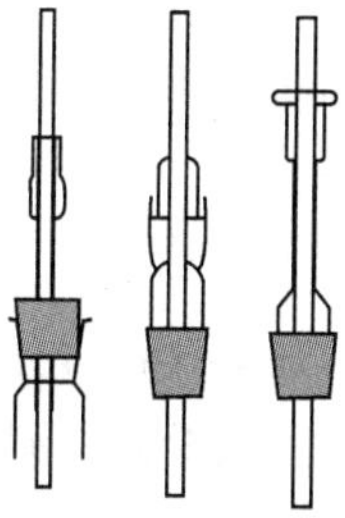

搅拌密封装置

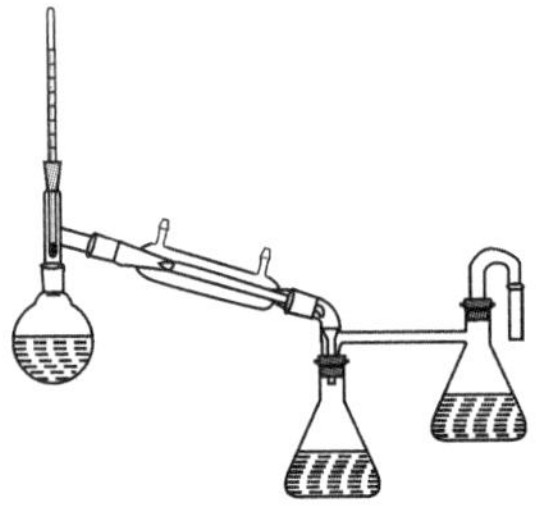

带干燥装置的蒸馏装置

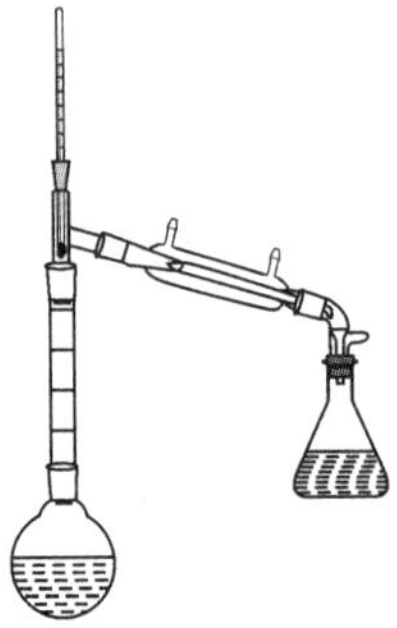

简单分馏装置

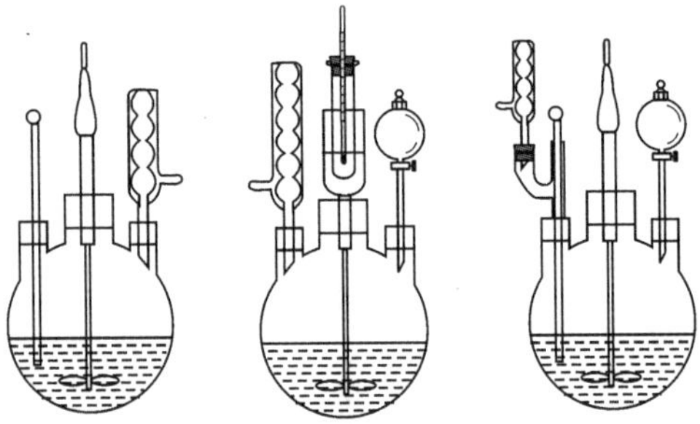

机械搅拌装置

图 1-3　有机化学实验常用的标准接口玻璃仪器

### 1.3.4　仪器的装配

有机化学实验中仪器装配得正确与否，对于实验的成败有很大关系。

(1)在装配一套装置时，所选用的玻璃仪器和配件都要干净，否则，往往会影响产物的产量和质量。

(2)所选用的器材要恰当。例如，在需要加热的实验中，若需选用圆底烧瓶时，应选用质量好的，其容积大小，应为所盛反应物占其容积的 1/2 左右为宜，最多也应不超过 2/3。

(3)安装仪器时，应选好主要仪器的位置，要先下后上，先左后右，逐个将仪器边固定边组装。拆卸的顺序则与组装相反。拆卸前，防倒吸应先停止加热，移走加热源，待稍微冷却后，先取下产物，然后再逐个拆掉。拆冷凝管时注意不要将水洒到电热套上。

总之，仪器装配要求做到严密、正确、整齐和稳妥。在常压下进行反应的装置，应与大气相通。铁夹的双钳内侧贴有橡皮或绒布，或缠上石棉绳、布条等。否则，容易将仪器损坏。使用玻璃仪器时，最基本的原则是切忌对玻璃仪器的任何部分施加过度的压力或扭歪，实验装置的马虎不仅看上去使人感觉不舒服，而且存在潜在的危险。扭歪的玻璃仪器在加热时会破裂，有时甚至在放置时也会崩裂。

## 1.4　常用仪器的洗涤和保养

### 1.4.1　玻璃器皿的洗涤

进行有机化学实验时，会用到玻璃仪器、金属用具、电器及其他设备，有的公用，有的个人保管使用，了解实验所用仪器的性能、正确使用方法及如何保养，是实验者应具有的基本技能。

进行有机反应时所用实验仪器必须清洁干燥。仪器是否清洁的标志是：加水倒置，水顺着器壁流下，内壁被水均匀润湿后留一层既薄又均匀的水膜，不挂水珠。

为了使清洗工作简便有效，最好在每次实验结束后，立即清洗使用过的仪器。因为污物的性质在当时是清楚的，容易用合适的方法除去。若放置时间过长，会增加洗涤的困难。

有机化学实验中，最简单而常用的清洗玻璃仪器的方法，是用长柄毛刷(试管刷)和去污粉刷洗器壁，直至玻璃表面的污物除去为止，最后再用自来水清洗。但用腐蚀性洗液洗涤时则不用毛刷。洗涤玻璃器皿时不能用砂子，它会擦伤玻璃乃至破裂。若难以洗净时，则可根据污垢的性质选用适当的洗液进行洗涤。如果是酸性(或碱性)的污垢可用碱性(或酸性)的洗液洗涤；有机污垢则用碱液或有机溶剂洗涤。下面介绍几种常用的洗液。

**1. 铬酸洗液**

铬酸洗液氧化性很强，对有机污垢破坏力大。倾去器皿内的水，慢慢倒入洗液，转动器皿，使洗液充分浸润不干净的器壁，数分钟后把洗液倒回洗液瓶中，再用自来水冲洗器皿。若壁上沾有少量炭化残渣，可加入少量洗液，浸泡一段时间后再在小火上加热，直至冒出气泡，炭化残渣可被除去。但当洗液颜色变绿，表示洗液已经失效，不能倒回洗液瓶中。

**2. 盐酸**

用浓盐酸可以洗去附着在器壁上的二氧化锰或碳酸盐等污垢。

**3. 碱液和合成洗涤剂**

配成浓溶液即可，用于洗涤油脂和一些有机物(如有机酸)。

**4. 胶状或焦油状的有机污垢**

若用上述方法不能洗去时，可选用丙酮、乙醚、甲苯浸泡，但要加盖以免溶剂挥发。此外也可用 NaOH 的乙醇溶液作为洗涤剂。用有机溶剂作为洗涤剂时，需回收重复使用。

有机化学实验中还常用超声波清洗器来洗涤玻璃仪器，既省时又方便。只要把用过的仪器，放在配有洗涤剂的溶液中，接通电源，利用声波的振动能量，即可达到清洗仪器的目的。清洗过的仪器，再用自来水漂洗干净即可。用于精制或有机分析用的器皿，除用上述方法处理外，还须用蒸馏水冲洗。但是，必须明确反对盲目使用各种化学试剂和有机溶剂清洗仪器，因为盲目使用各种化学试剂和有机溶剂不仅造成浪费，而且还可能存在危险。

### 1.4.2　常用仪器的干燥

用于有机化学实验的玻璃仪器，除需要洗净外，常常还需要干燥。仪器的干燥与否，有时甚至是实验成败的关键。一般将洗净的仪器倒置一段时间后，若没有水迹，即可使用。有些实验须严格要求无水，否则阻碍反应正常进行。干燥玻璃仪器的方法有下列几种。

**1. 自然风干**

自然风干是指把已洗净的仪器放在干燥架上自然风干，这是常用且简单的方法。但必须注意：若玻璃仪器洗得不够干净，水珠不易流下，干燥较为缓慢，风干后会留有污迹。

**2. 烘干**

把玻璃仪器放入烘箱内烘干，仪器口向上。带有磨砂口玻璃塞的仪器，必须取出活塞再烘干。烘箱内的温度保持在100～155 ℃。已烘干的玻璃仪器最好先在烘箱内降至室温后再取出。切不可让很热的玻璃仪器沾上冷水，以免破裂。

**3. 吹干**

用气流烘干机或用吹风机把仪器吹干。

**4. 有机溶剂干燥**

急用时可用有机溶剂促进干燥，即往仪器内依次注入少量乙醇或乙醚，然后转动仪器让溶剂在内壁流动，全部润湿后倒出，再用电吹风吹干以达到快速干燥的目的。

### 1.4.3　常用仪器的保养方法

有机化学实验的各种玻璃仪器的性质是不同的，必须掌握它们的性能及保养和洗涤方法，才能正确使用，提高实验效果，避免不必要的损失。下面介绍几种常用玻璃仪器的保养和清洗方法。

**1. 温度计**

温度计汞球部位的玻璃很薄，容易打破，使用时要特别小心。不能把温度计当搅拌棒使用，不能测定超过温度计最高刻度的温度，亦不能把温度计长时间放在高温的溶剂中；否则，会使汞球变形，导致测定温度不准。

温度计使用后要慢慢冷却。特别在测量高温之后，切不可立即用水冲洗，否则会破裂或汞柱断裂。使用后应悬挂在铁座架上，待冷却后再洗净晾干、放回温度计盒内，盒底要垫上一小块棉花。如果是纸盒，放回温度计时要检查盒底是否完好。

**2. 冷凝管**

冷凝管通水后较重，所以装冷凝管时应将夹子在冷凝管重心的地方夹紧，以免翻倒。若内外管都是玻璃质的，则不适用于高温条件下使用。洗刷冷凝管时要用长毛刷，若用洗涤液或有机溶剂洗涤时，清洗后的冷凝管应放在干燥架上晾干，以备使用。

**3. 分液漏斗**

分液漏斗的活塞和顶塞都是磨砂口的，若非原配，就可能不严密。所以，使用时要注意保护，各个分液漏斗之间也不要互相调换，使用后一定要在活塞和顶塞的磨口间垫上纸片，以免长时间放置后难以打开。

**4. 蒸馏烧瓶**

蒸馏烧瓶的支管容易被折断，故无论在使用或放置时都要特别注意保护蒸馏烧瓶的支管，支管的熔接处不能直接加热。

## 1.5　化学试剂的取用和转移

### 1.5.1　化学试剂的规格

化学试剂的种类很多，世界各国对化学试剂的分类和分级的标准不尽一致。

IUPAC 对化学标准物质的分类为：A 级：原子量标准；B 级：和 A 级最接近的基准物质；C 级：含量为 100%±0.02%的标准试剂；D 级：含量为 100%±0.05%的标准试剂；E 级：以 C 级或 D 级为标准对比测定得到的纯度的试剂。

化学试剂按用途可分为标准试剂、一般试剂、生化试剂等。我国习惯将相当于 IUPAC 的 C 级、D 级的试剂称为标准试剂。

优级纯、分析纯、化学纯是一般试剂的中文名称。

一级：即优级纯(GR，guaranteed reagent)，标签为深绿色，用于精密分析试验；二级：即分析纯(AR，analytical reagent)，标签为金光红，用于一般分析试验；三级：即化学纯(CP，chemical pure)，标签为中蓝，用于一般化学试验。

adsorption indicator(adsorb)吸附指示剂
analytical reagent(AR)分析纯
biochemical(BC)生化试剂
biological reagent(BR)生物试剂
biological stain(BS)生物染色剂
chemical pure(CP)化学纯
complexation indicator 络合指示剂
developer 显色剂
extra pure(EP)特纯
fluorescene indicator 荧光指示剂
for biological purpose(FBP)生物学用
for chromatography purpose(FCP)层析用
for electron microscopy 电子显微镜用
for electrophoresis use 电泳用
for lens blooming(FLB)涂镜用
for microbiological(FMB)微生物用
for microscopic purpose(FMP)显微镜用
for refractive index(RI)测折光率用
for scintillation(Scint)闪烁用
for synthesis(FS)合成用
for tissue medium purpose 组织培养用
guaranteed reagent(GR)优级纯
indicator(Ind)指示剂
laboratory reagent(LR)实验试剂
micro analytical reagent(MAR)微量分析试剂
organic analytical standard(OAS)有机分析标准
practical use(Pract)实习用
primary reagent(PT)基准试剂
pro analysis(PA)分析用
pure，purum(Pur)纯
purified(Purif)精制
purissimum(Puriss)特纯
redox indicator(Redox)氧化还原指示剂
research grade 研究级
spectrographic standard substance(SSS)光谱标准物质

spectrum pure(SP)光谱纯
spot-test reagent(STR)点滴试剂
super special grade(SSG)精密分析用
technical grade(Tech)工业用
ultra violet pure(UV)分光纯

## 1.5.2　化学试剂的称量

有机化学制备实验中，需要称量固体时，通常使用天平。实验室常用的有普通天平和电子天平(图 1-4)，感量从 0.1 g 到 0.01 g，目前机械天平逐渐被电子天平代替。有机制备实验的称量通常允许误差在 1%，一般情况下用感量 0.01 g 的天平就足够了。称量时，将被称量的物质放在称量纸上，或使用称量瓶等器皿称量。要注意保持天平干净卫生，并且严格按照规定程序称量。

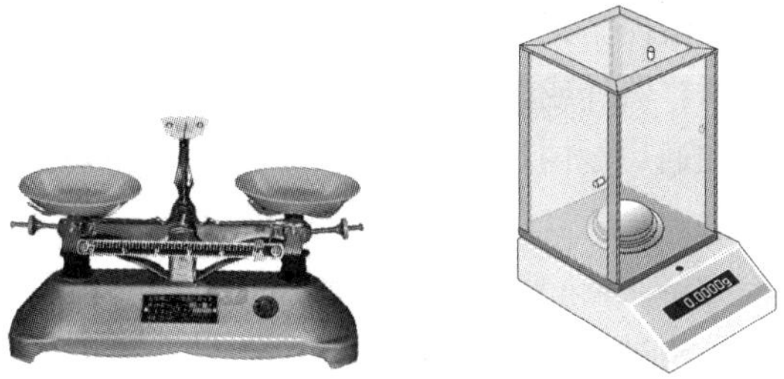

机械天平　　　　电子天平

图 1-4　常用天平

## 1.5.3　液体试剂的量取

**1. 量筒的使用**

量筒是用来量取液体体积的仪器，根据不同的需要，选用不同容量的量筒，读数时应使眼睛的视线和量筒内液体弯月面的最低点保持水平(如图 1-5 所示)，偏高或偏低都会造成误差。

**2. 移液管的使用**

要求准确地移取一定体积的液体时，可以使用移液管，使用前应先用洗液、自来水、蒸馏水洗至内壁不挂水珠。然后用少量被量取的液体润洗三遍。吸取液体时，右手拇指及中指拿住移液管的上端标线以上部位，使管下端伸入液面下约 1 cm，左手拿洗耳球慢慢吸上液体，管子则随着容器中液体液面的下降而往下伸。当管中液体上升到刻度标线以上时，左手移开洗耳球，右手迅速用食指堵住管口。然后使管子下端离开液体，靠在容器壁上，稍微放松食指，同时轻轻转动移液管使液体下降到指定刻度或放出液体。

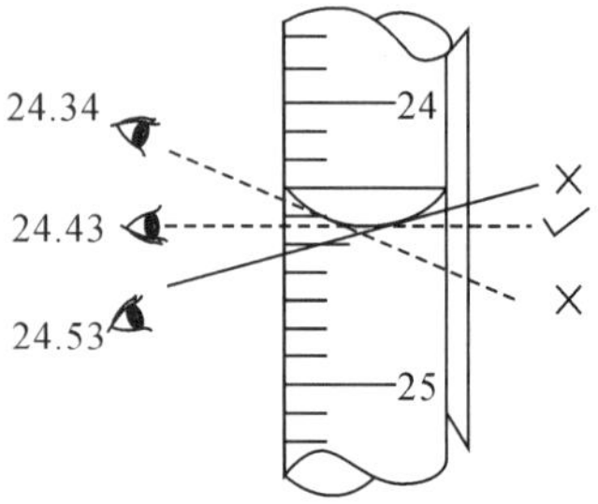


图 1-5　读数误差产生示意图

**3. 量取操作**

(1)用倾注法取液体操作。打开试剂瓶盖，反放于桌上，以免瓶塞沾污造成试剂级别下降。用右手手掌对着标签握住试剂瓶，左手拿玻璃棒，使棒的下端紧靠容器内壁，将瓶口靠在玻璃棒上，缓慢地竖起试剂瓶，使液体试剂成细流沿着玻璃棒流入容器内。试剂瓶切勿竖得太快，否则易造成液体试剂不是沿着玻璃棒流下而冲到容器外或桌上，造成浪费，有时还有危险。易挥发的液体试剂(如浓 HCl)应在通风橱内进行；易燃烧、易挥发的物质(如乙醚等)应在周围无火种的地方移取。

若是进行实验的器皿，一般液体试剂的加入量不得超过容器的 2/3 容积。试管实验，最好不要超过 1/2 容积。

(2)少量试剂的取用法。首先用倾注法将试剂转入滴瓶中，然后以滴管滴加，一般滴管每滴约 0.05 mL。若要精确数，可先将滴管每滴体积加以校正，用滴管滴 20 滴于 50 mL 空量筒中，读出体积，算出每滴体积数。

用滴管加入液体试剂时，滴管可垂直或倾斜滴加，且滴管不能与器壁相碰，以免滴管沾污(滴管垂直或倾斜都可)。

(3)当实验无须准确量取液体试剂时，可根据反应容器的容积数来估计，无须用量筒等度量仪器。若实验要求精确加量，必须用量筒或移液管进行，具体操作见下一节。

必须注意一点，任何试剂取出后，不得返入试剂瓶中，以免试剂沾污而降级。

### 1.5.4　微量液体试剂的计量和转移

微量液体的量取通常使用微量移液管或自动移液管(图 1-6)。移液管使用后要立即清洗干净。

微量液体也可以用注射器计量，注射器针管和针头的连接有固定一体的和可拆卸的两种。注射器头可插入橡胶塞中，防止管内气体挥发。

用微量移液管或注射器计量液体的体积后，可将液体直接转移到反应烧瓶或其他容器中，在转移对空气敏感的化合物时，使用注射器更方便(图 1-7)。

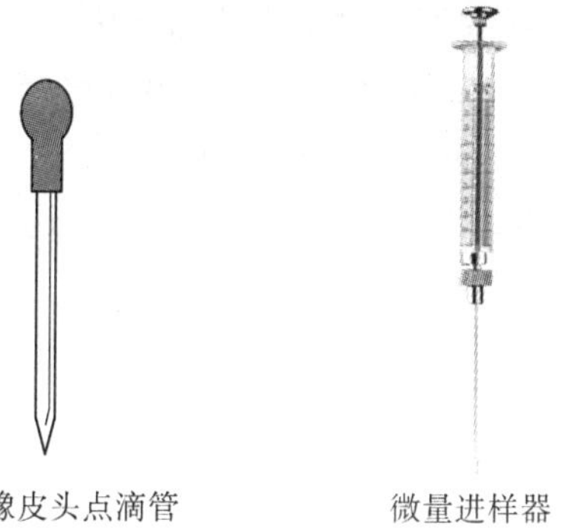


图 1-6　常用液体转移装置

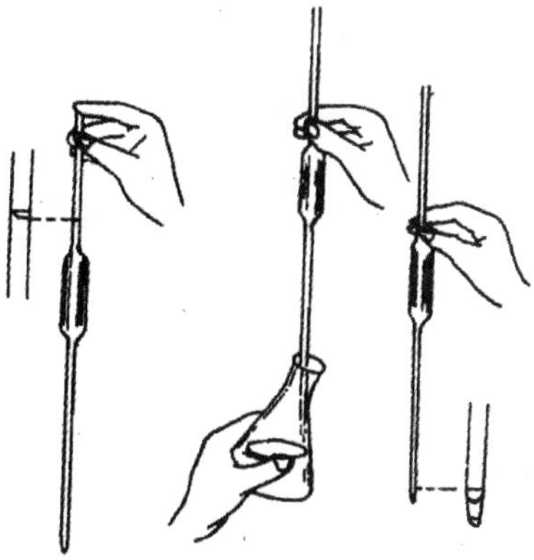

图 1-7　吸量管的使用

# 1.6　实验预习、实验记录和实验报告的基本要求

## 1.6.1　实验预习

实验预习是有机化学实验的重要环节，对实验成功与否、收获大小起着关键的作用。因此，为了做好实验，避免事故，在实验前必须对所要做的实验有尽可能全面和深入的认识。预习时除了要求反复阅读实验内容，领会实验原理，了解有关实验步骤和注意事项外，还需在记录本上写好预习提纲。

(1)明确实验目的和要求。

(2)了解反应及操作原理，写出主反应及可能的副反应的反应式，并简单叙述操作原理。

(3)根据实验内容从手册或参考书、其他文献资源中查出有关化合物的物理常数，如相对分子质量、性状、折光率、密度、熔点、沸点、溶解度等，并将化合物的用量(g，mL 或 mol 等)及规格记录于记录本上。

(4)画出主要反应装置图，并标出仪器名称。

(5)写出操作步骤。步骤中的文字可用符号简化，例如，试剂写分子式，加热=△，加=+，沉淀=↓，气体逸出=↑，仪器以示意图代之等。学生在学习初期可画装置简图，步骤写得详细些，以后逐步简化。这样在实验前已形成了一个工作提纲，使实验有条不紊地进行。

(6)对于将要做的实验中可能会出现的问题(包括安全和实验结果)，要明确防范措施和解决办法。

### 1.6.2　实验记录

实验记录是培养学生实事求是、认真严谨的科学素养的重要环节。它是科学研究的第一手资料，实验记录的好坏直接影响对实验结果的分析。因此，学会做好实验记录也是培养学生科学作风及实事求是精神的一个重要环节。实验者要认真观察实验中的各种现象，记录所用物料的量、浓度和反应中的温度变化、颜色改变、放热情况、形态特征以及测定的各种数据。记录要做到简明、扼要、字迹整洁、条理清楚。

实验记录

日期　　年　　月　　日

| 时间 | 步骤 | 现象 | 备注 |
| --- | --- | --- | --- |
| | | | |

### 1.6.3　实验报告的基本要求

实验报告应包括实验目的、实验要求、反应式、主要试剂的规格、用量(指合成实验)、实验步骤和现象、产率计算、讨论等。要如实记录填写报告，文字精练，图要准确，讨论要认真。关于实验步骤的描述，不应照抄书上的实验步骤，应该对所做的实验内容作概要的描述。实验报告模版如下所示。

实验名称

姓名　　班级　　学号

同组者姓名　　日期　　成绩

一、实验目的

二、实验原理

三、主要试剂及产物的物理常数

| 名称 | 相对分子质量 | 相对密度 | 熔点/℃ | 沸点/℃ | 溶解度/(g/100 mL) | 理论产量 |
|---|---|---|---|---|---|---|
| | | | | | | |
| | | | | | | |
| | | | | | | |
| | | | | | | |
| | | | | | | |

四、仪器装置图

五、实验步骤及实验现象解释

六、产品外观、重量、产率

(1)对合成实验产率的高低和质量的好坏常常是评价一个实验的方法及考核学生实验技能的重要指标。

(2)计算产率。在计算理论产量时，应注意：①有多种原料参加反应时，以物质的量最小的那种原料的量为准；②不能用催化剂或引发剂的量来计算；③有异构体存在时，以各种异构体理论产量之和进行计算，实际产量也是异构体实际产量之和。计算公式如下：

产率=(实际产量/理论产量)×100%

七、思考题

八、讨论

对实验进行讨论与总结：①对实验结果和产品进行分析；②写出做实验的体会；③分析实验中出现的问题和解决的办法；④对实验提出建设性的建议。

通过讨论来总结、提高和巩固实验中所学到的理论知识和实验技术。此部分内容可写在思考题中另列标题。实验报告要求条理清楚，文字简炼，图表清晰、准确。一份完整的实验报告可以充分体现学生对实验理解的深度、综合解决问题的能力及文字表达的能力。

## 1.7 有机化学实验手册查阅和文献简介

进行有机化学实验，必须了解反应物和产物的物理常数，以及它们之间的相互关系等，否则就难以进行实验，或只能照方抓药，达不到实验预期目的。因此，学习查阅辞典、手册和参考书是一个重要环节。

### 1.7.1 常用工具书(手册、辞典)

(1)《化学辞典》，化学工业出版社，1999年12月第四版。这是一部综合性化工工具书，共收集化学化工名词10500余条，并列出了无机和有机化合物的分子式、结构式、基本物理化学性质(如密度、熔点、沸点、冰点等)及有关数据，并附有简要制法及主要用途。

(2)*Handbook of Chemistry and Physics*。这是一部英文的化学与物理手册，初版于1913年，每隔一两年再版一次。该书分数学用表、元素、无机化合物、有机化合物、普通化学、普通物理常数六个方面。在“有机化合物”部分中，按照1957年国际纯粹化学和应用化学联合会对化合物的命名原则，列出了15031条常见的有机化合物的物理常数，并按照有机化合物英文名字的字母顺序排列。查阅时，若知道化合物的英文名称，便可很快查出化合物的分子式及其物理常数。若不知化合物的英文名称，可查该部分分子式索引(formula index)。分子式索引按碳、氢、氧的数目排列。

(3)*Dictionary of Organic Compounds*，1965年第四版。这套词典收集常见有机化合物28000条，连同衍生物约60000条，包括有机化合物的组成、分子式、结构式、来源、性状、物理常数、化学性质及衍生物等，并列出了制备该化合物的主要文献。各化合物按英文字母排列。该书从1965年起每年出一本补编，对上一年出现的重要化合物加以介绍。该书已有中译本，名为《汉译海氏有机化合物辞典》，科学出版社于1961年出版。

(4)*The Merck Index*，1983年第十版。这是美国Merck公司出版的一部词典，初版于1889年，它收集了10000种化合物的性质、制法和用途，4500多个结构式，42000多条化学产品和药物的命名。在“有机命名反应”部分中，介绍了在国外文献资料中常见的用人名称呼的反应，列出了反应条件及最初发表论文的作者和出处，并同时列出了有关反应的综述性文献资料的出处，以便进一步查阅。卷末有分子式和主题索引。

(5)*Beilstein's Handbuch der Organischen Chemie*(《贝尔斯坦有机化学手册》)。最早在1881～1883年出版了两卷，是当时所有学科中分类最全面的参考书。从1910年的第一补编(EⅠ)至1959年的第四补编(EⅣ)都以德文出版。1960年起第五补编(EⅤ)以英文出版，但不完全。Beilstein手册所涉及的文献年度如下：

| | | |
|---|---|---|
| H | Vol. 1～27 | ～1909年 |
| EⅠ | Vol. 1～27 | 1910～1919年 |
| EⅡ | Vol. 1～27 | 1920～1929年 |
| EⅢ | Vol. 1～16 | 1930～1949年 |
| EⅢ/Ⅳ | Vol. 17～27 | 1930～1959年 |
| EⅣ | Vol. 1～16 | 1950～1959年 |
| EⅤ | Vol. 17～27 | 1960～1979年 |

无论在哪一卷中，Beilstein手册均按化合物官能团的种类来排列，一种化合物始终以同样的分类体系来处理。因此，一旦得到一个化合物的系统号，就

可以容易地在相应的手册中找到它。

在最初的补编(EⅠ～EⅣ)中有分子式和化合物名称索引，但化合物名称是德文。1991年出版了英文的百年累积索引，对所有化合物提供了物质名称和分子式索引，所引文献覆盖了1779～1959年。此外，还有一些指南和德英词典描述了Beilstein手册的用法。

Sandra(结构和评论分析)的计算机程序可用于检索Beilstein手册里的某一化合物。Sandra可以通过一种物质的结构或基础结构给出所需物质的系统号，即使该物质没有收集在Beilstein手册中。

通过STN计算机软件和对话窗口，可以连接Beilstein在线。Beilstein在线除了包括从1779～1959年度的英文信息外，还有大量1960年的数据。Beilstein在线文件可通过多种方式查看，如化学文摘、登录号、化学基础结构、物理性质和其他在印刷版中没有引入的一些参数。为了能更全面、更有效地使用Beilstein在线，已经出版了*Beilstein Current Facts*，一个基于计算机信息体系的CD-ROM光盘，是一个全面的信息系统。每季度更新，不但可以访问已知化合物的新数据，还可以提供新化合物的基础数值。

自1995年起，Beilstein启动了一个称为Grossfire的体系，通过访问一个专用的客户服务器体系，通过因特网可以连接超过600万种化合物和500万个反应的基础数据库。Grossfire体系除了STN和DIALOG有一个更有效的图形界面外，它的另一个优点是使用者不用花费上网的费用。

(6) *CRC Atlas of Spectral Data and Physical Constants for Organic Compounds*。由Grasselli和Ritchey主编，美国化学橡胶公司(Cleveland，Ohio)1975年出品，共6辑，给出2.1万种有机化合物的数据。

(7) *CRC Handbook of Chemistry and Physics*。由CRC出版，给出大约1.5万种有机化合物的物理性质和在Beilstein中的相关数据。

(8) *Dictionary of Organic Compounds*。第六版，Buckingham主编，Chapman and Hall(New York)公司1996年出版，该版一共有9卷，1～6卷含有有机化合物的数据，第7卷含有交叉参考的物质名称索引，第8卷和第9卷分别含有分子式索引和化学文摘登录号索引。

(9)《Merck化学和药物索引》是美国Merck公司出版的一部词典，初版于1889年，1996年第十二版。主要介绍有机化合物和药物。共收集了1万多种化合物的性质、制法和用途，还有4500多个结构式和4.4万条化学产品和1万种化合物的命名。化合物按字母的顺序排列，附有简明的摘要、物理和生物性质，并附文献和参考书。内容按化合物名称、同义字和商品名称的字母顺序排列，索引中还包括交叉索引和一些化学文摘登录号的索引。

(10)《Aldrich化学试剂目录》由美国Aldrich化学公司主办，是一部关于化学试剂的目录，每年出一新本。试剂目录中收集了近 2 万种化合物。一种化合物作为一个条目，内容包括相对分子质量、分子式、沸点、折射率、熔点等数据。较复杂的化合物给出了结构式，并给出了化合物的核磁共振和红外光谱图的出处。每种化合物还给出了不同等级、不同包装的价格，可以据此订购试剂。目录后附有化合物的分子式索引，便于查找。读者若需要，可向公司免费索取。

(11)*Lange's Handbook of Chemistry*《兰氏化学手册》一书于 1934 年出第一版，1999 年出第十五版。由 Dean 主编，McGraw-Hill 公司出版。第一版～第十版由 Lange 主编，第十一版～第十五版由 Dean 主编，本书为综合性化学手册，包括综合的数据和换算表，以及化学各学科中物质的光谱学、热力学性质，其中给出了 7000 多种有机化合物的物理性质。

(12)《Aldrich NMR 谱图集》于 1983 年出版第二版，由 Pouchert 主编，Aldrich 化学公司(Milwaukee，Wisconsin)出品。共两卷，收集了约 3.7 万张谱图。

《Aldrich $^{13}$C 和$^{1}$H NMR 谱图集》，1993 年出第三版，由 Pouchert 和 Behnke 主编，Aldrich 化学公司出品。共 3 卷，收集了约 1.2 万张谱图。

(13)《Sadtler NMR 谱图集》由美国宾夕法尼亚洲 Sadtler 研究实验室收集。至 1996 年已经收入了超过 6.4 万种化合物的质子 NMR 谱图，以后每年增加 1000 张。该 NMR 谱图集对不同环境氢质子的共振信号和积分强度给予相应的指认。此外还有 4.2 万种化合物的$^{13}$C NMR 质子去偶谱图也由该实验室收录发表。

(14)《Sadtler 标准棱镜红外光谱集》由美国宾夕法尼亚洲 Sadtler 研究实验室收集。至 1996 年已经出版 1～123 卷，收入了超过 9.1 万种化合物的红外光谱谱图。同时还收入了超过 9.1 万种化合物的相应光栅红外光谱图。

(15)《Aldrich 红外光谱集》于 1981 年出版第三版，由 Pouchert 主编，Aldrich 化学公司出品。共 2 卷，收集了约 1.2 万张红外光谱图。该公司还于 1983～1989 年出版了 3 册傅里叶红外光谱谱图集。

### 1.7.2 参考书

在有机化学实验中要设计和选定适合某一有机化合物的合成路线和方法，其中包括试剂的处理方法、反应条件和后处理步骤，因而查阅一些有机合成参考书和制备手册是必需的。常见的有机合成参考书如下。

(1)*Annual Reports in Organic Synthesis*，Academic Press(New York)出版，1970 年创刊至今。该刊物每年报道有用的合成反应评述。

(2)*Compendium of Organic Synthetic Methods*，John Wiley&Sons 出版，

1971年至1995年出版了1～8卷。该书扼要介绍了有机化合物主要官能团间可能的相互转化，并给出了原始文献的出处。

(3) *Organic Reactions*，John Wiley&Sons出版，1942年创刊至今，至1996年已出版了48卷，每卷包括5～12章，详细介绍了有机反应的广泛应用。给出了典型的实验操作细节和附表。此外还有作者和文题索引。

(4) *Organic Synthesis*，John Wiley&Sons出版，1932年创刊至今，至1996年已出版了74卷。从1～59卷，每十卷汇编成册(Ⅰ～Ⅵ)，从Ⅷ起每五年汇编成一册，已汇编了60～74卷。详细描述了总数超过1000种类化合物的有机反应。在发表前，所有反应的实验步骤都要被复核至彻底无误。报道的许多方法都带有普遍性，可供参考用于相应的类似物合成。每册累积汇编中都有分子式、化学物质名称、作者名称和反应类型的索引。另外还有反应试剂和溶剂的纯化步骤，特殊的反应装置。第Ⅰ～Ⅷ卷的累积索引已于1995年出版。此外在第Ⅰ～Ⅶ卷中所提供的所有反应的反应索引指南也已出版。

(5) *Synthetic Methods of Organic Chemistry*，由Theilheimer和Finch主编，Interscience出版。1948年出版至今，至1996年已出版了50卷，着重描述用于构造碳—碳键和碳—杂原子键的化学反应和一般反应功能基之间的相互转化。反应可以按照系统排列的符号进行分类。书中还附有累积索引。

(6) 1994年由兰州大学、复旦大学化学系有机化学教研室编的《有机化学实验》第二版，高等教育出版社出版，该书为全国综合性大学化学系有机化学基础课实验教材，共分五个部分。第一部分为一般常识，第二部分为物理性质及结构鉴定，第三部分为分离和提纯，第四部分为有机化合物的制备，第五部分为附录。

(7) 2000年由高等教育出版社出版，曾和平主编的《有机化学实验》(第四版)一书为全国师范院校化学系有机化学基础课实验教材，共分六个部分。第一部分为一般常识，第二部分为基本操作和实验技术，第三部分为有机化合物的制备，第四部分为有机化合物的性质，第五部分为理论部分，第六部分为附录。

(8) 1992年由D C Heath and Company出版，Fieser和Williamson主编的*Organic Experiments*。本书在1935年出版，当时书名为《有机化学实验》，1941年出版第二版，1955年出版第三版，1957年出版第三版修订本。从1964年起改用《有机实验》(*Organic Experiments*)，和前者相比，它增加了不少新的反应和技术，例如，Wittig反应、苯炔反应、卡宾反应、催化氢化、催化氧化、高温及低温下的二烯合成、薄层色谱和利用笼包络合物的分离等。本书第三版已有中文译本，目前已到第七版。

(9) 1989年Longman London出版的第五版*Vogel's Textbook of Practical*

*Organic Chemistry* 是一套实验有机化学方面的综合工具书，涵盖了有机化学反应实验的基本技术、有机化合物的光谱分析法、溶剂和反应试剂以及各类有机化合物的代表性制备实验，其中有关有机化合物的制备实验，作者给出了大量的实例，有些是较新的反应。最后还列出了有机化合物的物理性质以及红外、质谱和核磁共振的光谱数据表。目前分为两卷：第一卷包括有机合成、实验技术、谱学方法和谱图的解析、溶剂和试剂、脂肪族化合物；第二卷包括芳香化合物、脂环化合物、杂环化合物、有机化合物的性质和表征、有机化合物的物理常数。

(10)Vogel 主编的 *A Textbook of Practical Organic Chemistry* 是一部较完备的实验教科书。内容主要分三个方面：实验操作技术、基本原理及实验步骤、有机分析。很多常见有机化合物的制备方法都可在书中找到，实验步骤较成熟。

### 1.7.3　期刊文献

目前世界各国出版的有关化学的期刊有近万种，直接的原始性化学期刊也有上千种，在这里将介绍与有机化学有关的主要中文和外文期刊。

**1. 中文期刊**

(1)《中国科学》，月刊，本期刊英文名 *Scientia Sinica*。于 1951 年创刊(1951～1966 年；1973 年至今)。原为英文版，自 1972 年开始出中文和英文两种文字版本。刊登我国各个自然科学领域中有水平的研究成果。中国科学分为A、B 两辑，B 辑主要包括化学、生命科学、地学方面的学术论文。

(2)《科学通报》，半月刊(1950 年创刊)，它是自然科学综合性学术刊物，有中、英文两种版本。

(3)《化学学报》，月刊(1933 年至今)。原名《中国化学会会志》。主要刊登化学方面有创造性的、高水平的和重要意义的学术论文。

(4)《高等学校化学学报》，月刊(1980 年至今)。它是化学学科综合性学术期刊。除重点报道我国高校师生创造性的研究成果外，还反映我国化学学科其他各方面研究人员的最新研究成果。

(5)《有机化学》，双月刊(1981 年至今)。刊登有机化学方面的重要研究成果等。

(6)《化学通报》，月刊(1952～1966 年，1973 年至今)。以报道知识介绍、专论、教学经验交流等为主，也有研究工作报道。

(7)Chinese Chemical Letters，月刊(1990 年至今)。刊登化学学科各领域重要研究成果的简报。

(8)各综合性大学学报。

**2. 英国皇家化学会主要有关期刊**

（1）*Journal of Chemical Society* 简称为 J. Chem. Soc.（1841 年至今）。本刊为英国化学会会志，月刊。1962 年起取消了卷号，按公元纪年编排。本刊为综合性化学期刊，有研究论文，包括无机、有机、生物化学、物理化学。全年末期有主题索引及作者索引。从 1970 年起分四辑出版，均以公元纪年编排，不另设卷号。①Dolton Transactions：主要刊载无机化学、物理化学及理论化学方面的文章。②Perkin Transactions～：[1]Organic and Bio - Organic Chemistry. [2]Physical Organic Chemistry. ③Faraday Transactions ～：[1] Physical Chemistry. [2]：Chemical Physics. ④Chemical Communication.

（2）*Chemical Society Reviews*（London），本刊前身为 *Quarterly Reviews*（London），是一个季刊，自 1947 年起每年出四期，刊载化学方面的评述性文章。自 1972 年起改为现在名称，性质同前。

**3. 美国化学会主要有关期刊**

（1）*Journal of the American Chemical Society*，简称为 J. Am. Chem. Soc. 这本美国化学会会志是自 1879 年开始的综合性双周期刊。主要刊载研究工作的论文，内容涉及无机化学、有机化学、生物化学、物理化学、高分子化学等领域，并有书刊介绍。每卷末有作者索引和主题索引。

（2）*Journal of the Organic Chemistry*，简称为 J. Org. Chem. 这本有机化学杂志开始于 1936 年，为月刊。主要刊载有机化学方面的研究工作论文。

（3）*Chemical Reviews*，简称为 Chem. Rev. 这本化学评论开始于 1924 年，为双月刊。主要刊载化学领域中的专题及发展近况的评论。内容涉及无机化学、有机化学、物理化学等各方面的研究成果与发展概况。

**4. 与有机化学专业内容有关的其他国际性杂志**

（1）*Tetrahedron*。这本名为四面体的杂志开始于 1957 年，它主要是为了迅速发表有机化学方面的研究工作和评论性综述文章。原为月刊，自 1968 年起改为半月刊。

（2）*Tetrahedron Letters*。这本名为四面体通讯主要是为了迅速发表有机化学方面的初步研究工作。四面体和四面体通讯这两本国际性杂志中大部分论文是用英文写的，也有用德文或法文写的论文。

（3）*Synthesis*。这本国际性的合成杂志创刊于 1973 年，主要刊载有机化学合成方面的论文。

（4）*Journal of Organometallic Chemistry*（1963 年至今），这本国际性的金属有机化学杂志简称为 J. Organomet. Chem.

（5）*Organic Preparation and Procedures International*，这本杂志主要关注有机合成方面的论文。

### 1.7.4　化学文摘

据报道目前世界上每年发表的化学、化工文献达几十万篇，如何将如此大量、分散的各种文字的文献加以收集、摘录、分类、整理，使其便于查阅，这是一项十分重要的工作，化学文摘就是处理这种工作的杂志。

美国、德国、俄罗斯、日本都有文摘性刊物，其中，美国化学文摘最为重要，在此仅作简单介绍。

《美国化学文摘》(*Chemical Abstracts*)，简称 CA，由美国化学会主办，1907 年创刊，是目前报道化学文摘最悠久最齐全的刊物。报道范围涵盖世界 160 多个国家 60 多种文字，17000 多种化学及化学相关期刊的文摘，每周出版一期，一年共报道 70 万条化学文摘，占全球化学文献的 98%。CA 自 1967 年 67 卷开始，每逢单期号刊载生物化学类和有机化学类内容，而每逢双期号刊载大分子类、应用化学与化工、物理化学与分析化学类内容。有关有机化学方面的内容几乎都在单期号内。

CA 包括两部分内容：①文摘部分从资料来源刊物上将一篇文章按一定格式缩减为一篇文摘。早期按索引词字母顺序编排，或给出该文献所在的页码，现在发展成一篇文摘占有一个顺序编号。②索引部分：其目的是使用最简便、最科学的方法既全又快地找到所需资料的摘要，若有必要再从摘要列出的来源刊物寻找原始文献。CA 的优点在于从各方面编制各种索引，使读者省时、全面地找到所需要的资料。因此，掌握各种索引的检索方法是查阅 CA 的关键。由于文摘数量庞大，CA 设计和出版了许多不同形式的索引，按照时间区分有期索引(一周)、卷索引(每 26 期)、累积索引(每 10 卷，约 5 年)三种；按照内容区分有关键词索引(keyword index)、作者索引(author index)、专利索引(patent index)、主题索引(subject index)、普通主题索引(general subject index)、化学物质索引(chemical substance index)、分子式索引(formula index)、环系索引(index of ring system)、登记号索引(registry number index)、母体化合物索引(parent compound index)以及索引指南(index guide)、资料来源索引(CAS source index)等。每种索引的使用方法可以参阅每期、每卷或每累积本的第一本前面的范例说明，CA 除了作为图书文摘阅读，其主要功用在于查找文献资料，例如，查找某个化合物的原始报道(可以从分子式索引、登记号索引、环系索引等着手)，查找某个化学反应(化学物质索引)，查找某人近年来的科研情形(作者索引)，查找某项专利内容(专利索引)。由于文献信息量的迅速增加以及计算机和数据库技术的成熟，1969 年化学文摘服务社开始发行数据磁带，1996 年又出版了更经济、方便的光盘版(称为 CA on CD)，后来又推出了从 1967 年至今的在线文献数据库，这些存储介质提供了联机检索的快捷服务。

### 1.7.5　网络资源

**1. 教学资源站点分布**

(1)虚拟教育图书馆 http://www. CSU. edu. an/education/library. html)。

(2)Chemistry Teaching Resources(http://www. anachem. umu. se/eks/pointers. htm)。

(3)在线化学概论(General Chemistry Online，http://antoine. frostburg. edu/ehem/senese/101/index. shtml)。

(4)世界演讲大厅主页(World Lecture Hall Home，简称 WHL，http://www. utexas. edu/world/lecture/index. html)。

(5)德国化学化工虚拟社区(Chemic. de，http://www. chemic. de)。

(6)英国皇家化学会的 Chemsoc. org 站点(http://www. chemsoc. org)。

(7)加拿大 Simon Fraser University 化学系的化学计算机辅助教学站点 ChemCAI(http://www. sfu. ca/chemcai/)。

(8)牛津大学化学系(http://www. chem. ox. ac. uk/)。

(9)加拿大哥伦比亚大学化学系网站(http://www. science. ubc. ca/chem/index. html)。

(10)北京大学化学与分子工程学院的 Web 站点(http://www. chem. pku. edu. cn/)。

(11)暨南大学化学系的物理化学网站(http://ourchemistry. 163. net/)。

(12)中山大学化学与化学工程学院的 Web 站点(http://202. 116. 83. 50/web/index. htm)。

(13)厦门大学化学化工学院主页下(http://chem. xmu. edu. cn/)的“教学园地”栏目开办有网络课程、网络课件、网上教学等。

(14)查询物质结构性质等的网站：http://chemexper. com/。

(15)化工资源网：http://www. jm126. com/fj/。

(16)上海枫林店：http://www. bio-equip. com/scr/。

(17)化学论坛：http://zhangzc. jahee. com/bbsxp/ShowForum. asp? forumid=16。

(18)中国科学院上海有机所：http://202. 127. 145. 69/chub/chub. htm。

(19)化合物英文缩写查询网站：http://www. chemie. fu-berlin. de/cgi-bin/abbscomp。

(20)有机合成(org syn)网络版：http://www. orgsyn. org/。

(21)1991～2004 年 J. Mater Chem 全文查阅：http://www. rsc. org。

(22)CAS和性质等查询：http://sis. nlm. nih. gov/Chem/ChemMain。

(23)Sigma公司网站：https://www. sigmaaldrich. com。

(24)电子期刊：http://210. 64. 24. 31/maillist。

(25)免费有机杂环期刊、杂环数据库：http://www. heterocycles. jp。

(26)中国和外国的化学化工网站集合：http://www. swpi. edu。

**2. 实验教学和管理资源网址**

(1)化学教师远程辅导系统网站：http://pckchem. ncue. edu. tw/。

(2)实验室演示：http://genchem. ehem. wisc. edu/demonstrations/。

(3)Microscale Gas Chemistry：http://mattson. creighton. edu/。

(4)Table of Contents for the High School Safety Web Pages：http://wwitch. unl. edu/safety/hslab—con. html。

(5)实验室指南：http://tigger. uic. edu/～magyar/Lab_Help/lghome. html。

(6)Guidelines for the Laboratory no Notebook：http://www. clt. astate. edu/jdg/circuits/lab/lab—notebookguidelines. html。

(7)Keeping a Good Laboratory Notebook：http://www. eden. rutgers. edu/～edpiii/31 I/notebook. html。

(8)Notebook：http://www. chem. purdue. edu/eh mL26/lab/labs. html。

**3. 其他：**

(1)科学网：http://www. sciencenet. cn/。

(2)小木虫：http://www. muchong. com。

(3)Organic Chemistry Portal：http://www. organic－chemistry. org/。

(4)中国大学MOOC：http://www. icourse163. org/。

(5)果壳网：http://www. guokr. com/。

## 1.8 化学软件Chemdraw

Chemdraw是一个方便快捷的化学绘图工具，可以迅速画出各种各样的化学结构及化学反应式，以及与化学有关的其他图形。具有多种输入输出功能，可以直接将所绘制的图片等以常见的格式输出，可由Word等文字处理器识别，便于一般的文档处理。具有预测$^{1}$H NMR和$^{13}$C NMR谱图的功能，不仅可以生成图谱，还可以直接计算出各个峰的位置和面积(高度)，为化学研究带来了极大的方便。Chemdraw已成为化学工作者撰稿和进行学术交流公认的化学结构输入软件。

### 1.8.1　工作环境

其类似于 Office 的多文档界面，主要包括以下几个部分。

菜单栏：含有操作 Chemdraw 应用文件和内容的命令设置。

工具栏：含有常用命令图标，单击图标时，效果与选择菜单中相应的命令一样。

编辑区：供绘制图形结构的工作区。

滚动栏：含有滚动框滚动按钮和滚动条。

状态栏：标出当前的工作内容以及鼠标指到某些菜单按钮时的说明。

图 1-8 是 Chemdraw 的操作起始界面。图 1-9 是 Chemdraw 的编辑界面。

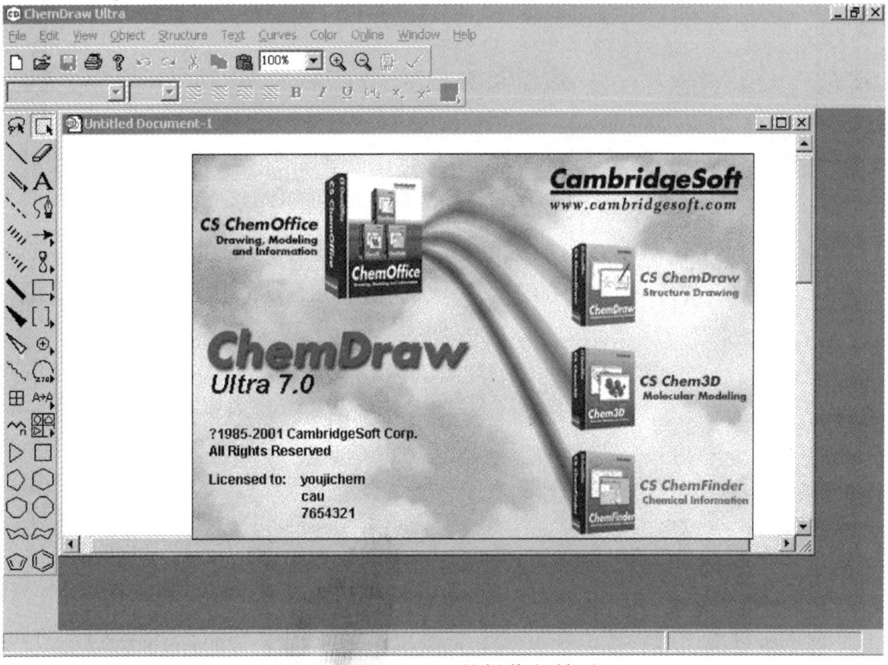


图 1-8　Chemdraw 的操作起始界面

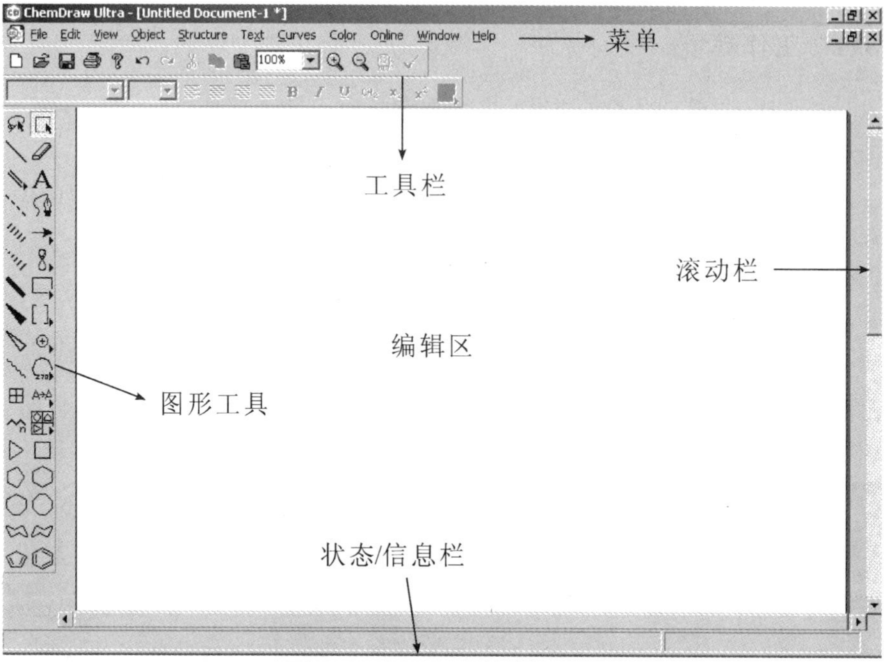


图 1-9　Chemdraw 的编辑界面

图形工具板(图 1-10)含有所有能够在文件窗口绘制结构图形的工具，选择了这些工具的图标后，光标将随之改变成为相应的工具形状，如图 1-11 所示。

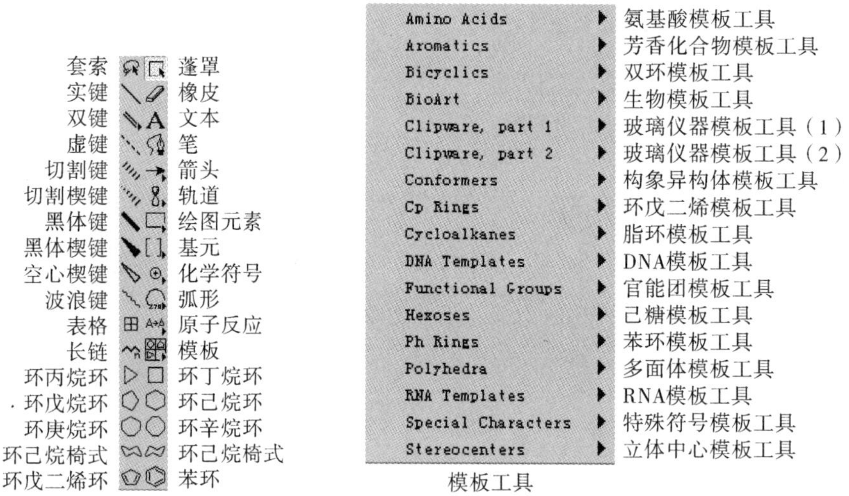


图 1-10　Chemdraw 工具

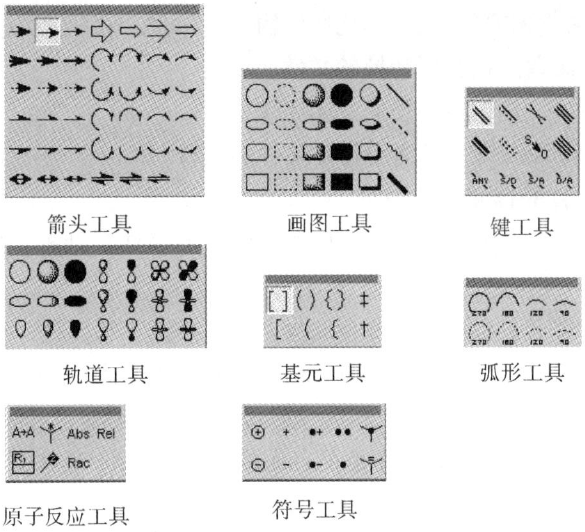


图 1-11　Chemdraw 操作工具

图 1-12 列出了国外化学刊物默认文档格式。

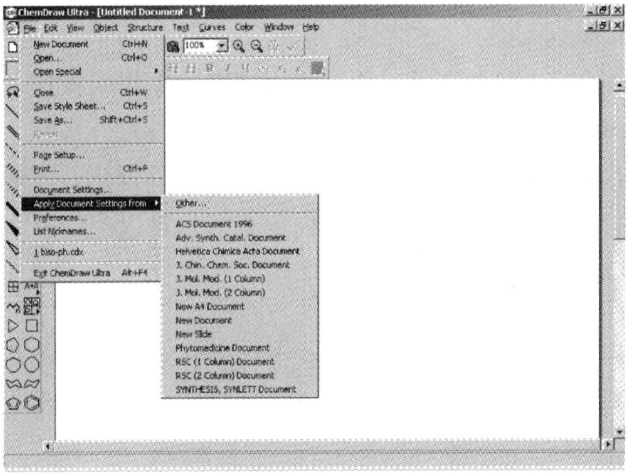


图 1-12　Chemdraw 设置

## 1.8.2　Chemdraw 的基本操作

### 1. Chemdraw 文件的建立

打开 Chemdraw 文件：通过菜单【File>Open】打开相应的 Chemdraw 文件。在 Open 对话框下面的下拉菜单中选择需要的文件格式。

### 2. 变换两个打开文件的窗口

每次打开一个文件，就出现一个文件窗口。如果打开多个文件，尽管文件名都列在窗口菜单中，但文件窗口只显示最后打开的文件。把现有文件窗口变换成其他打开文件的窗口(激活其他文件窗日)，可按下列方法进行。

(1)在窗口菜单中选择要转换的文件。

(2)单击所要文件窗口的任何暴露区域。

(3)按 Ctrl+Tab 键变换两个打开文件的窗口。

**3. Chemdraw 文件的存储**

(1)在 File 菜单中选择 Save，此时出现一个存储对话框，所用的平台不同，对话框也不同。

(2)在【文件名】框中输入要存储文件的名字。

(3)单击 OK 或 Save，也可以用 Save As 命令以不同的文件名、不同的位置或不同的格式存储文件副本。以这种形式存储文件副本，对保持原文件或把原文件的信息输入到其他应用都是很有用的。①在 File 菜单中选择 Save As；②在 Save 对话框中输入新的名或新地址名；③单击 OK 或 Save。

**4. 关闭 Chemdraw 文件**

结束文件操作、关闭活动文件窗口的方法：

(1)在 File 菜单中选择 Close。

(2)单击 Close 即可。

在关闭之前，记住储存文件，否则将出现对话框提问操作者。

**5. 退出 Chemdraw**

在 File 菜单中选择 Exit Chemdraw，即可把文件退出。及时关闭结束的文件，可以给正在应用的文件腾出更多的内存空间。在退出结束文件之前，需要先存储已有的文件。

## 1.9 实验室三废处理

### 1.9.1 实验室三废的排放要求与标准

实验室所排出的废水、废气与废渣统称实验室三废，其量往往很大。为保证实验室人员的健康与安全，防止污染环境，排放三废应符合卫生要求。

对排放实验室三废的基本要求是：

(1)无毒，或使排放浓度低于国家或有关部门所规定的最高容许浓度。

(2)凡易燃、易爆、自燃物品或遇水致燃物品，均不得直接排放，如二硫化碳、叠氮汞、三硝基甲苯、三乙基铝、黄磷、金属钠等。

(3)对排水管道有腐蚀性的物质，应使其转化为非腐蚀性物质，如使硫酸转为硫酸钠或硫酸钙。

(4)与水、空气不会发生激烈反应或形成有害物质。

(5)不含病原体、致癌物、诱变物、致畸物，或使排放浓度低于国家或有关部门所规定的最高容许浓度。

(6)放射性三废尤其要符合国家规定的排放要求。

(7)对化学性质极为活泼的物质，应先用适当的惰性材料加以稀释，再作相应的处理，如四氯化锡可用砂、土稀释，再按下节所述方法处理。

(8)有些物质无论是单质或化合物，均有较大的毒性，则应设法回收，不得排放，如汞及其盐类。

凡不合卫生要求者，应根据废物的危毒性质、物理与化学性质、数量、排放要求以及当地的环境条件(地质、水文、气象条件等)作出适当的处理。例如，使铬酸盐转为氢氧化铬，使氰化物转为毒性较小的氰酸盐或铁氰化物。一些易燃物质可使其直接烧掉，不易燃的物质则可用适当的易燃溶剂溶解，再使其烧除。为了保证焚烧完全并去除有害的燃烧产物(如氮的氧化物)，焚秽炉应设有复燃室与洗涤装置。

实验室在向周围环境排放废气、废液或废渣时，不得使居住区大气中有害物质的浓度超过国家规定的最高容许浓度(包括一次最高容许浓度和日平均最高容许浓度)，其值列于表 1-2。

**表 1-2　实验室有害物质排放标准**

| 有害物质 | 最高容许浓度/($mg/m^3$) | | 有害物质 | 最高容许浓度/($mg/m^3$) | |
|---|---|---|---|---|---|
| | 一次 | 日平均 | | 一次 | 日平均 |
| 汞 | | 0.0003 | 氯，苯胺 | 0.1 | 0.03 |
| 六价铬 | 0.0015 | | 五氧化二磷 | 0.15 | 0.05 |
| 铅及其无机化物(换算成 Pb) | | 0.0007 | 氧化氮(换算成二氧化氮) | 0.15 | |
| 砷化物(换算成 As) | | 0.003 | 环氧氯丙烷，氨 | 0.2 | |
| 乙醛，甲基对硫磷(甲基 E605) | | | 硫酸 | 0.3 | 0.1 |
| 苯乙烯，硫化氢，硝基苯 | 0.01 | | 二甲苯 | 0.3 | |
| 酚，氟化物(换算成 F) | 0.02 | | 飘尘，二氧化硫 | 0.5 | 0.15 |
| 二硫化碳 | 0.04 | | 丙酮 | 0.8 | |
| 甲醛，氯化氢 | 0.05 | 0.015 | 苯 | 2.4 | 0.8 |
| 吡啶 | 0.08 | | 甲醇，一氧化碳 | 3 | 1 |
| 丙烯醛，敌百虫 | | | 锰及其化合物(换算成二氧化锰) | | 0.01 |
| 二烯 | 0.1 | 0.03 | | | |

## 1.9.2　实验室三废的处理

实验过程中产生的废气、废液、废渣大多数是有害的，必须经过处理才能排放。

**1. 废气的处理**

少量有毒气体可以通过排风设备排出室外，被空气稀释。毒气量大时，必须处理后再排出。如氧化氮、二氧化硫等酸性气体用碱液吸收。可燃性有机废液可于燃烧炉中通氧气完全燃烧。

**2. 含酚、氰、汞、铬、砷的废液处理**

低浓度含酚废液加次氯酸钠或漂白粉使酚氧化为二氧化碳和水。高浓度含酚废水用乙酸丁酯萃取，重蒸馏回收酚。

含氰化物的废液用氢氧化钠溶液调至 pH10 以上，再加入 3%的高锰酸钾使氰基氧化分解。氰基含量高的废液用碱性氯化法处理，即在 pH10 以上加入次氯酸钠使氰基氧化分解。

含汞盐的废液先调至 pH8～10，加入过量硫化钠，使其生成硫化汞沉淀，再加入共沉淀剂硫酸亚铁，生成的硫化铁将水中的悬浮物硫化汞微粒吸附而共沉淀，排出清液，残渣用焙烧法回收汞或再制成汞盐。

铬酸洗液失效，浓缩冷却后加高锰酸钾粉末氧化，用砂芯漏斗滤去二氧化锰后即可重新使用。废洗液用废铁屑还原残留的铬(Ⅵ)到铬(Ⅲ)，再用废碱中和成低毒的氢氧化铬沉淀。

含砷废液加入氧化钙，调节 pH 为 8，生成砷酸钙和亚砷酸钙沉淀。或调节至 pH10 以上，加入硫化钠与砷反应，生成难熔、低毒的硫化物沉淀。

含铅、镉废液用消石灰将 pH 调至 8～10，使铅(Ⅱ)、镉(Ⅱ)生成氢氧化铅和氢氧化镉沉淀，加入硫酸亚铁作为共沉淀剂。

**3. 有机溶剂的回收**

乙醚废液置于分液漏斗中，用水洗一次，中和，用 0.5%高锰酸钾洗至紫色不褪，再用水洗，用 0.5%～1%硫酸亚铁铵溶液洗涤，除去过氧化物，再用水洗，用氯化钙干燥、过滤、分馏、收集 33.5～34.5 ℃馏分。

乙酸乙酯废液先用水洗几次，再用硫代硫酸钠稀溶液洗几次，使之褪色，再用水洗几次，蒸馏，用无水碳酸钾脱水，放置几天，过滤后蒸馏，收集 76～77 ℃馏分。

氯仿、乙醇、四氯化碳等废液都可以通过水洗废液再用试剂处理，最后通过蒸馏收集沸点左右馏分，得到可再用的溶剂。此方法可在有关资料上查到。

**4. 废料销毁**

实验中出现的固体废弃物不能随便乱放，以免发生事故。如能放出有毒气体或能自燃的危险废料不能丢进废品箱内和排进废水管道中。不溶于水的废弃化学药品禁止丢进废水管道中，必须将其在适当的地方烧掉或用化学方法处理成无害物。碎玻璃和其他有棱角的锐利废料，不能丢进废纸篓内，要收集于特殊废品箱内处理。

# 第2章　基本操作

## 2.1　有机实验常用装置

有机实验中常用到的有回流、蒸馏、气体吸收及搅拌等装置，现分别简介如下。

### 2.1.1　回流装置

很多有机化学反应需要在反应体系的溶剂或者液体反应物的沸点附近进行，这时就需要回流，如图 2-1 所示。图 2-1(1)是可以隔绝潮气的回流装置，若不需要防潮，可去掉球形冷凝管顶端的干燥管；图 2-1(2)为带有吸收反应中生成气体的回流装置，适用于回流时有水溶性气体产生的实验；图 2-1(3)为回流时同时可以滴加液体的装置。加热前应先放入沸石，根据烧瓶内液体的沸腾温度，可选用水浴、油浴或电热套直接加热的方法。回流的速度应控制在液体蒸气浸润不到两个回流球为宜。

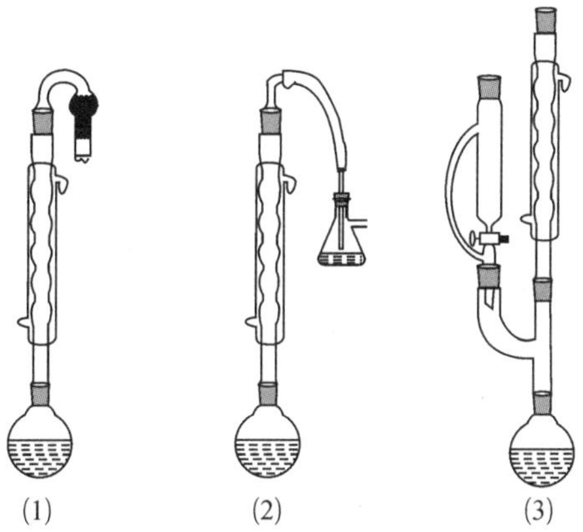


图 2-1　回流装置

### 2.1.2　蒸馏装置

蒸馏是分离两种以上沸点相差较大的液体和除去有机溶剂的常用方法。图 2-2(1)是常用的蒸馏装置。由于这种装置出口与大气相通，可能逸出馏液蒸气，蒸馏易挥发的低沸点液体时，需要将接引管的支管连接橡胶管，通向水槽。支管口接上干燥管，可用作防潮的蒸馏。图 2-2(2)是应用空气冷凝管的蒸馏装置，常用于蒸馏沸点在 140 ℃以上的液体。图 2-2(3)为蒸出较大量溶剂的装置，由于液体可自滴液漏斗中不断的加入，既可调节滴入和蒸出的速度，又可避免使用较大的蒸馏瓶。

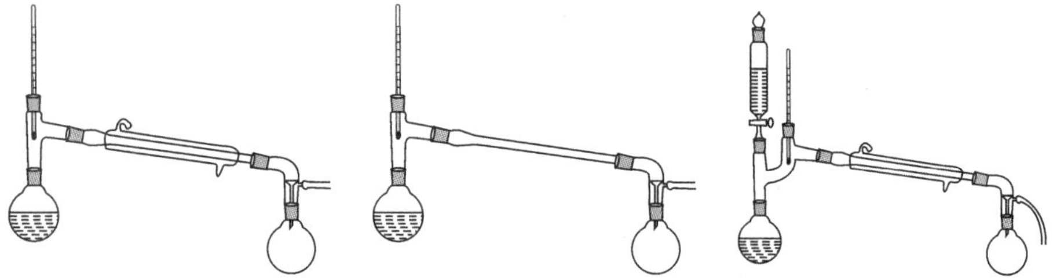

(1) (2) (3)

图 2-2 蒸馏装置

### 2.1.3 气体吸收装置

当反应体系中有毒性气体产生时，要用气体吸收装置，以减少环境污染，如图 2-3。其中图 2-3(1)和 2-3(2)适用于少量气体的吸收。使用图 2-3(1)装置时，玻璃漏斗应略微倾斜，使漏斗口一半在水中，一半在水面上，不得将漏斗埋入吸收液面下，以防成为密闭装置，引起倒吸；图 2-3(2)是反应过程中有大量气体生成或气体逸出速度很快的气体吸收装置。图 2-3(3)水自上端流入(可利用冷凝水)抽滤瓶中，在恒定的水平面上溢出。粗的玻璃管恰好伸入水面，被水封住，以防止气体逸入大气中。

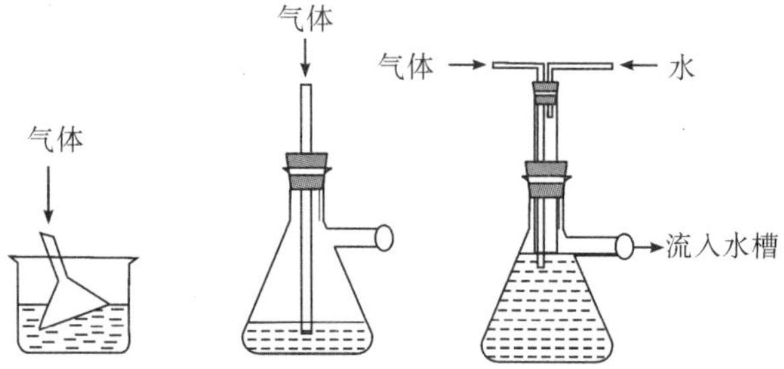


(1) (2) (3)

图 2-3 气体吸收装置

### 2.1.4 搅拌装置

#### 1. 机械搅拌

机械搅拌是由电机带动搅拌棒而达到搅拌的一种装置。如果反应在互不相溶的两种液体或固液两相的非均相体系中进行，或其中一种原料需逐渐滴加进料时，必须使用搅拌装置，如图 2-4。搅拌可以保证两相的充分混合接触和被滴加原料的快速均匀分散，避免或减少因局部过浓过热而引起的副反应。其中图 2-4(1)适用于搅拌下滴加回流的反应；图 2-4(2)用于搅拌下滴加并需测温的反应。为了防止蒸气外逸，需采用密封装置，常用的有简易密封装置或液封装置：简易密封装置使用温度计套管加橡皮管构成[图 2-5(1)]，搅拌棒在橡皮管内转动，在搅拌棒和橡皮管之间滴入润滑油；也可用带橡皮管的玻璃套管固定于塞子上代替[图 2-5(2)]；液封装置中要用惰性液体(如石腊油)进行密封[图 2-5(3)]；聚四氟乙烯制成的搅拌密封塞是由上面的螺旋盖、中间的硅橡胶密封垫圈和下面的标准口塞组成。使用时只需选用适当直径的搅拌棒插入标准口塞与垫圈孔中，在垫圈与搅拌棒接触处涂少许甘油润滑，旋上螺旋口使松紧适度，把标准口塞装在烧瓶上即可。

为了搅拌均匀，可以将搅拌棒制造成各种形状，如图 2-6。在安装搅拌装置时，要求搅拌棒垂直、灵活，与管壁无摩擦和碰撞；与搅拌电机轴应通过两节真空橡皮管和一段玻璃棒连接，切不可将玻璃搅拌棒直接与搅拌电机轴相连，避免搅拌棒磨损或折断(如图 2-7)。搅拌棒虽有多种形状，但安装时总是要求搅拌棒下端距瓶底应有 0.5～1 cm 的距离。机械搅拌器不能超负荷使用，否则电机易发热而烧毁。使用时必须接上地线。平时要注意保养，保持清洁干燥，防潮防腐蚀。轴承应经常涂油保持润滑。

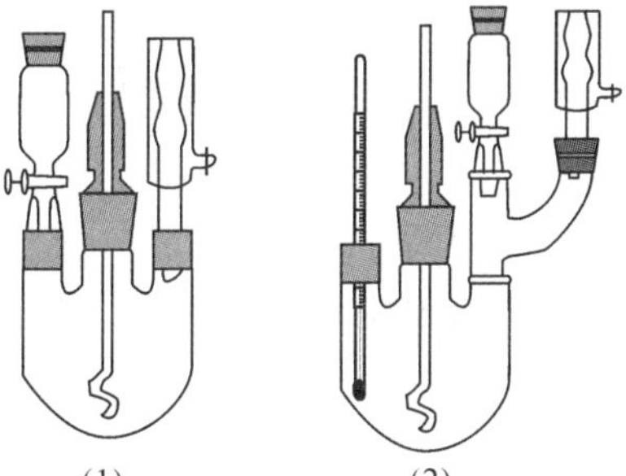

(1)　(2)

图 2-4　常用搅拌装置

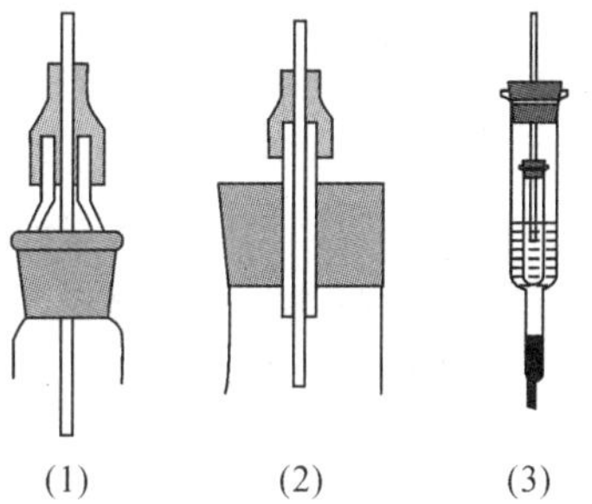

(1)　(2)　(3)

图 2-5　常用搅拌密封装置

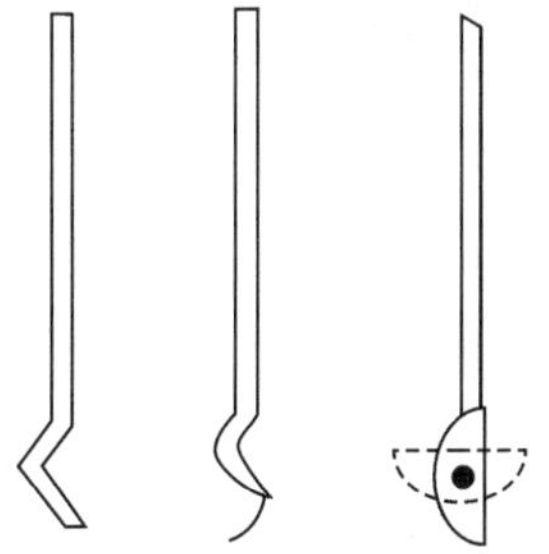

图 2-6　常用搅拌棒

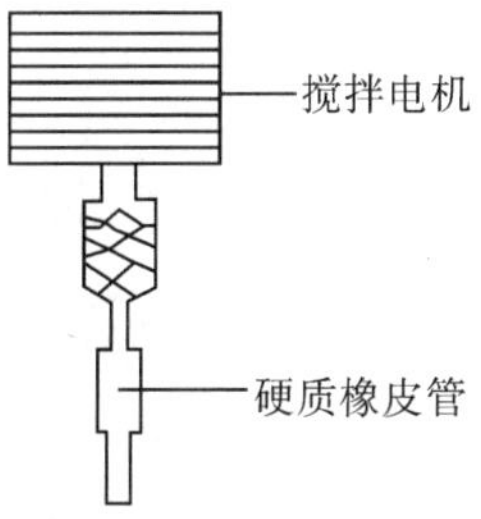


图 2-7　搅拌棒和电机相连

**2. 磁力搅拌**

磁力搅拌是通过一个可旋转的磁铁带动一根以玻璃或塑料密封的软铁旋转而达到搅拌的一种装置。将软铁放入盛有反应物的容器中，将容器磁力搅拌器放在托盘上，接通电源。由于内部磁场不断旋转变化，容器内软铁也随之旋转，从而达到搅拌的目的，如图 2-8。一般的磁力搅拌器都有控制磁铁转速的旋钮及可控制温度的加热装置。使用磁力搅拌比机械搅拌装置简单、易操作，且更加安全，它的缺点是不适用于大体积和黏稠体系。使用时应注意及时收回搅拌子，不得随反应废液或固体一起倒入废料桶或下水道。

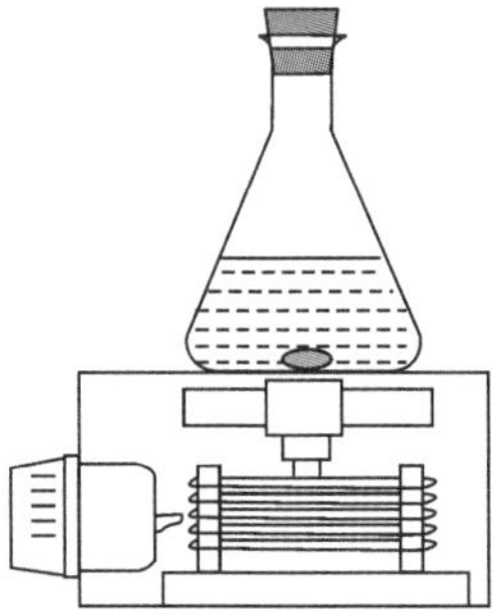

图 2-8　磁力搅拌原理图

## 2.2　简单玻璃工具操作

玻璃工具操作是有机化学重要的操作之一，毛细管、点样管、蒸馏时用的弯管、气体吸收装置以及玻璃棒、搅拌棒等都需要自己亲自动手制作。在玻璃工具操作中最常用到的是切割玻璃管、拉丝玻璃管和弯曲玻璃管。

### 2.2.1　玻璃仪器的洁净和切割

所加工的玻璃管首先应该清洁和干燥，加工好的玻璃管可以按照需要用自来水或者蒸馏水清洗。

玻璃管的切割是用三角锉刀或者砂轮在所需要断开的地方朝着一个方向挫一个稍微深的痕，然后用双手握紧玻璃管，大拇指顶住玻璃管挫痕背部，用力推，同时朝着两边拉，玻璃管即平整地断开了，如图 2-9 所示。

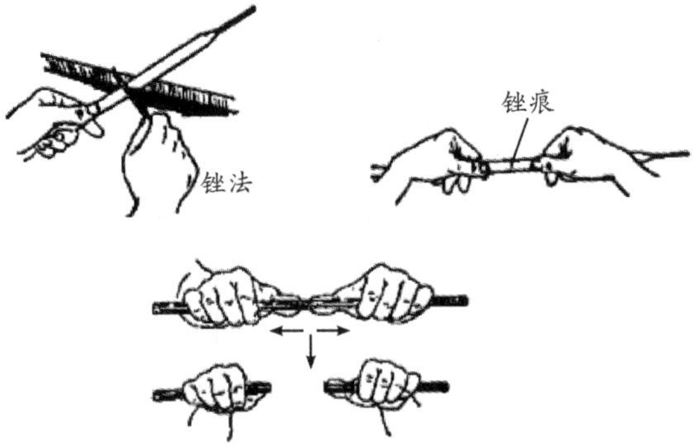


图 2-9　锉刀的使用方法及玻璃管的折断

为了安全，折断时可戴着护目镜或者眼镜，并且尽可能离眼镜远点，或者在挫痕两边包上布再折断。也可以用玻璃管拉丝的一端在煤气灯上强焰烧烤，软化后按紧挫痕处，玻璃管即沿着挫痕处裂开。

## 2.2.2　拉玻璃管

选取直径 5～6 mm 玻璃管，洗干净后外部用干毛巾擦干，先用小火烘烤，将玻璃管中水蒸气烘干，然后两手握住玻璃管两端慢慢加大火焰，在强火中灼烧并不断旋转玻璃管，使均匀受热，这样边加热边转动玻璃管的方法，可以消除玻璃管软化后由于重力因素造成的下垂，可以使管轴保持在同一轴线上。否则会由于玻璃管同一侧加热太软而变形，或者加热不均匀而不能拉伸玻璃管（图 2-10）。

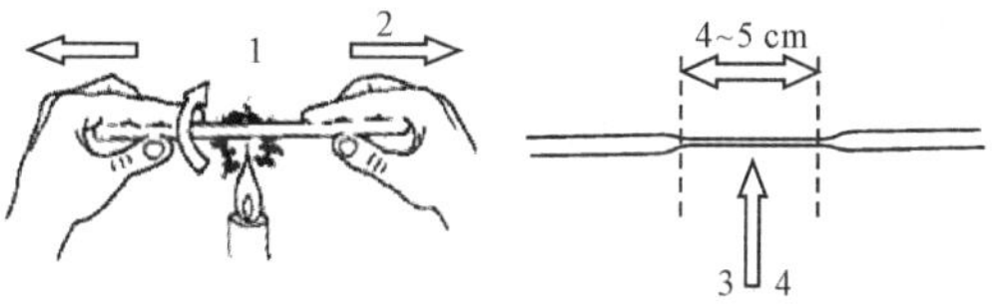


图 2-10　玻璃管的拉制

在火焰中旋转加热玻璃管，再离开火焰趁热拉制成型。最后用小磁片在拉制部分中间刻痕，截断即可成两根滴管。

## 2.2.3　拉制熔点管、沸点管、点样管及玻璃沸石

取一根洁净干燥的直径为 1 cm、厚度为 1 mm 的玻璃管，放在灯焰上加热，火焰由小到大，不断转动玻璃管，直至发黄变软，然后从火焰中取出，此时双手握住玻璃管同方向旋转，水平地向两边拉开，拉开时要慢，然后再较快地拉长，使之成为内径为 1 mm 左右的毛细管，然后将内径为 1 mm 左右的毛细管截成 15 cm 左右的小段，两端封口，冷却后放置在试管内，以备以后测熔点使用。使用时只要将毛细管从中割断，即得到两根熔点管。

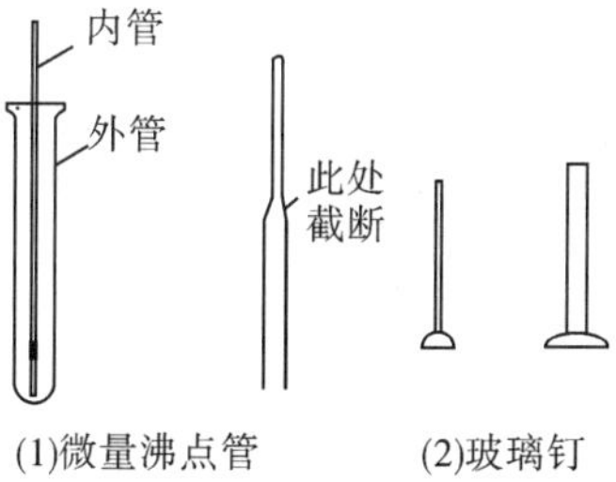


图 2-11　沸点管及玻璃钉

用上述方法拉成内径 3～4 cm 的毛细管，截成 8 cm，一端用小火封闭，作为沸点管的外管；另外内径 1 cm 的毛细管在中间部位封闭，自封闭处截取约

5 cm，作为沸点管内管的下端。另一端约长 8 cm，作为内管，此时两段粗细不同的管即构成沸点管，如图 2-11(1)所示。

将不合格的毛细管、玻璃管或玻璃棒在火焰中反复熔拉，再熔成 1～2 cm 粗细，冷却后截成 1 cm 的小段，装在小试管中，做玻璃沸石用。

### 2.2.4　玻璃钉的制备

方法同拉玻璃管的操作，将一段玻璃棒在煤气灯上加热，火焰由小到大，并且不断地均匀转动，到发黄变软时取出，拉成 2.5 cm 粗细的玻璃棒，从较粗的一端开始截取 6 cm 左右的一段，将粗的一端在火焰中烧红软化后在石棉网上按一下，即成一玻璃钉，如图 2-11(2)所示。

另外取一段玻璃棒，将其一端在火焰边缘烧红软化后在石棉网上按成直径 1.5 cm左右的玻璃钉，截断成 6 cm 左右，然后在火焰上烧除毛刺，此玻璃钉可供研磨样品和抽滤挤压样品使用。

### 2.2.5　玻璃管的弯曲

根据玻璃管的软硬质量不同，调节火焰强度和灼烧面积大小，采用多烧多弯的原则。将玻璃管斜到一定角度，在燃气等强的火上灼烧，不断旋转玻璃管，烧至可以弯曲时可先离开火焰弯曲一定角度。然后，靠近已烧过的部位再烧，再弯。重复上述方法，经过多次，直到掰弯曲为止。但在烧管或者弯曲时不要扭动，否则弯管不在同一平面，此外，经常出现弯管内部凹进去的现象，遇到此种情况，可将凹进去部位在燃气灯上加热烧软，用手封住一端，用嘴吹气，直到凹处平滑为止，凹管修整如图 2-12 所示。

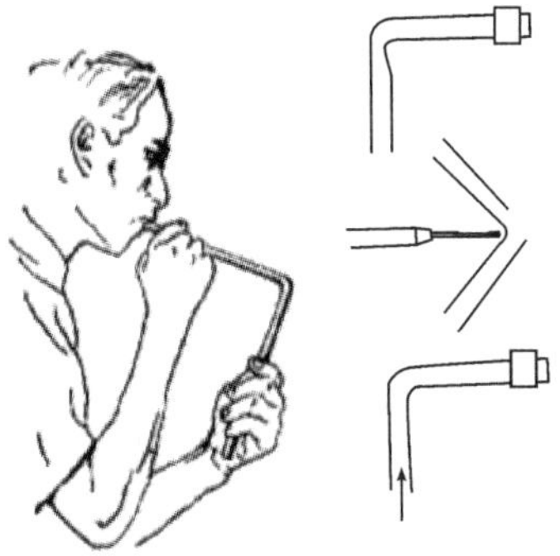

图 2-12　凹管修整法

# 2.3　加热和冷却

## 2.3.1　加热

某些化学反应在常温下很难发生或进行得很慢。因此为了增加反应速度，往往需要在加热条件下进行反应。一般情况下，化学反应的速度随温度的升高而加快。大体上反应温度每升高 10 ℃，反应速度就会增加一倍。此外，有机化学实验的许多基本操作如回流、蒸馏、溶解、重结晶、熔融等都需要加热。

实验室常用的加热器具有煤气灯、酒精灯、电热套和封闭电炉等。但玻璃仪器一般很少用火焰直接加热，因为剧烈的温度变化和加热不均匀会造成玻璃仪器的损坏。同时，由于局部过热，还可能引起有机化合物的部分分解，甚至可能发生爆炸事故。因此，实验中常常根据具体情况采用不同的间接加热方式。最简便的是通过石棉网进行加热，但这种加热仍很不均匀，在减压蒸馏或回流低沸点易燃物等操作中就不能应用。为了保证加热均匀和操作安全，经常选用合适的热浴来进行间接加热. 。

**1. 水浴**

当所需加热温度在 80 ℃以下时，可将反应容器浸入水浴锅中加热，使水浴的温度达到所需温度。水浴加热均匀，温度易控制，适合于低沸点的物质加热和回流。水浴的液面应稍高出反应容器内的液面。还应注意的是，勿使容器触及水浴锅的底部。水浴锅一般为铜制或铝制。当加热少量的低沸点物质时，也可用烧杯代替水浴锅。专门的水浴锅的盖子是由一组直径递减的同心圆环组成的，它可以有效地减少水分的蒸发。

**2. 空气浴**

空气浴就是让热源把局部空气加热，空气再把热能传导给反应容器。沸点在 80 ℃以上的液体均可采用空气浴加热。直接利用煤气灯隔着石棉网对容器加热，这是最简单的空气浴，但受热不均匀，因此不适合低沸点易燃液体或减压蒸馏。电热套是比较好的空气浴，能从室温加热到 200 ℃左右。安装电热套时，要使反应瓶外壁与电热套内壁保持 2 cm 左右的距离，以防止局部过热。为了便于控制温度，可连接调压的变压器。

**3. 油浴**

当加热温度在 100～250 ℃时，用油浴较合适。油浴加热的优点是使反应物受热均匀。油浴所能达到的最高温度取决于所用油的种类。一般情况下，反应物的温度应低于油浴液的温度 20 ℃左右。常用的油浴液有：石蜡油(液体石蜡)、石蜡、甘油、植物油和硅油。

(1)石蜡油：能加热到 200 ℃左右，温度再高时并不分解，但较易燃烧。

(2)石蜡：可以加热到 200 ℃左右，冷却到室温时凝成固体，保存方便。

(3)甘油：可加热到 140～150 ℃，温度过高则会分解。

(4)植物油：常用的有菜籽油、蓖麻油和大豆油等，可以加热到 220 ℃，常加入 1%对苯二酚等抗氧化剂，便于长期使用。当温度过高时会分解，达到闪点时可能会燃烧，所以使用时要小心。

(5)硅油：在 250 ℃时较稳定，透明度好，但价格较昂贵。

用油浴加热时，油浴中应放置温度计(温度计不要碰到油浴锅底)，以便随时观察和调节温度。此外，还应注意，不要把水溅入油浴锅内，以免产生泡沫或爆溅。

**4. 砂浴**

当加热温度在 250～350 ℃时应采用砂浴。通常将清洁且干燥的细砂装在铁盘中，把反应容器半埋在砂中，加热铁盘。保持其底部留有一层砂层，以防局部过热。但由于砂浴温度分布不均匀，且传热慢，温度上升慢，散热又太快，所以使用范围有限。

**5. 其他加热方法**

除了以上介绍的几种常用的加热方法外，还可用熔盐浴、金属浴(合金浴)、电热法等更多的加热方法，应根据实验需要和实验条件进行选择使用。

## 2.3.2 冷却

根据一些实验对低温的要求，在操作中需使用制冷剂，进行冷却操作，以便在一定的低温条件进行反应、分离和提纯等。以下几种情况下应使用冷却剂：①某些反应，其中间体在室温下是不稳定的，这时反应就应在特定的低温条件下进行，如重氮化反应，一般在 0～5 ℃下进行；②反应放出大量的热，需要降温来控制反应速度；③为了降低固体物质在溶剂中的溶解度，以加速结晶的析出；④为了减少损失，把一些沸点很低的有机物冷却；⑤高度真空蒸馏装置。

冷却剂的选择应根据冷却时所需要的温度和吸收的热量来决定。

(1)水：水价廉且热容量高，是常用的冷却剂。

(2)冰一水混合物：容易得到的冷却剂，冰越碎效果越好。

(3)冰一盐混合物：即往碎冰中加入食盐或氯化钙等，可冷至－5～－18 ℃。

(4)干冰：可冷至－60 ℃以下，当把干冰加入到甲醇或丙酮等适当的溶剂中时，可冷至－78 ℃。

(5)液氮：可冷至－196 ℃。

注意：在低于－38 ℃时，不能用水银温度计，需使用有机液体低温温度计。

## 2.4　干燥和干燥剂

干燥是常用的除去固体、液体或气体中少量水分或少量有机溶剂的方法。例如，很多有机反应需要在绝对无水条件下进行，所用的原料及溶剂均应该是干燥的；某些化合物含有水分在加热时会发生变质，故在蒸馏或重结晶时也必须进行干燥；有机化合物在进行定性或定量分析、波谱分析之前均需经干燥才会有准确结果；某些有机化合物会与少量水形成共沸混合物或与水反应而影响产品纯度。因此，干燥是最常用而且十分重要的基本操作之一。

### 2.4.1　基本原理

有机化合物的干燥方法可分为物理方法和化学方法两种。物理方法中有：烘干、晾干、吸附、冷冻、分馏、共沸蒸馏等。近些年来，还常用离子交换树脂和分子筛等方法来进行干燥。化学方法是利用干燥剂脱水，根据脱水作用可分为两类：①能与水可逆地结合生成水合物，如 $Mg(ClO_3)_2$、$CaCl_2$ 等；②与水发生不可逆的化学反应而生成一个新的化合物，如 $P_2O_5$ 等。目前实验室应用最广泛的是第一类干燥剂。

### 2.4.2　液体有机化合物的干燥

**1. 干燥剂的选择**

液体有机化合物的干燥，通常是用干燥剂直接与其接触，因此干燥剂与被干燥的液体有机化合物不发生化学反应，包括溶解、配位、缔合和催化等作用，例如，酸性物质不能使用碱性干燥剂，而碱性物质则不能使用酸性干燥剂。

当选用与水结合生成水合物的干燥剂时，必须考虑干燥剂的吸水容量和干燥效能。吸水容量是指单位质量干燥剂所吸收的水量，干燥效能指达到平衡时液体被干燥的程度，例如，无水 $Na_2SO_4$ 可形成 $Na_2SO_4 \cdot 10H_2O$，即 1 g $Na_2SO_4$最多能吸 1.27 g 水，其吸收水容量为 1.27，但其水合物的水蒸气压也较大(25 ℃时为 255.98 Pa)，故干燥效能差。氯化钙能形成 $CaCl_2 \cdot 6H_2O$，其吸水容量为 0.97，此水合物在 25 ℃水蒸气压为 39.99 Pa，故无水氯化钙的吸水容量虽然较小，但干燥效能强，所以干燥操作时应根据除去水分的要求而选择合适的干燥剂。通常这类干燥剂形成水合物需要一定的平衡时间，所以，加入干燥剂后必须放置一段时间才能达到脱水的效果。已吸水的干燥剂受热后又会脱水，其蒸气压随着温度的升高而增加，所以，对已干燥的液体在蒸馏之前必须把干燥剂滤去。

**2. 干燥剂的用量**

掌握好干燥剂的用量是很重要的。若用量不足，则可能达不到干燥的目的；若用量太多，则由于干燥剂的吸附而造成液体的损失。以乙醚为例，水在乙醚中的溶解度在室温时为1%～1.5%，若用无水 $CaCl_2$ 来干燥 100 mL 含水的乙醚时，全部转变成 $CaCl_2 \cdot 6H_2O$，其吸水容量为0.97，也就是说1 g无水 $CaCl_2$ 大约可以吸收0.97 g水，这样，无水 $CaCl_2$ 的理论用量至少要1 g，而实际上远远超过1 g，这是因为醚层中还有悬浮的微细水滴，其次形成高水合物的时间需要很长，往往不可能达到应有的吸水容量，故实际投入的无水 $CaCl_2$ 的量是大大过量的，常需用7～10 g无水 $CaCl_2$。操作时，一般投入少量干燥剂到液体中，进行振摇，如出现干燥剂附着器壁或相互黏结时，则说明干燥剂用量不够，应再添加干燥剂；如投入干燥剂后出现水相，必须用吸管把水吸干，然后再添加新的干燥剂。干燥前，液体呈浑浊状，经干燥后变成澄清，这可简单地作为水分基本除去的标志。一般干燥剂的用量为每10 mL液体需0.5～1 g。由于含水量不等、干燥剂质量的差异、干燥剂的颗粒大小和干燥时的温度不同等因素，较难规定具体数量，上述数据仅供参考。

**3. 常用的干燥剂**

常用干燥剂的性能与应用范围如表2-1所示。

**表 2-1 常用干燥剂的性能与应用范围**

| 干燥器 | 吸水容量 | 干燥效能 | 干燥速度 | 应用范围 |
|---|---|---|---|---|
| $P_2O_5$ | — | 强 | 快，但吸水后表面为黏浆液覆盖，不便操作 | 限于干燥醚、烃、卤代烃、腈等中的痕量水分。不适用于醇、酸、胺、酮等 |
| 分子筛 | — | 强 | 快 | 适用于各类有机化合物的干燥 |
| $K_2CO_3$ | 0.2 | 较弱 | 慢 | 弱碱性，用于干燥醇、酮、酯、胺及杂环等碱性化合物，不适于酸、酚及其他酸性化合物 |
| KOH(NaOH) | — | 中等 | 快 | 强碱性，用于干燥胺、杂环等碱性化合物，不能用于干燥醇、酯、醛、酮、酸、酚等 |
| $CaCl_2$ | 0.97按 $CaCl_2 \cdot 6H_2O$ 计 | 中等 | 较快，但吸水后表面为薄层液体所盖，故放置时间以长些为宜 | 能与醇、酚、胺、酰胺及某些醛、酮形成络合物，因而不能干燥这些化合物。工业品中可能含 $Ca(OH)_2$ 和碱或 CaO，故不能用来干燥酸类 |
| $MgSO_4$ | 1.05按 $MgSO_4 \cdot 7H_2O$ 计 | 较弱 | 较快 | 中性，应用范围广，可代替 $CaCl_2$，并可用于干燥酯、酮、腈、酰胺等及不能用 $CaCl_2$ 干燥的化合物 |

续表

| 干燥器 | 吸水容量 | 干燥效能 | 干燥速度 | 应用范围 |
|---|---|---|---|---|
| $Na_2SO_4$ | 1.25 | 弱 | 较慢 | 中性，一般用于有机液体的初步干燥 |
| $CaSO_4$ | 0.06 | 弱 | 快 | 中性，常与硫酸镁(钠)配合，作最后干燥之用 |
| 金属钠 | — | 强 | 快 | 限于干燥醚、烃类中痕量水分。用于切成小块或压成钠丝 |
| CaO | — | 强 | 较快 | 适用于干燥低级醇类 |

## 2.4.3　固体有机化合物的干燥

从重结晶得到的固体常带水分或有机溶剂，应根据化合物的性质选择适当的方法进行干燥。

**1. 晾干**

这是最简便的干燥方法。把要干燥的固体先放在瓷孔漏斗中的滤纸上，或在滤纸上面压干，然后在一张滤纸上面薄薄地摊开，用另一张滤纸覆盖起来，让它在空气中慢慢地晾干。

**2. 加热干燥**

对于热稳定的固体化合物可以放在烘箱内或红外灯下干燥，加热的温度切忌超过该固体的熔点，以免固体变色或分解，若需要则在真空恒温干燥箱中干燥。

**3. 干燥器干燥**

对于易吸湿或较高温度下干燥时会发生分解或变色的固体化合物可用干燥器干燥，干燥器有普通干燥器、真空干燥器和真空恒温干燥器。

## 2.4.4　气体的干燥

在有机化学实验中常用气体有 $N_2$、$O_2$、$H_2$、$Cl_2$、$NH_3$、$CO_2$ 等。有时要求气体中含有很少或几乎不含 $CO_2$、$H_2O$ 等，此时需要对上述气体进行干燥。干燥气体常用干燥管、干燥塔、洗气瓶等，干燥气体常用的干燥剂列于表 2-2 中。

**表 2-2　气体干燥剂选择**

| 干燥剂 | 可被干燥的气体 |
|---|---|
| 碱石灰、CaO、NaOH、KOH | $NH_3$类 |
| 无水 $CaCl_2$ | $H_2$、HCl、$N_2$、$O_2$、$CO_2$、$SO_2$、低级烷烃、醚、烯烃、卤代烃 |
| $P_2O_5$ | $H_2$、$N_2$、$O_2$、$CO_2$、$SO_2$、低级烷烃、烯烃 |
| 浓 $H_2SO_4$ | $H_2$、HCl、$N_2$、$O_2$、$CO_2$、$SO_2$ |

# 2.5　有机化合物物理常数测定

## 2.5.1　熔点测定及温度计校正

### 1. 熔点的测定

通常认为固体化合物受热达到一定温度时，固体熔化转变为液体，这时的温度就是该化合物的熔点。严格意义上讲固体化合物的熔点是：在一个大气压下，固液两相达到平衡状态的温度。大多数晶体有机物都具有固定的熔点，且绝大多数在 300 ℃以下，较易测定。然而，在实际测定实验中，有机化合物开始熔化到完全熔化存在一个温度区间，这个温度区间叫熔程，也叫熔距或熔点范围。纯净的化合物熔程一般不超过 0.5 ℃。当化合物含有杂质时，其熔点往往较纯净物熔点低，且熔程变长。因此，测定熔点可以估测化合物的纯度。

1)基本原理

若需准确测定化合物的熔点，必须借助于相图。在一定的温度和压力下，将某一化合物的固液两相放在同一容器中，这时可能会出现三种情况：固相迅速转化为液相；液相迅速转化为固相；固液两相共存(固液共存的温度即熔点)。在某一温度下，固液两相的比例可从该化合物的蒸气压与温度的曲线(相图)关系判断。蒸气压大的相相对于蒸气压小的相所占的比例高。图 2-13(1)表示固相的蒸气压和温度的关系，图 2-13(2) 表示液相的蒸气压和温度的关系，将图 2-13(1)和 2-13(2)两曲线加合即得图 2-13(3)曲线，两曲线相交于 $M$ 点，固液两相在该点可以共存，此时的温度 $T$ 即为该化合物的熔点(melting point，mp)，这是纯净化合物有固定而敏锐的熔点的原因。

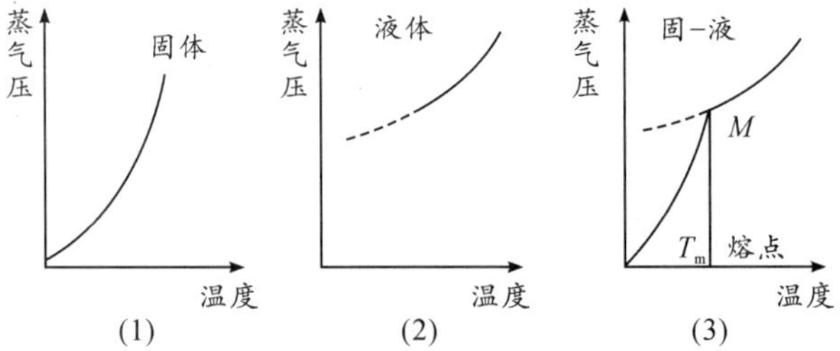


图 2-13　蒸气压和温度的关系曲线

大多数有机化合物的熔点不是通过相图确定的，实际工作中多采用毛细管法测定，我们观测的熔点是固体开始熔化到完全熔化的温度，即熔程，这个熔程被视作该化合物的熔点。

2)熔点的测定

(1)Thiele 管毛细管法。

仪器装置：熔点测定装置很多，目前实验室常用 Thiele 管，这种装置也是大多数实验教材重点介绍的方法，见图 2-14。

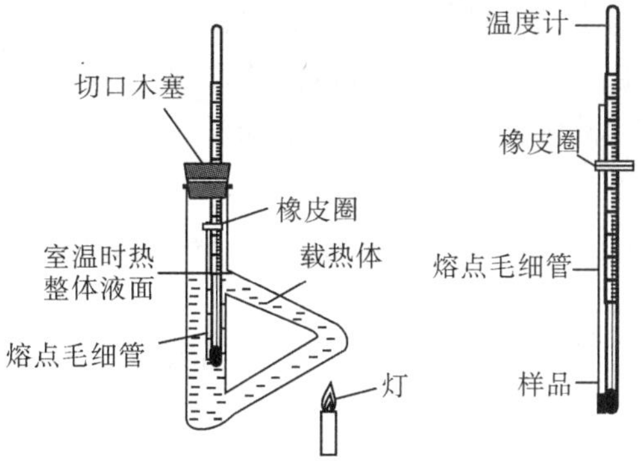


图 2-14　Thiele 管测定熔点装置

将 Thiele 管(又称 b 形管或熔点测定管)夹在铁架台上，管内装入热浴液体，液面稍高于侧管，管口配一带缺口单孔软木塞，中孔插入温度计，并使其刻度面向软木塞缺口，将装好样品的熔点管用橡皮圈紧固在温度计上，样品部分应靠在温度计汞球中部，温度计插入 Thiele 管中，其深度以汞球恰好在两侧管的中部为宜。加热时，火焰与 Thiele 管的倾斜部分接触，受热溶液沿管向上运动，从而促使整个 Thiele 管内溶液呈对流循环，保证温度均匀。

毛细管的制备：取一支毛细管，内径约 1 mm，长 60～70 mm，一端封闭的毛细管作为熔点管。

样品的填装：取 0.1～0.2 g 已烘干的样品，放在干净的表面皿或玻璃片上，用玻璃棒或钢铲研磨成粉末，并集成一堆，将熔点管的开口插入样品堆中，然后把开口一端向上，通过直立于表面皿上的直形玻璃管或冷凝管自由落下，重复几次，使样品紧密集结管底，填充高度 2～3 mm。操作要迅速，防止样品吸潮，装入的样品要结实，受热时才均匀，如果有空隙，不易传热，影响测定结果。

熔点的测定：熔点测定的关键之一是加热速度，为了顺利而准确地测出熔点，对于未知样品可先用较快的加热速度粗略测定一次，得出大致的熔点范围，然后更换一根样品管再做精密的测定。开始时加热速度较快(4～5 ℃/min)，当距熔点约 10 ℃时，调小火焰，缓慢地加热(1～1.5 ℃/min)，越接近熔点，加热速度越慢。并注意观察和记录样品是否有坍塌、萎缩、变色或分解现象。当观察到样品外围出现小滴液体(开始变透明时)，即为初熔温度，当固体样品刚刚消失成为透明液体时，为全熔温度。每次测定后，进行下一次测定时，浴液温度至少降低 30 ℃后方可重新开始。

Thiele 管熔点测定法的缺点是：浴液内因无搅拌上下温差大，火焰受外界空气的影响难于控制，熔点测定误差大。

(2)药典中熔点测定方法。

药典中熔点测定也是毛细管法，对测定装置和测定方法作了详细的规定。依据待测物质的性质不同，将测定方法分为三种：第一种是易粉碎的固体样品；第二种是不易粉碎的样品(如脂肪、脂肪酸、石蜡、羊毛脂等)；第三种是凡士林或其他类似物。这里我们只介绍第一类物质的测定方法。

样品处理：取供测定样品，研磨成细末，按药典规定对样品进行干燥。装样方法同 Thiele 管法，样品高 3 mm。

毛细管：毛细管长度在 9 cm 以上，露出浴液上部 3 cm 以上。毛细管壁厚 0.9～1.1 mm。

浴液：熔点小于 80 ℃用水，熔点大于 80 ℃用硅油或液体石蜡。

测定装置：测定装置中必须有搅拌器，加热时开动搅拌使温度保持均匀。

熔点的测定：将浴液加热，当浴液温度上升至较样品熔点低约 10 ℃时，将毛细管浸入浴液，贴附在温度计上，使样品部分在温度计汞球的中部。加热速度为 1.0～1.5 ℃/min。药典中并未具体规定测定装置，根据药典要求，我们可以采用如图 2-15 的装置，选用适当容积的烧杯作测定容器，烧杯内放入浴液，杯底放入电热器加热，用调压变压器控制加热速度，烧杯底部放入磁棒，用磁力搅拌器作搅拌。

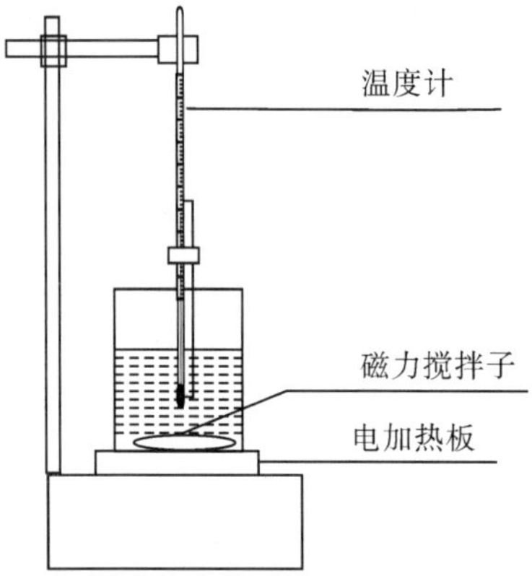


图 2-15　带搅拌的熔点测定装置

操作时应注意以下两点：第一，测定熔点，至少要有两次重复数据，每次都需要从头做起，不可将已测样品冷却固化后再做第二次测定，因为有些物质受热后可能已经发生分解或失去结晶水，或改变晶体结构，而使所测数据产生偏差。第二，未知样品测定时，要快速加热粗略测定熔点，然后再进行精密测定。

用毛细管法测定熔点的优点是：方法简单，仪器简便。缺点是不能观测样品加热过程中的变化情况，对于熔点过高的样品热浴选择困难。

(3)显微熔点测定法。显微熔点测定是借助显微镜观察样品的一种方法，其实质是在显微镜下观察样品的熔化过程。目前显微熔点测定仪器种类很多，仪器装置也不尽相同。图 2-16 是一种显微熔点测定仪，该仪器与一般显微镜的不同是载物台带有加热装置。

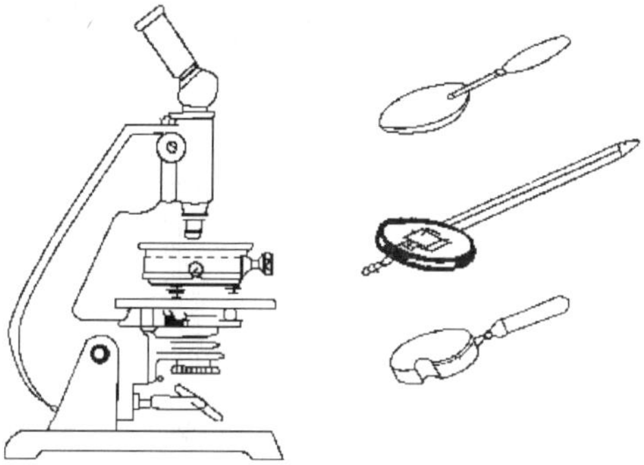

图 2-16　显微熔点测定仪

具体测定步骤：将样品研细，放在载玻片上，注意不要堆积，在显微镜的目镜里可以观察到样品的外形。开启加热器，用调压变压器控制加热速度。当温度接近样品熔点时，加热速度控制在 1.0～1.5 ℃/min。当样品的结晶棱角变圆时，熔化开始，记录为初熔温度，结晶刚刚完全消失样品全部熔化，记录为全熔温度，初熔温度至全熔温度即熔点范围。该装置的优点是可以仔细观测并可以测定高熔点化合物。

**2. 温度计校正**

为了进行准确测量，一般从市场购来的温度计在使用前需对其进行校正。校正温度计的方法有以下几种。

(1)比较法：选一支标准温度计与要进行校正的温度计在同一条件下测定温度，比较其所指示的温度值。

(2)定点法：选择数种已知准确熔点的标准样品，测定它们的熔点，以查到的熔点为纵坐标，以此熔点与准确熔点之差作横坐标，从图中求得校正后的正确温度误差值，例如，测得的温度为 100 ℃，则校正后应为 101.3 ℃。

## 2.5.2　沸点及其测定

**1. 基本原理**

通常用蒸馏或分馏的方法来测定液体的沸点。但是若仅有少量试料(甚至少到几滴)，用微量法测定可以得到较满意的结果。

**2. 微量法测定沸点的步骤**

(1)沸点管的拉制：用破试管拉成内径约为 3 mm 的细管，截取长 6～8 cm

的一段，将其一端封闭(可在扁灯头上封管，管底要薄)，作为装试料的外管。另取长约 8 cm、内径约 1 mm 的毛细管，制作一根内管。

(2)样品的填装：装试料时，把外管略微温热，迅速地把开口一端插入试料中，这样，就有少量液体吸入管内。将管直立，使液体流到管底，试料高度为 6～8 mm。也可用细滴管把样品装入外管里。将外管用橡皮圈或细铜丝固定在温度计上(图 2-17)。像熔点测定时一样，把沸点管和温度计放入沸点测定装置内。

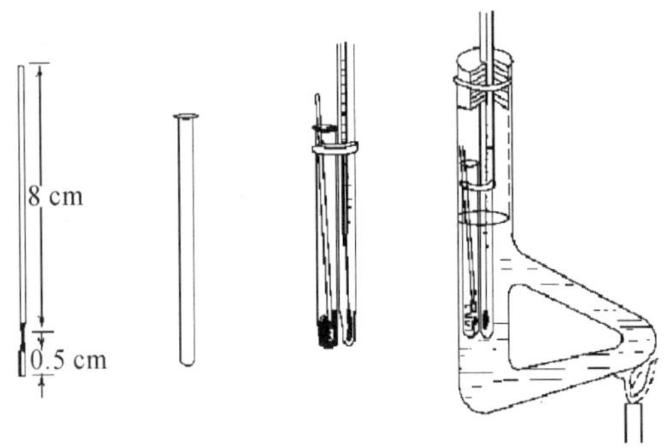


图 2-17　微量法测定沸点装置

(3)沸点的测定方法：将热浴慢慢地加热，使温度均匀地上升。当温度到达比沸点稍高的时候，可以看到从内管中有一连串的小气泡不断地逸出。停止加热，让热浴慢慢冷却。当液体开始不冒气泡并且气泡将要缩入内管时的温度即为该液体的沸点，记录下这一温度。这时液体的蒸气压和外界大气压相等。

### 2.5.3　液体化合物折射率的测定

由于光在不同介质中的传播速度是不相同的，所以光线从一个介质进入另一个介质时，若光的传播方向与两个介质的界面不垂直，则在界面处的传播方向会发生改变。我们把这种现象称光的折射现象。

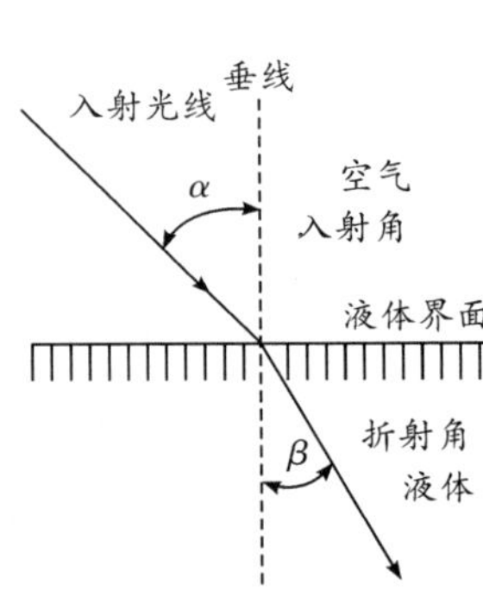


图 2-18　光从空气通过液体时的折射

光线在空气中的速度($V_{空}$)与它在液体中的速度($V_{液}$)之比定义为该液体的折光率($n$)(图 2-18)。

$$n=\frac{V_{空}}{V_{液}}$$

根据折射定律，波长一定的单色光线，在确定的外界条件下，从一个介质 A 进入另一个介质 B 时，入射角 $\alpha$ 和折射角 $\beta$ 的正弦之比和这两个介质的折光

率 $N$(介质 A 的)与 $n$(介质 B 的)成反比，即$\frac{\sin\alpha}{\sin\beta}=\frac{n}{N}$，若介质 A 为真空，则 $N=1$，于是就有 $n=\frac{\sin\alpha}{\sin\beta}$。

由此可见，一个介质的折光率，就是光线从真空进入这个介质时的入射角的正弦与折射角的正弦之比，这种折光率称为该介质的绝对折光率。通常测定的折光率都是以空气作为标准的。折光率是有机化合物最重要的物理常数之一，它能精确而方便地测定出来。作为液体物质纯度的标志，它比沸点更为可靠。利用折光率，可鉴定未知化合物，也可以确定液体混合物的组成。如蒸馏和分馏时，结合沸点，作为划分馏分的依据。化合物的折光率不但与它的结构和光线波长有关，而且也受温度、压力因素的影响。所以折光率的表示须注明所用的光线和测定时的温度，常用 $tDn$ 表示。$D$ 是以钠灯的光线(5893Å)作光源，$t$ 是测定时的温度。通常温度增高 1 ℃时，液体有机化合物的折光率就减小 $3.5\times10^{-4}\sim5.5\times10^{-4}$。由于通常大气压的变化，对折光率的影响不显著，所以只有在很精密的工作中，才考虑压力的影响。测定化合物的折光率的仪器常使用 Abbe 折光仪。

**1. 构成原理**

当光由介质 A 进入介质 B，如果介质 A 对于介质 B 是疏物质，即 $n_A<n_B$ 时，则折射角 $\beta$ 必小于入射角 $\alpha$，当 $\alpha=90°$时，$\sin\alpha=1$，这时折射角达到最大值，称为临界角，用 $\beta_0$ 表示。很明显，在一定波长与温度下，$\beta_0$ 也是一个常数，它与折光率的关系是：

$$n=\frac{1}{\sin\beta}$$

由此可通过测定临界角 $\beta_0$，得到所测液体化合物的折光率，这就是 Abbe 折光仪的基本光学原理，如图 2-19 所示。

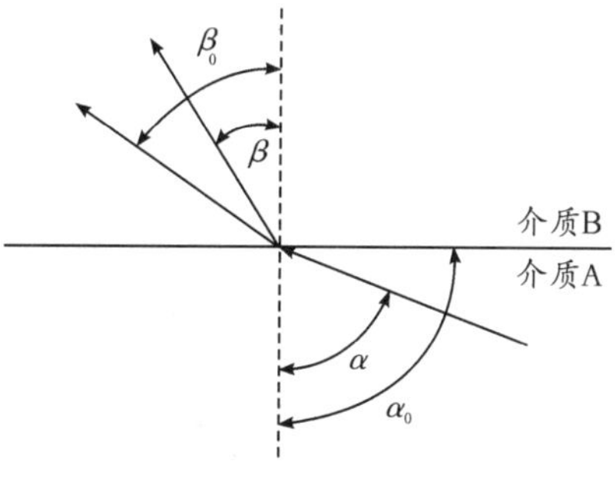


图 2-19　光的折射现象

**2. 结构**

Abbe 折光仪的主要组成部分是两块直角棱镜，上面一块是光滑的，下面的表面是磨砂的，可以开启(见图 2-20)。Abbe 折光仪左面有一个镜筒和刻度盘，刻度盘上刻有 1.3000～1.7000 的格子，镜筒内指针连接放大镜，用于观测液体化合物的折光率，刻度盘上的读数就是通过测定临界角换算后的该物质的折光率；右面是测量望远镜，是用来观察折光情况的，筒内装有消色散镜。光线由反射镜反射入下面的棱镜，以不同入射角射入两个棱镜之间的液层，然后再射到上面棱镜的光滑表面上，由于它的折射率很高，一部分光线可以再经过折射进入空气而达到测量望远镜，另一部分光线则发生全反射，调节螺旋以使测量望远镜中的视野如图 2-21，使明暗两区域的界线恰好落在“十”字交叉点上，记下读数，由于 Abbe 折光仪有消色散装置，直接使用日光测得的数据与钠光线所测的一致，所以此读数可计为该物质的折光率。

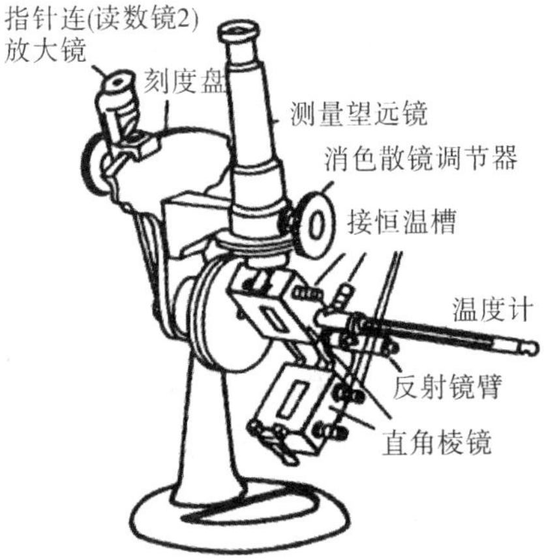


图 2-20　Abbe 折光仪的结构

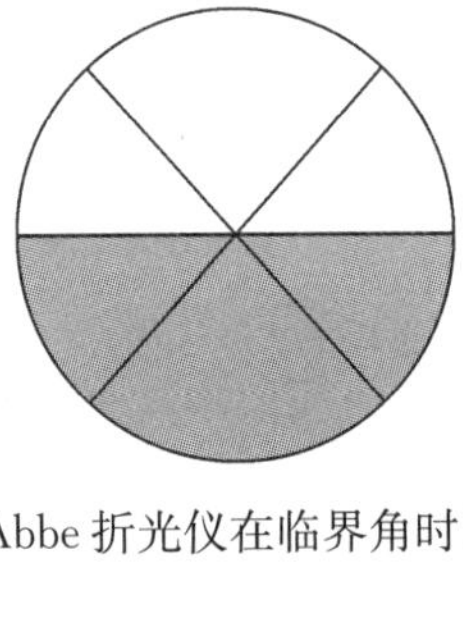

图 2-21　Abbe 折光仪在临界角时目镜视野图

**3. Abbe 折光仪的使用**

(1)校正。Abbe 折光仪经校正后才能做测定用，校正方法是：取出仪器，置于清洁干净的台面上，先与恒温槽相连，安装好温度计，待恒温后，开启下面棱镜，用丝巾或擦镜纸沾少量乙醇或丙酮配制的洗镜液轻轻擦洗上下镜面，待乙醇或丙酮挥发后进行校正。加 1～2 滴蒸馏水于镜面上，关紧棱镜，调节反光镜使镜内视场明亮，转动棱镜直到镜内观察到有界线或出现彩色带；若出现彩色光带，则转动色散调节器，使明暗界面清晰，再转动左面刻度盘使界线恰巧通过“十”字交叉点。记录读数与温度，重复两次测出蒸馏水的平均折光率，然后与纯水的标准值($n20$：1.33299$D$)比较，求得折光仪的校正值，校正值一般很小，若校正值太大时，整个仪器必须重新校正。

(2)测定。校正后，用滴管把待测液体2～3滴均匀地滴在磨砂面棱镜上，要求液体无气泡并充满视场，关紧棱镜。转动反射镜，使视场最亮。轻轻转动消色调节器，至看到一个明晰分界线。转动刻度盘，使分界线对准“十”字交叉点上，读出折光率，重复操作3次。

**4. Abbe 折光仪的维护**

(1)Abbe折光仪在使用前后，棱镜均需用丙酮或乙醇洗净干燥，硬物不得接触镜面，擦洗镜面用丝巾或擦镜纸，不能用力擦，以免擦花磨砂镜面，操作过程中严禁油手或汗手触及光学零件。

(2)使用完毕后，要放尽金属套中的恒温水，拆下温度计并放回纸套筒中。对棱镜玻璃、保温套金属及其间的胶合剂有腐蚀或溶解作用的液体，均应避免使用。

(3)折光仪不能放在阳光直射或靠近热源的地方，以免样品迅速蒸发。仪器应避免强烈振动或撞击，以防损伤及影响精度。

(4)不用时应放在箱内或用黑布罩住，置于干燥处。

## 2.5.4　相对密度及其测定

物质的密度是物质质量和体积之比，单位为 $kg/m^3$，常用符号 $\rho$ 来表示。相对密度定义为该物质的密度(除另有规定外，均以温度为20 ℃时的密度)和某一标准物质的密度之比。这一标准物质可以取在某一特定温度(如4 ℃)下的水，或(用于气体时)温度和压力在标准条件下的空气。相对密度的概念使用起来非常方便，因为它通常比密度更易于测量，而且在所有单位制中它都是无单位的，过去称“比重”。4 ℃水的密度为1000 $kg/m^3$，或kg/L，$g/cm^3$。标准条件为0 ℃和101.325 kPa下，干燥空气的密度为1.293 $kg/m^3$或1.293 g/L。相对密度表示符号为 $d_{420}$，表示该物质20 ℃的密度与4 ℃水的密度的比值。相对密度是物质的一种物理量，测定相对密度的方法称之为相对密度测定法。

相对密度对于一种物质来说在一定的条件下是不变的常数，只有当物质的组成和外界条件改变时才会改变，因此可以通过测量物质的相对密度来确定物质组成的变化。

测定物质的相对密度必须采用国际统一的标准方法和仪器，否则不能被国际承认和采用。物质处于不同的状态采用不同的方法和仪器测量，已有各种高级精密仪器供选择和测试不同状态下物质密度和相对密度。也可以采用物质的其他已知的物化常数进行计算，特别是气体。现以液体相对密度测量方法为例进行说明，液体相对密度的测定有三种常用简单方法：一般用比重瓶及比重计进行测定。

**1. 比重瓶法 1**

(1)取洁净、干燥并精密称定重量的比重瓶，装满测试样品。

(2)装上温度计(瓶中应无气泡)，置 20 ℃的水浴中放置 10～20 min，使瓶内被测物的温度达到 20 ℃。

(3)用滤纸除去溢出侧管的液体，立即盖上罩。

(4)将比重瓶自水浴中取出，用滤纸将比重瓶的外面擦干，精密称定，减去比重瓶的重量，求得供试品的重量。

(5)将供试品倾去，洗净比重瓶，并装满新煮沸过的冷水。

(6)照上法测得同一温度时水的重量，按下式计算，即得。

测试样品的相对密度＝供测试样品重量/水重量

**2. 比重瓶法 2**

(1)取洁净、干燥并精密称定重量的比重瓶，装满供测试品后，置 20 ℃的水浴中，放置 10～20 min。

(2)插入中心有毛细孔的瓶塞，使过多的液体从塞孔溢出，并用滤纸将瓶塞顶端擦干，照上述比重瓶法 1，继续测定计算即得。

**3. 比重计法**

将供试品注入清洁、干燥的量筒内，不得有气泡，将量筒置于 20 ℃的恒温水浴中，待温度恒定后，将清洁、干燥的比重计缓缓地放入供试品中。待比重计在供测试品中稳定后，读出弯月面下的刻度，即为 20 ℃时供试品的比重。

## 2.5.5 旋光度及其测定

自然界中很多物质具有使平面偏振光的振动面发生旋转的性质，称为旋光性或光学活性，该物质称为旋光性物质或光学活性物质。平面偏振光通过旋光性物质后，振动面改变的角度称为旋光度，用“$\alpha$”表示。从面对光线入射的方向观察，振动面按顺时针方向旋转的，称为右旋，用符号“$d$”或“＋”表示，按逆时针方向旋转的称为左旋，用“$l$”或“－”表示。

**1. 实验原理**

从有机立体化学的学习中我们得知，如果一种化合物的分子能与其镜像重合，则这种分子具有对称性；而一种化合物的分子不能与其镜像重合，称这种分子为手性分子。手性分子能使平面偏振光发生旋转，具有旋光性。平面偏振光可看作是由两个周期和振幅相同而旋转方向相反的圆偏振光叠加组成。当平面偏振光通过一个具有对称性的物质时，两种圆偏振光以同一速度前进，结果振动面不变。若平面偏振光通过一个具有手性的物质时，两种圆偏振光就会以不同速度前进，结果引起振动面向左或右旋转 $\alpha$ 角度，而产生旋光性。手性分子在自然界中广泛存在，在生物体内会产生特殊的生理作用。

定量测定溶液或液体旋光程度的仪器称为旋光仪，其工作原理见图 2-22。常用的旋光仪主要由光源、起偏镜、样品管和检偏镜几部分组成。光源为钠光灯；起偏镜是一个固定不动的尼可尔棱镜，它像栅栏一样使光源发出的光只有振动面和棱镜镜轴平行的才能通过，变成只在一个平面振动的平面偏振光；样品管装待测的液体或溶液；检偏镜是一个能转动的尼可尔棱镜，用来测定物质偏振光振动面的旋转角度和方向，读出数值。

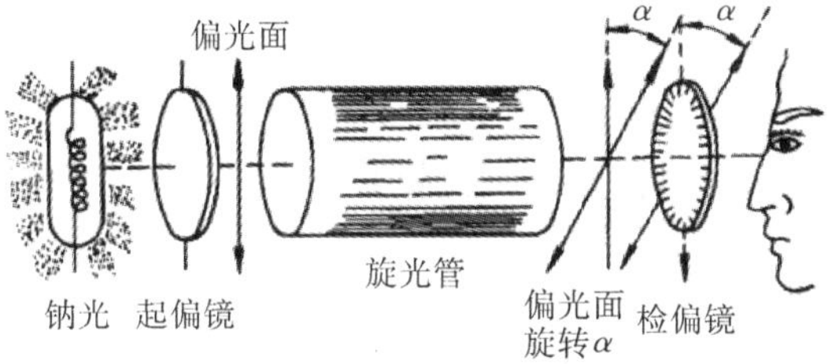


图 2-22　旋光仪的组成

旋光度的测定对于研究具有光学活性的分子的构型及确定某些反应机理具有重要的作用，还可用来鉴定旋光性化合物的光学纯度。测定旋光度时所用溶液的浓度、样品管的长度、温度、光源的波长及溶剂的改变都会引起旋光度的变化。因此常用比旋光度[$\alpha$]来表示物质的旋光性。当光源、温度和溶剂固定时，旋光度是一个只与分子结构有关的表征旋光性物质的特征常数。

如果测定的旋光性物质为溶液，则：

$$[\alpha]_t^\lambda=\frac{\alpha}{cl}$$

如果测定的旋光性物质为纯液体，则：

$$[\alpha]_t^\lambda=\frac{\alpha}{l\rho}$$

式中，$[\alpha]_t^\lambda$ 表示旋光物质在 $t$ ℃、光源波长为 $\lambda$ 时的比旋光度；$\lambda$ 为所用光源的波长，通常是钠光源，以 $D$ 表示；$t$ 为测定时的温度；$l$ 为样品管的长度，单位以分米(dm)表示；$c$ 为溶液浓度，以 1 mL 溶液中所含溶质的克数表示；$\rho$ 为液体密度。

**2. 测定方法**

不同仪器操作不尽相同，基本步骤如下：

(1)接通电源，待 5～15 min 后，钠光灯发光稳定即可开始测定。

(2)校正仪器零点，在样品管中放入蒸馏水或配制待测样品所用的溶剂，作为空白对照，校正仪器零点。

(3)测定，选择长度适宜的样品管，一般旋光度数小或溶液浓度稀时用较长的样品管。待测液不够澄清时需过滤。将待测液充满样品管后，旋上螺帽至不漏水，但不可过紧，否则护片玻璃会引起应力影响读数。读取数值，重复测定几次，取平均值作为测定结果。

(4)计算比旋光度，测得旋光度后，计算出比旋光度。因同一旋光物质溶于不同溶剂测得的旋光度可能完全不同，因此必须注明所使用的溶剂。

(5)计算光学纯度，在进行不对称合成和拆分具有光学活性的化合物时，得到的常常不是百分之百的纯对映体，而是有少量镜像异构体的混合物，这时必须用光学纯度或对映体过量百分率(e. e)来表示混合物中一种对映体过量所占的百分率。旋光性产物的比旋光度除以光学纯试样在相同条件下的比旋光度即为光学纯度。外消旋体光学纯度为零，纯对映体的光学纯度为100%。

$$光学纯度=\frac{所测样品的\ [\alpha]\ D}{光学纯物质的\ [\alpha]\ D}\times 100\%$$

对映体过量 $e.e$ 则用下式表示：

$$e.e\%=(S-R)/(S+R)\times 100\%$$

式中，$S$ 是主要异构体，$R$ 是其镜像异构体，在一般情况下旋光度与对映体组成成正比，因此光学纯度与对映体过量所占的百分率两者相等。这样就可根据所得的光学纯度计算试样中两个对映体的相对百分含量，假如旋光异构体中(一)对映体的光学纯度为 $X\%$，则：

$$(-)对映体的百分含量=\left[X+\frac{(100-X)}{2}\right]\%$$

$$(+)对映体的百分含量=\left[\frac{(100-X)}{2}\right]\%$$

# 2.6 固体有机化合物的分离与提纯

从有机反应中或是从天然物中获取的固体有机物，常含有杂质，必须加以纯化。重结晶和升华是实验室常用的固体有机化合物的提纯方法。

## 2.6.1 重结晶

从有机反应或自然界得到的固体产品往往是不纯的，可能夹杂着一些副产物、未反应的原料、溶剂和催化剂等，必须经过提纯才能获得纯净的产品。纯化固体有机化合物常用且有效的方法就是重结晶法。

**1. 基本原理**

固体有机化合物在溶剂中的溶解度，一般是随温度的升高而增加的，所以若将一固体有机物溶解在较热的溶剂中达到饱和，再使其冷却到室温或室温以下，因溶解度降低溶液变成过饱和而有一部分结晶析出。利用溶剂对被提纯物质和杂质的溶解度不同，使被提纯物质从过饱和溶液中结晶析出，而让杂质全部或大部分留在溶液中(或被过滤除去)，从而达到提纯目的。

适用范围：适用于产品和杂质溶解度差别较大，并且杂质含量小于 5 %的系统。

**2. 操作步骤**

重结晶提纯法的操作过程为：选择合适溶剂→溶解固体→趁热过滤除杂质→析出晶体→收集并且洗涤晶体→干燥。

(1)选择合适的溶剂。

(2)在溶剂的沸点温度下溶解被提纯物质，制成近饱和的浓溶液。

(3)若溶液含有色杂质，可加适量活性炭煮沸脱色。

(4)将沸腾溶液趁热过滤，以除去不溶性杂质及活性炭。

(5)充分冷却滤液，析出结晶，可溶性杂质留在母液中。

(6)减压过滤(即抽滤)，使结晶与母液分离。

(7)用少量溶剂洗涤结晶，以除去附着的母液。

(8)干燥结晶。

**3. 溶剂的选择**

选择合适的溶剂是重结晶的关键，理想的溶剂应具备下列条件。

(1)不与被提纯物质发生化学反应。

(2)被提纯物质在溶剂中的溶解度随温度的变化差别要大，即高温时溶解度较大，室温或更低温度时溶解度较小。

(3)对杂质的溶解度非常大或非常小(前者可使杂质留在母液中不随被提纯物析出，后者是使杂质在热过滤时被滤去)。

(4)沸点较低，易挥发，干燥时易与结晶分离除去。

(5)被提纯的物质形成较好的结晶。

(6)无毒或毒性很小，价格便宜，操作安全，易于回收。

对于一些已知的化合物，可从化学文献中查找到有关溶解度的资料，从中选择合适的溶剂。但很多情况下还是通过试验方法进行选择。选择溶剂时要考虑到溶解度的规律，即“相似相溶”原理，其具体方法是：取 0.1 g 待重结晶的样品于一小试管中，逐滴加入某种溶剂并不断振荡，若在溶剂量达 1 mL 期间固体全溶，说明此溶剂不适合；若不全溶，则小心加热至沸，如仍不溶，可继续加热并分批加入溶剂(0.5 mL/次)至 4 mL，若沸腾下固体仍不全溶，说明此溶剂也不适合；反之，如果样品能溶解于 1～4 mL 沸腾的溶剂中，则冷却试管至室温或低于室温，观察结晶析出情况，若结晶不能自行析出，可用玻璃棒摩擦液面下的试管壁促使结晶析出，如果还没有结晶析出，表明该溶剂不适合。若结晶能正常析出，且结晶量也较多，说明此溶剂是适合的。用同样方法试验几种溶剂都适合时，通过比较结晶的收率、操作的难易、溶剂的毒性及价格等因素，选择其中最优者。有些化合物在单一的溶剂中，不是溶解度太大，就是溶解度太小，很难选择一种合适的溶剂。这时可选择合适的混合溶剂。所谓混合溶剂，就是将对该化合物溶解度特别大的和溶解度特别小的而又能相互溶解的两种溶剂按一定比例混合起来，并具有良好溶解性能的溶剂。将适量样品首先溶于其中易溶的沸腾的溶剂中，若有不溶杂质，趁热滤去；若杂质有色，用适量活性炭煮沸脱色后趁热过滤。然后趁热加入另一难溶溶剂，至溶液变浑浊，再加热或逐滴滴入易溶溶剂至溶液刚好澄清透明。最后冷却溶液至室温，使结晶析出。由此也可得到两种溶剂混合比例。若已知两种溶剂混合比例，也可将其先行混合，再进行重结晶。常用的混合溶剂有：乙醇—水、乙醚—甲醇、乙酸—水、乙醚—丙酮、丙酮—水、乙醚—石油醚、吡啶—水、苯—石油醚。

**4. 实验操作**

1)溶解样品

选择水作溶剂时，可在烧杯或锥形瓶中加热溶解样品；而用有机溶剂时，为避免溶剂挥发和燃烧，必须在回流装置中加热溶解样品，加热期间添加溶剂时应从冷凝管上端加入。溶剂的用量应从两方面来考虑：一方面为减少溶解损失，溶剂应尽可能避免过量；另一方面溶剂过量太少又会在热过滤时因温度降低和溶剂挥发造成过多结晶在滤纸上析出而降低收率。因此，要使重结晶得到较纯产品和较高收率，溶剂的用量要适当，一般溶剂过量20%左右为宜(注意：不要因为重结晶物质中含有不溶性杂质而加入不必要的过量溶剂)。根据溶剂的沸点和易燃性来选择适当的热浴方式进行加热。

2)脱色

溶液中若含有色杂质，可加入适量的活性炭脱色。活性炭用量以能完全除去颜色为宜，一般为粗品量的1%～5%。活性炭太多将会吸附一部分被纯化的物质而造成损失。加入活性炭时，应先移开火源，待溶液稍冷后再加入，并不时搅拌或摇动以防暴沸。活性炭加入后再继续加热，一般煮沸5～10 min。如一次脱色不好，可重复操作。活性炭脱色效果与溶液的极性和杂质的多少有关，活性炭在水溶液及极性有机溶剂中脱色效果较好，而在非极性溶剂中脱色效果较差。

3)热过滤

热过滤通常是用重力过滤(即常压热过滤)的方法除去不溶性杂质和活性炭(图2-23)。如果没有不溶性杂质，溶液又是澄清的，可省去这一步。减压热过滤(即抽滤)虽然速度较快，但因减压下热溶剂易蒸发，而使溶液冷却和浓缩，以至引起结晶过早析出，因此抽滤的方法往往很少使用。

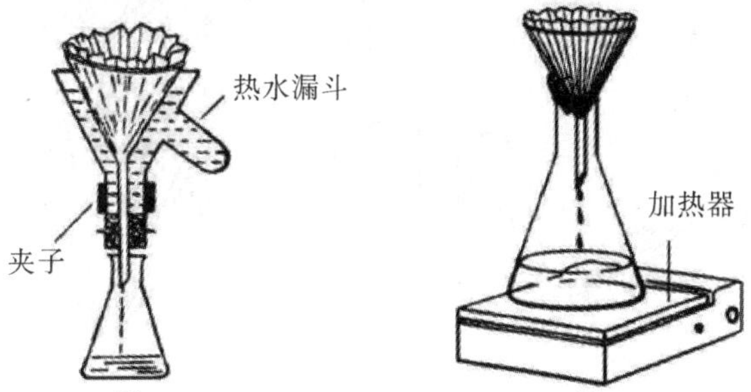


(1)　　　　　　　　　　(2)

图 2-23　热过滤装置

热过滤时为避免溶液在漏斗颈部因遇冷析出晶体而造成颈部堵塞，需选用短颈或无颈的玻璃漏斗，过滤之前将漏斗放在烘箱中或红外灯下预先烘热，待过滤时再将漏斗取出并放在固定于铁架台上的铁圈中，或直接放在盛装滤液的锥形瓶上。漏斗的上面放一折叠好的扇形滤纸，其高度应略高于漏斗，且使滤纸向外突出的棱边紧贴于漏斗壁上。上述工作准备好后，将沸腾着的溶液迅速倒入滤纸中，液面要略低于滤纸上部边缘。若一次倾倒不完，需将未过滤溶液继续用小火加热以防冷却，但不要等溶液全部滤完后再添加。为减少溶剂挥发，可在漏斗上方盖一表面皿。如果是水作溶剂，可将盛滤液的锥形瓶用小火热，可以避免过滤时因温度下降而在滤纸上析出结晶。但过滤挥发性易燃溶剂的溶液时，则必须关闭附近的火源，不能加热过滤。对于极易结晶析出的物质，或过滤的溶液量较大时，可采用保温漏斗过滤。

扇形滤纸的折叠方法见图 2-24 所示：将方形滤纸对折，而后再对折成四份。然后将边 2 与边 3 对折得边 4，1 与 3 对折得边 5[图 2-24(1)]。再将 2、5 对折得边 6，1、4 对折得边 7[图 2-24(2)]。同样将 2、4 对折得边 8，1、5 对折得边 9[图 2-24(3)]。这时折得的滤纸外形如图 2-24(4)。继续将滤纸以反方向从一端依次对折 1 和 9、9 和 5……，直至另一端 8 和 2，使滤纸成扇形[图 2-24(5)]。将双层滤纸打开呈图 2-24(6)状，最后将 1 和 2 处的同向面分别反向对折，即可得到一内外交错的扇形折叠滤纸[图 2-24(7)]。注意：不得用力折叠滤纸中央圆心部位，以避免过滤时破裂。折叠时如果手不太干净，过滤前应将折好的滤纸轻轻翻转后再放入漏斗中，以避免人为杂质进入溶液。

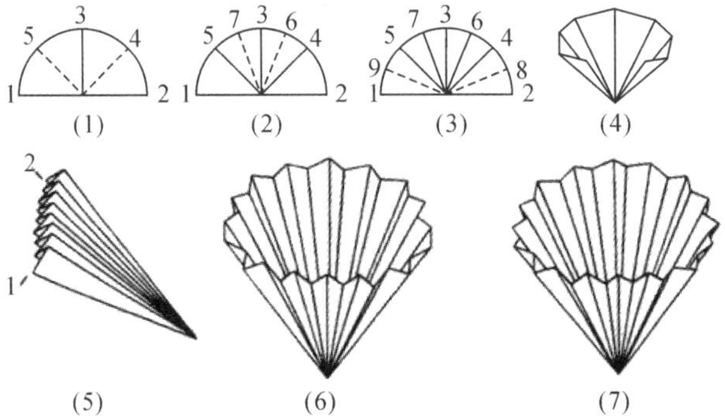


图 2-24 扇形滤纸的折叠方法

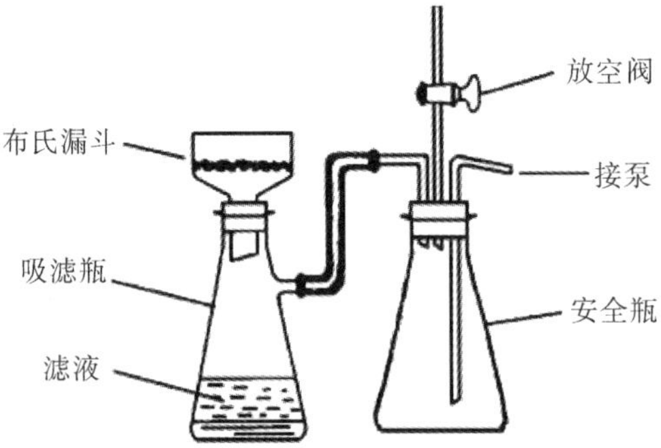


图 2-25 抽滤装置

晶体表面的母液，可用溶剂来洗涤。用滴管取少量溶剂(尽量减少溶解损失)滴加在晶体上，再用钢铲轻轻翻动使全部晶体润湿，然后再次连接真空泵抽干晶体(图 2-25)。一般重复洗涤 1～2 次，即可使晶体表面的母液全部去除。滴加溶剂润湿晶体时，要断开连在抽滤瓶上的橡胶管。

4)结晶的干燥

抽滤洗涤后的结晶，表面上还吸附有少量溶剂，需要通过适当的干燥方法进行干燥除去溶剂。晶体彻底干燥后才能测其熔点，以检验其纯度。将抽干的晶体借助钢铲转移到干净的培养皿中并散开，若晶体不吸水，可以放置在空气中自然晾干(上面盖一张滤纸或称量纸以免灰尘沾污)；对热稳定的化合物，可以在至少低于该化合物熔点 20 ℃的烘箱中或红外灯下烘干(一定注意控温并不时翻动晶体，防止晶体熔融)；如果制备的是标准品、分析样品或样品容易吸潮时，可将样品放在真空干燥器中干燥。注意：常压下容易升华的结晶不可加热干燥。

**实验应用：提纯乙酰苯胺粗品**

仪器：循环水真空泵、吸滤瓶、布氏漏斗、安全瓶、抽气管、短颈漏斗、热水保温漏斗、玻璃漏斗、锥形瓶、酒精灯、表面皿、量筒、玻璃棒、滤纸。

药品：乙酰苯胺。

实验步骤：将 3.5 g 粗制的乙酰苯胺加入 250 mL 的三角烧瓶中，并加入少量的水(精确计量)后加热至沸腾，使乙酰苯胺溶解(如果没有溶解，可以添加已经计量的少量热水，搅拌并加热，直至沸腾，使乙酰苯胺样品溶解，注意加入的热水总量不要超过该温度下样品溶解度所需溶剂量的 20%)。稍冷后再加入 0.2～0.5 g 活性炭到溶液中，煮沸 5～10 min 脱色。然后趁热用预先有菊花滤纸的热水漏斗进行过滤，漏斗下用烧杯收集滤液。过滤时热水漏斗和溶液都要用酒精灯小火加热保温，避免冷却析出晶体。过滤后的滤液经过放置、冷却，等待晶体析出后抽滤晶体，用少量水洗涤晶体后抽干，取出产品，晾干或烘干后称量样品质量。

[乙酰苯胺在水中的溶解度：5.5 g/100 mL(100 ℃)；0.53 g/100 mL(25 ℃)]。

注意事项：①活性炭脱色时，为了防止暴沸，不可把活性炭直接加入正在沸腾的溶液。②滤纸不能大于布氏漏斗的底面。③热过滤操作过程要迅速并注意加热保温，否则容易在滤纸上和漏斗颈部析出结晶。④应用尽量少的溶剂洗涤晶体，可避免晶体溶解造成的损失。⑤停止抽滤时先将安全瓶上的活塞打开，使体系和大气相通，然后再关闭循环水泵，防止水倒流到抽滤瓶内。

## 2.6.2　升华

升华是纯化固体物质的另外一种方法，特别适用于纯化在熔点温度以下蒸气压较高(高于 20 mmHg)的固体物质，利用升华可除去不挥发性杂质或分离不同挥发度的固体混合物，升华的产品具有较高的纯度，但操作时间长，损失较大，因此在实验室里一般用于较少量(1～2 g)化合物的提纯。

某些固体物质在加热的情况下不转变为液态而直接气化，遇冷后凝结成固体，此过程叫升华。升华可以得到较高纯度的产品，特别适用于在纯化过程中易潮解或与容易在溶剂中分解的物质。升华是固体有机物纯化的一种方法。利用升华可以去除难挥发性的杂质。升华能得到纯度较高的产物，但对产品有一定的损失。

与液体相同，固体物质亦有一定的蒸气压，并随温度而变。当加热时，物质自固态不经过液态而直接气化为蒸气，蒸气冷却又直接凝固为固态物质，这个过程称为升华。常采用升华的方法提纯某些固体物质，升华是利用固体混合物中的被纯化固体物质与其他固体物质(或杂质)具有不同的蒸气压的原理。

一个固体物质在熔点温度以下具有足够大的蒸气压，则可用升华方法来提纯。显然，待纯化物中杂质的蒸气压必须很低，分离的效果才好。但在常压下具有适宜升华蒸气压的有机物不多，常常需要减压以增加固体的气化速率，即采用减压升华。这与对高沸点液体进行减压蒸馏是同一道理。

把待精制的物质放入蒸发皿中，用一张穿有若干小孔的圆滤纸把锥形漏斗的口包起来，把此漏斗倒盖在蒸发皿上，漏斗茎部塞一团棉花，加热蒸发皿，逐渐地升高温度，使待精制的物质气化，蒸气通过滤纸孔，遇到漏斗的内壁，冷凝为晶体，附在漏斗的内壁和滤纸上。在滤纸上穿小孔可防止升华后形成的晶体落回到下面的蒸发皿。

较大量物质的升华，可在烧杯中进行。烧杯上放置一个通冷水的烧瓶，使蒸气在烧瓶底部凝结成晶体并附在瓶底上。升华前，必须把待精制的物质充分干燥。

图 2-26 为常用的升华装置。其中图 2-26(1)、图 2-26(2)为常压升华装置；图 2-26(3)为减压升华装置。

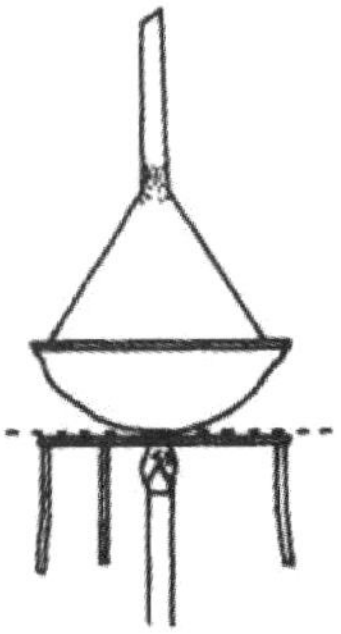

(1)升华少量物质的装置

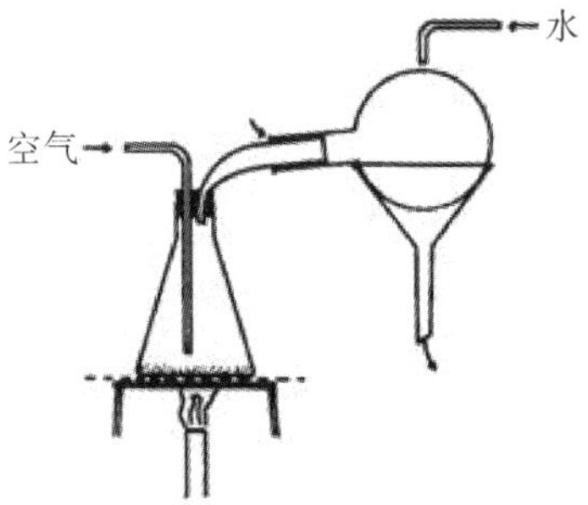


(2)在空气中或在惰性气体中物质的升华装置

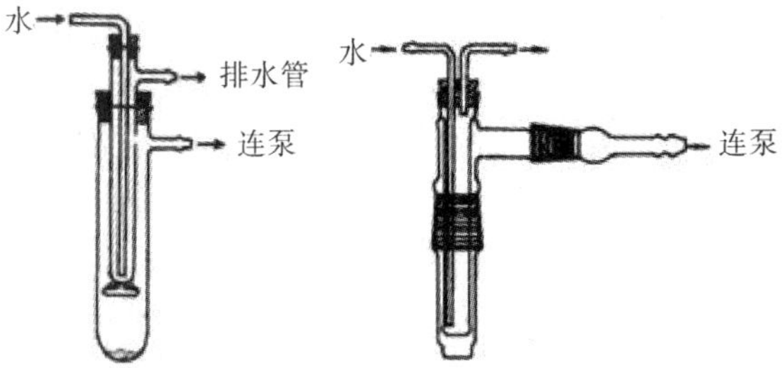


(3)减压升华少量物质的装置

图 2-26　升华装置

**实验应用：升华法提取茶叶中含有的咖啡因**

咖啡因具有兴奋神经中枢和利尿等作用，是一种黄嘌呤生物碱，其结构为：

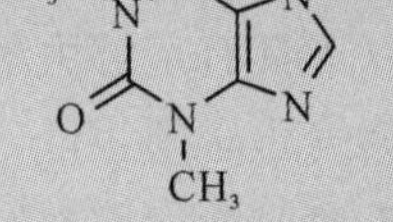


咖啡因易溶于乙醇、水和氯仿等。有结晶水的咖啡因的性状为无色针状晶体，在温度为 100 ℃时失去结晶水开始升华，在 120 ℃升华显著，178 ℃升华很快。

一、实验目的

1. 学习升华的原理及方法。

2. 学习索氏抽提器的使用。

3. 掌握用升华法从茶叶粉末中提取较高纯度咖啡因的方法。

二、实验原理

茶叶中含有约 1%～5%的咖啡因，另外还含有色素、鞣酸、纤维素等。可在脂肪提取器中用适当的溶剂(如乙醇等)萃取茶叶中的咖啡因，然后蒸馏除去溶剂后可以得到粗品咖啡因。粗品咖啡因中含有其他杂质，可通过升华法除去杂质提纯咖啡因。

三、药品及仪器

1. 药品：95%乙醇，茶叶，棉花，滤纸，生石灰。

2. 仪器：索氏抽提器，冷凝管，蒸发皿，圆底烧瓶，漏斗，蒸馏头，接引管，接收瓶，砂浴装置。

四、实验装置

常压升华装置如图 2-27 所示。

图 2-27　常压升华装置

五、实验步骤

1. 粗提

(1)安装索氏抽提器。

(2)溶剂萃取：称取 4 g 茶叶，用研钵研细后用滤纸包好，再装入脂肪提取器的套筒内。在圆底烧瓶内加入 30 mL 乙醇，水浴加热连续萃取 2 h 左右。

(3)蒸馏浓缩：等到索氏抽提器内出现 3 次虹吸后停止萃取，把萃取装置改变为蒸馏装置，把圆底烧瓶内大部分乙醇蒸出(不可完全蒸出!)。

(4)加碱中和：趁热将圆底烧瓶内的残余物倒入蒸发皿中，拌入 2～3 g 生石灰，搅拌成糊状。不断搅拌并水浴加热至干燥，小心压碎块状物，尽量除去水分。

2. 纯化

(1)安装升华装置。准备一张刺有很多小孔的滤纸放在蒸发皿上，然后取大小合适的玻璃漏斗放在蒸发皿上，用砂浴加热。

(2)初次升华：慢慢加热，等滤纸和漏斗内壁出现白色针状结晶时停止加热(约 120 ℃)，稍稍冷却到 100 ℃左右，小心取走滤纸和漏斗，把附着在滤纸和漏斗上的白色咖啡因用小刀刮下并收集。

(3)再次升华：升华后的残渣再次搅拌后，用较大的火再次加热升华(温度约 178 ℃)，完全升华后合并产品。

六、注意事项

(1)脂肪提取器利用虹吸原理和溶剂回流使纯溶剂连续不断地萃取固体物质，比传统萃取方法更高效。当溶剂沸腾时，蒸气通过提取器的侧管上升，遇到冷凝管后被冷凝为液体进入套筒中，和固体物质发生接触，可以让目标物溶于溶剂中。当套筒里的溶剂液面到达虹吸管的最高点后发生虹吸现象，溶剂流入烧瓶中。目标物的萃取正是通过反复的回流和虹吸富集在烧瓶中。脂肪提取器的虹吸管极易折断，在仪器安装和实验操作过程中要特别小心。

(2)滤纸套要紧贴器壁，不能高过虹吸管，防止茶叶粉末漏出造成虹吸管堵塞。

(3)浓缩萃取液一定要留下少量溶液并趁热倒出，否则残液难于转移。

(4)生石灰可以吸水，并除去部分酸性物质(鞣酸)。

(5)升华过程中要注意控温，温度过高会使滤纸炭化，并且使产品不纯。第二次升华时，温度也不可过高，否则会造成产物损失。

七、思考题

本实验除可用乙醇萃取外，还可以使用哪些溶剂萃取咖啡因?

# 2.7 液体有机化合物的分离和提纯

从自然界和化学反应中得到的有机化合物，往往是不纯的，需要分离和提纯，分离和提纯的方法很多，如蒸馏、分馏等。这些方法各有其特点和局限性，应用范围各不相同。因此纯化有机化合物时，需要根据其物理性质和化学性质来选用适当的分离方法。

## 2.7.1 常压蒸馏

蒸馏是分离提纯沸点不同的液体混合物的一种常用方法。通过蒸馏还可以测定化合物的沸点，所以它对鉴定液体有机化合物是否纯净也具有一定的意义。

**1. 基本原理**

将液体加热，它的蒸气压就随着温度升高而增大，当液体的蒸气压增大到与外界施于液面的总压力(通常是大气压力)相等时，就有大量气泡从液体内部逸出，这种现象叫做沸腾，这时的温度称为液体的沸点。显然沸点与所受外界压力的大小有关。外界压力增大，液体沸腾时的蒸气压加大，沸点升高；相反，减小外界的压力，沸腾时的蒸气压下降，沸点就降低。

一般来说，作为一条经验规律，在 101.3 kPa(760 mmHg)附近时，多数液体当压力下降 1.33 kPa(10 mmHg)，沸点约下降 0.5 ℃。在较低压力下，压力每降低一半，沸点约下降 10 ℃。

由于物质的沸点随外界大气压的改变而变化，因此，表示一个化合物的沸点时，一定要说明测定沸点时外界的大气压，以便与文献值相比较。通常所说的沸点是在 101.3 kPa(760 mmHg)压力下液体的沸腾温度。例如，水的沸点为 100 ℃，即是指在 101.3 kPa 压力下，水在 100 ℃时沸腾。在其他压力下的沸点应注明压力。如在 12.3 kPa(92.5 mmHg)下，50 ℃水即沸腾，这时，水的沸点可表示为 50 ℃/12.3 kPa。

将液体加热至沸腾，使液体迅速变为蒸气，然后使蒸出的蒸气冷凝为液体，这两个过程的联合操作称为蒸馏。很明显，蒸馏可将挥发和不挥发的物质分离开来，也可将沸点不同的液体混合物分离开来。但液体混合物各组分的沸点必须相差很大(至少 30 ℃以上)才能得到较好的分离效果。

为了消除蒸馏过程中的过热现象和保证沸腾的平稳状态，常加入素烧瓷片或沸石，或一端封口的毛细管等助沸物，它们都能有效地防止加热过程中暴沸现象的发生。但应注意的是：切勿将助沸物加入已接近或已经沸腾的液体中！因为如果这时加入助沸物，将会引起猛烈的暴沸，液体易冲出瓶口，甚至发生火灾。如果加热后发现忘记加助沸物，应使液体冷却到沸点以下后才能加入。如蒸馏中途停止，也应在重新加热前补加新的助沸物，以免出现暴沸现象。

**2. 蒸馏的过程**

蒸馏的过程可分为以下三个阶段。

第一阶段，随着加热的进行，蒸馏瓶内的混合液不断气化，当混合液的饱和蒸气压与大气压相等时，液体沸腾，开始有液体被冷凝而流出，这部分馏分称为前馏分(或馏头)。一般这部分组分的沸点要低于要收集组分的沸点，因此，常作为杂质弃掉。有时被蒸馏的液体几乎没有馏头，但也应该将蒸馏出来的前 1～2 滴作为冲洗仪器的馏头去掉，以保证产品的质量。

第二阶段，温度稳定在沸程范围内，此时的馏分是所要的产品，沸程范围越小，组分纯度越高。随着馏分的蒸出，蒸馏瓶内混合液体的体积不断减少，直至温度超过沸程，即可停止接收。

第三阶段，如果混合物中只有一种组分需要收集，此时，蒸馏瓶内剩余的液体应作为残留物弃掉。如果是多组分蒸馏，第一组分蒸馏完毕后温度上升，当温度稳定在第二组分沸程时，即可接收第二组分。如果蒸馏瓶内液体很少时，温度会自然下降，此时应停止蒸馏。无论进行何种蒸馏操作，蒸馏瓶内的液体都不能蒸干，以防止蒸馏瓶过热或有过氧化物存在而发生爆炸。

进行常压蒸馏时，通常大气压不恰好等于 101.3 kPa(760 mmHg)，因此，严格地说，应该对温度计进行校正。但一般偏差较小，因而可忽略不计。

在一定压力下，凡纯净的化合物，都有一个固定的沸点，但是具有固定沸点的液体不一定都是纯净化合物。因为当两种以上的物质形成共沸物时，它们的液相组成和气相组成相同，因此在同一沸点下，它们的组成一样。这样的混合物用一般的蒸馏方法无法分离。

**3. 实验操作**

1)蒸馏装置及安装

图 2-28 为常用的蒸馏装置，主要由蒸馏烧瓶、蒸馏头、温度计套管、温度计、直形冷凝管、弯接管和接收瓶组成。

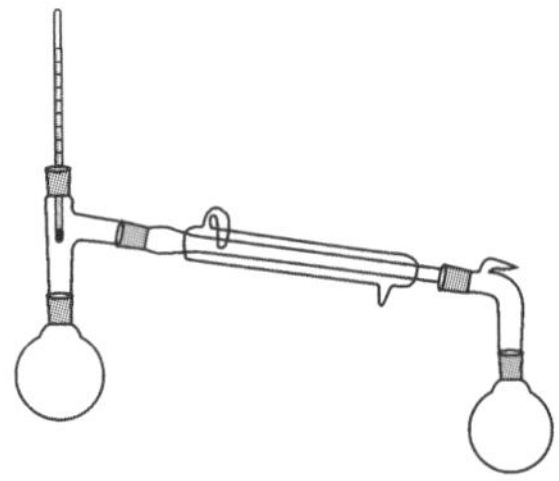

图 2-28　常用蒸馏装置图

在安装仪器过程中应注意以下几点。

(1)安装仪器的顺序为自下而上，从左到右。蒸馏瓶距电热套底部 2 cm 左右，以免造成局部过热。安装好的仪器要做到横平竖直，美观整齐。

(2)为了保证所测温度的准确性，应使温度计汞球的上限和蒸馏头支管的下限处在同一水平线上。

(3)冷凝水应从冷凝管的下口流入，上口流出，以保证冷凝管的套管中始终充满水。

(4)不能将蒸馏装置封闭起来，否则会引起爆炸。

(5)应根据馏分的沸点不同，使用不同的冷凝管。当馏分的沸点在 140 ℃以下时，一般用直形冷凝管；当高于 140 ℃时，宜采用空气冷凝管。

2)蒸馏操作

(1)加料：仪器安装好之后，取下温度计套管和温度计，在蒸馏头上放置一个长颈漏斗，小心将待蒸馏液体倒入蒸馏瓶中，要注意不使液体从支管流出。再加入几粒助沸物，再一次检查仪器的各部分连接是否紧密和妥当。

(2)加热：在加热前，应检查仪器装配是否正确，原料、助沸物等是否加好，冷凝水是否通入，一切无误后方可加热。一旦温度计汞球部位出现液滴时，适当调节电压，使温度计汞球上常有被冷凝的液滴。蒸馏速度控制在每秒1～2 滴为宜。

(3)收集馏分记录分沸程：蒸馏前，至少要准备两个接收瓶，分别用来收集前馏分和馏分。记下馏分开始馏出时和最后一滴时温度计的读数，即是该馏分的沸程(沸点范围)。一般液体中或多或少地含有一些高沸点杂质，在所需要的馏分蒸出后，若再继续升高加热温度，温度计的读数会显著升高，若维持原来的加热温度，就不会再有馏液蒸出，温度会突然下降。这时就应停止蒸馏。即使杂质含量极少，也不要蒸干，以免蒸馏瓶破裂及发生其他意外事故。

(4)蒸馏完毕：应先关掉电源停止加热，将电压调节至零点。然后停止通水，拆下仪器。拆除仪器的顺序和安装的顺序相反，先取下接收瓶，然后拆下弯接管、冷凝管、蒸馏头和蒸馏瓶等，并清洗干净。

## 2.7.2　分馏

两种或两种以上能互溶的液体混合物，如果它们的沸点比较接近，用简单的蒸馏难以分离，这时可用分馏柱进行分离，即分馏。分馏实际上相当于多次蒸馏。它在实验室和化学工业中被广泛应用于混合物的分离和纯化。

**1. 基本原理**

为了简化，我们仅讨论混合物是二元组分理想溶液的情况，所谓理想溶液也就是各组分在混合时无热效应产生，体积没有改变，遵守拉乌尔定律的溶液。这时，溶液中每一组分的蒸气压等于此纯物质的蒸气压和它在溶液中的摩尔分数的乘积。亦即：

$$P_A = P_A^0 X_A^{\text{liquid}}$$

$$P_B = P_B^0 X_B^{\text{liquid}}$$

式中，$P_A$、$P_B$ 分别为溶液中 A 和 B 组分的分压；$P_A^0$，$P_B^0$ 分别为纯 A 和纯 B 的蒸气压；$X_A^{\text{liquid}}$ 和 $X_B^{\text{liquid}}$ 分别为 A 和 B 在溶液中的摩尔分数。

溶液的总蒸气压：$P = P_A + P_B$。

根据道尔顿分压定律，气相中每一组分的蒸气压和它的摩尔分数成正比。因此在气相中各组分蒸气的成分为：

$$X_A^{\text{gas}} = \frac{P}{P_A + P_B} \qquad X_B^{\text{gas}} = \frac{P}{P_A + P_B}$$

由上式推知，组分 B 在气相和溶液中的相对浓度为：

$$\frac{X_B^{\text{gas}}}{X_B^{\text{liquid}}} = \frac{P_B}{P_A + P_B} \times \frac{P_B^0}{P_B} = \frac{1}{X_B^{\text{liquid}}} + X_A^{\text{liquid}}\left(\frac{P_A^0}{P_B^0}\right)$$

因为在溶液中 $X_A^{\text{liquid}} + X_B^{\text{liquid}} = 1$，所以若 $P_A^0 = P_B^0$，则 $\frac{X_B^{\text{gas}}}{X_B^{\text{liquid}}} = 1$，表明这时液相的成分和气相的成分完全相同，这样 A 和 B 就不能用蒸馏或分馏来分离。

如果 $P_B^0 > P_A^0$，则 $\frac{X_B^{\text{gas}}}{X_B^{\text{liquid}}} > 1$，这表明沸点较低的 B 在气相中的浓度较在液相中大(在 $P_A^0 > P_B^0$，也可作类似的讨论)。将进行一次蒸馏后的蒸气冷凝后得到的液体中 B 的组分比在原来的液体中多。如果将所得的液体再进行第二次蒸馏，在它的蒸气经冷凝后的液体中，易挥发的组分又将增加。如此多次反复，最终就能将这两个组分分开(凡形成共沸点混合物者不在此例)。所以，分馏就是借分馏柱来实现这种多次重复蒸馏的过程。

分馏柱主要由一根长而垂直、柱身有一定形状的空管组成，在管中常常填充特制的填料，目的是要增大液相和气相接触的面积，提高分离效率。当沸腾着的混合物进入分馏柱(工业上称为分馏塔)时，因为沸点较高的组分易被冷凝，所以冷凝液中就含有较多较高沸点的物质，而蒸气中低沸点的成分就相对地增多。冷凝液向下流动时又与上升的蒸气接触，二者之间进行热量交换，亦即上升的蒸气中高沸点的物质被冷凝下来，低沸点的物质仍呈蒸气上升，而在冷凝液中低沸点的物质则受热气化，高沸点的物质仍呈液态。如此经多次的液相与气相的热交换，使得低沸点的物质不断上升，最后被蒸馏出来，高沸点的物质则不断流回加热的容器中，从而将沸点不同的物质分离。

**2. 简单分馏装置**

分馏装置与简单蒸馏装置类似，不同之处是在蒸馏瓶与蒸馏头之间加了一根分馏柱(图 2-29)。分馏柱的种类很多，实验室常用韦氏分馏柱，半微量实验一般用填料柱，即在一根玻璃管内填上惰性材料，如玻璃、陶瓷或螺旋形、马鞍形等各种形状的金属小片(图 2-30)。

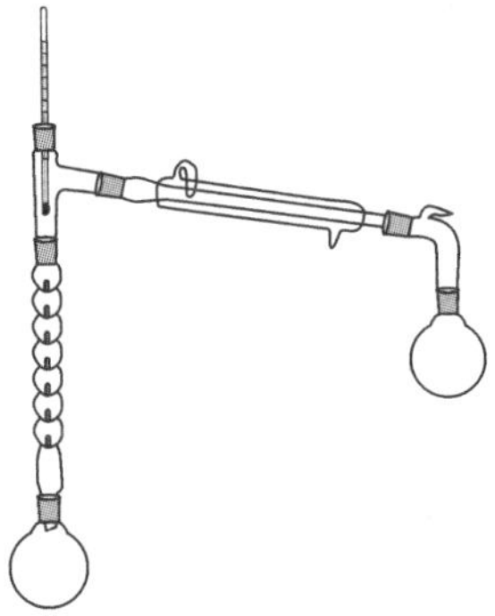

图 2-29　应用刺形分馏柱的简单分馏装置

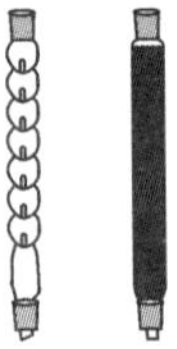

图 2-30　刺形分馏柱(左)和填料式分馏柱(右)

**3. 简单分馏操作**

简单分馏操作和蒸馏大致相同，仪器装置如图 2-29 所示。将待分馏的混合物放入圆底烧瓶中，加入沸石；柱的外围可用石棉布包住，这样可减少柱内热量的散发，减少空气流动和室温的影响；仔细检查后进行加热。液体沸腾后要注意调节温度，使蒸气慢慢升入分馏柱。当蒸气上升至柱顶时，温度计汞球即出现液滴。调节浴温使得蒸出液体的速度控制在每 2～3 s 1 滴，这样可以得到比较好的分馏效果，待低沸点组分蒸完后，再渐渐升高温度。当第二个组分蒸出时会产生沸点的迅速上升。这样，按各组分的沸点依次分馏出各组分的液体有机化合物。

要很好地进行分馏必须注意下列几点：

(1)分馏要缓慢进行，要控制好恒定的蒸馏速度。

(2)一般情况下，保持分馏柱内温度梯度是通过调节馏出液速度来实现的，若加热速度快，蒸出速度也快，柱内温度梯度变小，影响分离效果；若加热速度太慢，会使柱身被冷凝液阻塞，产生液泛现象，即上升蒸气把液体冲出冷凝管。因此，要有足够量的液体从分馏柱流回烧瓶，选择合适的回流比，回流比越大，分离效果越好。

(3)选择适当方法保持柱内温度的恒定。必要时在分馏柱外包一定厚度的保温材料，保证柱内的温度梯度。

**实验应用：环己烷和甲苯的分馏**

在 100 mL 圆底烧瓶中，加入 25 mL 环己烷和 25 mL 甲苯的混合物，加入几粒沸石，按图 2-29 装好分馏装置。用油浴加热，开始用小火，以使加热均匀，防止过热。当液体开始沸腾时，即见到一圈圈气液沿分馏柱慢慢上升，待其停止上升后，调节电压，提高温度，当蒸气上升到分馏柱顶部，开始有馏出液流出时，马上记下第一滴馏出液落到接收瓶中的温度，此时控制加热速度，使馏出液慢慢地均匀地以每秒钟约 1 滴的速度流出。当柱顶温度维持在 65 ℃时，约收集 10 mL 馏出液(A)。随着温度上升，分别收集 80～85 ℃(B)；85～100 ℃(C)；100～115 ℃(D)，115～125 ℃(E)的馏分。115～125 ℃的馏分很少，瓶内所剩为残留液。将不同馏分分别量出体积，以馏出液体积为横坐标，温度为纵坐标，绘制分馏曲线，如图 2-31 所示。

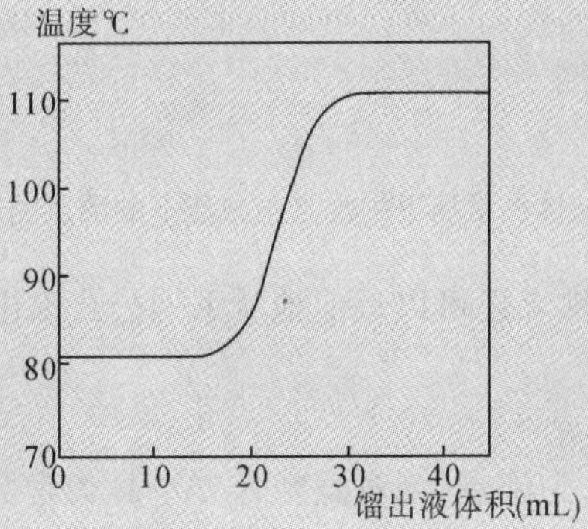


图 2-31　环己烷和甲苯混合物(1∶1)的分馏曲线

## 2.7.3　减压蒸馏

减压蒸馏是分离和提纯有机化合物的一种重要方法，适合高沸点有机化合物或在常压下蒸馏易发生分解、氧化或聚合的有机化合物。

**1. 基本原理**

液体的沸点随外界压力变化而变化，若体系的压力降低了，则液体的沸点随之降低。在较低压力下进行蒸馏的操作称为减压蒸馏。减压蒸馏时物质的沸点与压力的关系可通过三种途径获得。

(1)查阅有关手册或辞典或参考书。

(2)根据图 2-32 沸点一压力的经验近似关系图，推算出物质在不同压力下的沸点。例如，乙酰乙酸乙酯常压下沸点为 181 ℃，现欲找其在 20 mmHg 的沸点为多少，可在图中 B 线上找出 181 ℃的点，将此点与 C 线上 20 mmHg 处的点连成一直线，把此线延长与 A 线相交，其交点所示的温度就是乙酰乙酸乙酯在 20 mmHg 时的沸点，约为 82 ℃左右。

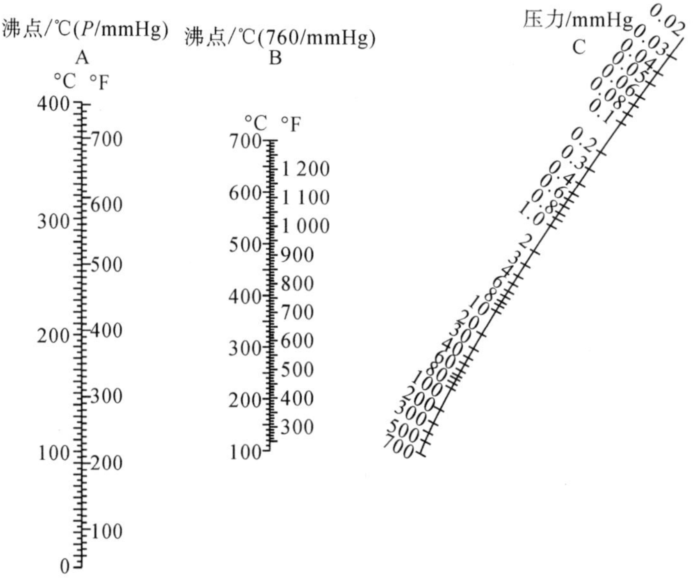


图 2-32　液体在常压下的沸点与减压下的沸点的近似关系图

(3)在某压力下的沸点还可以近似地从下列公式求出：

$$\lg P = A + \frac{B}{T}$$

式中，$P$ 为蒸气压，$T$ 为沸点(绝对温度)，A、B 为常数。若以 $\lg P$ 为纵坐标，$1/T$ 为横坐标作图，可以近似地得到一直线。因此可从两组已知的压力和温度算出 A 和 B 的数值，再将所选择的压力代入上式可算出液体的沸点。

**2. 减压蒸馏的装置**

图 2-33 为常用的减压蒸馏装置，整个装置包括蒸馏、抽气(减压)以及在它们之间的保护和测压装置三部分组成。

(1)蒸馏部分：减压蒸馏中所用的蒸馏烧瓶 A 为减压蒸馏瓶(又称克氏蒸馏瓶，在磨口仪器中用克氏蒸馏头配圆底烧瓶代替)，有两个瓶颈，其目的是为了避免减压蒸馏时瓶内液体由于沸腾而冲入冷凝管中。带支管的瓶口插入温度计，另一瓶口则插一根毛细管 C，毛细管的下部要伸到离瓶底 1～2 mm 处。毛细管上端连有一段带螺旋夹 D 的橡皮管。在减压蒸馏时，螺旋夹用以调节进入空气的量，少量空气进入液体冒出小气泡，成为液体沸腾的气化中心，这样可以防止液体暴沸，使沸腾保持平稳，这对减压蒸馏是非常重要的。

(2)抽气部分：实验室通常用水泵或油泵进行减压。现在实验室常用水循环真空泵进行减压，水循环真空泵还可提供冷凝水，在实验室更为方便实用，水泵所能达到的最低压力为当时室温下的水蒸气压。但水泵常因其结构、水压和水温等因素，不易得到较高的真空度。油泵可以把压力顺利降低到 2～4 mmHg，可获得较高真空度，但油泵结构较为精密。所以使用油泵时，需要注意防护保养，不能使有机物质、水、酸等的蒸气侵入泵内。易挥发有机物质的蒸气可被泵内的油所吸收，油受到污染，这会严重降低油泵的效率，水蒸气凝结在泵里，会使油发生乳化，也会降低油泵效率，酸性蒸气的吸入会腐蚀油泵。

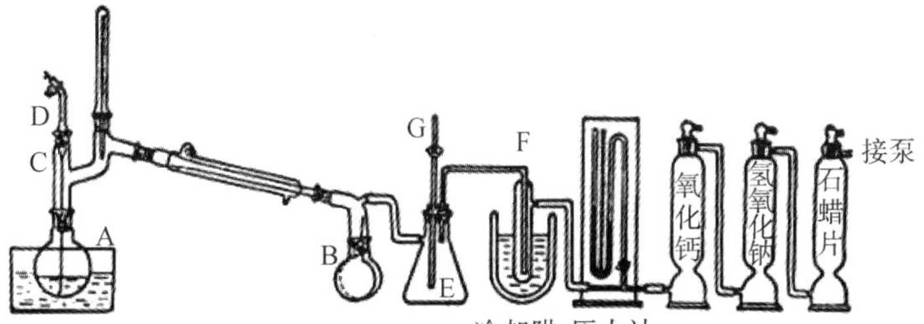


图 2-33　减压蒸馏装置图

(3)保护及测压装置部分：用油泵进行减压蒸馏时，在接收器和油泵之间，应顺次装上缓冲用的吸滤瓶、冷却阱、水银压力计、干燥塔和几种吸收塔。其中缓冲瓶的作用是使仪器装置内的压力不发生太突然的变化以及防止油泵倒吸。冷却阱(图 2-34)可放在盛有冷却剂的广口保温瓶内，冷却剂的选择随需要而定，如用冰一水、冰一盐、干冰一丙酮等，目的是把减压系统中低沸点有机溶剂充分冷凝下来，以保护油泵。吸收塔内的吸收剂种类常根据蒸馏液性质而定，一般有无水氯化钙、固体氢氧化钠、活性炭、石蜡片和分子筛等，其目的是吸收酸性气体、水蒸气和有机物蒸气。若用水泵减压，则不需要吸收装置。减压蒸馏装置内的压力，可用汞压力计来测定。图 2-35 为开口式汞压力计，两臂汞柱高度之差，即为大气压力与系统中压力之差，因此蒸馏系统内的实际压力(真空度)应是大气压力减去压力差。图 2-36 为封闭式汞压力计，两臂液面高度差即为蒸馏系统中的真空度。

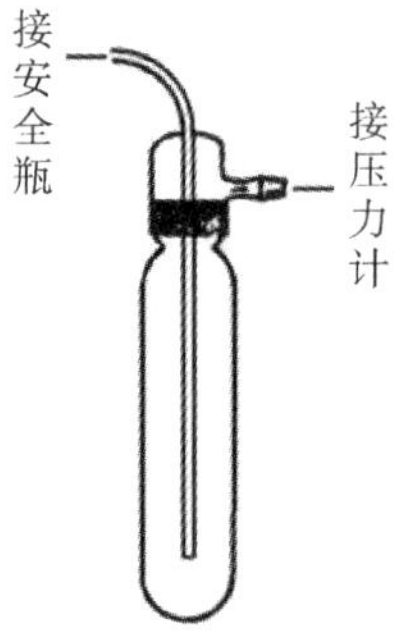


图 2-34　冷却阱

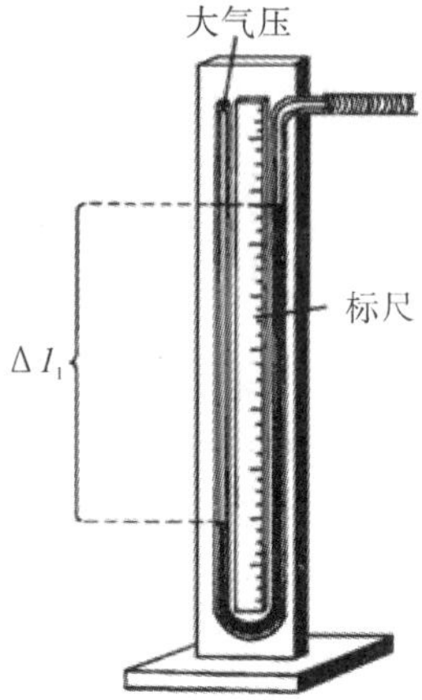


图 2-35　开口式汞压力

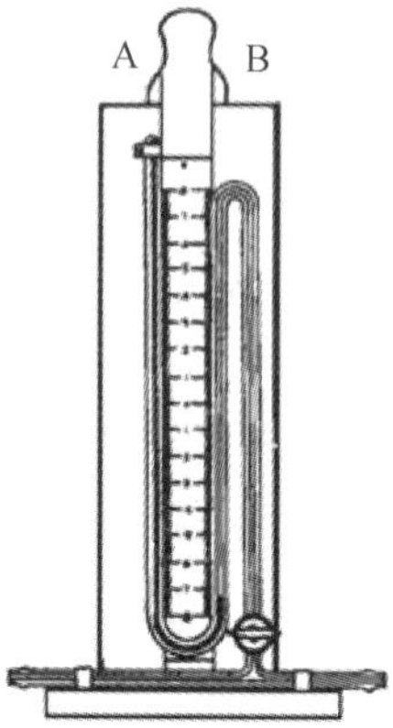


图 2-36　封闭式汞压力计

**3. 减压蒸馏操作**

按图 2-33 装配减压蒸馏装置，在开始蒸馏前，必须先检查装置的气密性以及装置能减压到何种程度。在克氏蒸馏瓶中放入占其容量 1/3～1/2 的蒸馏物质。先用螺旋夹 D 把套在毛细管 C 上的橡皮管完全夹紧，打开旋塞 G，然后开动真空泵。逐渐关闭旋塞 M，从汞压力计观察仪器装置所能达到的真空度。

经过检查，如果仪器装置完全合乎要求，可以开始蒸馏。从压力计读数计算出真空度，查出该压力下液体的沸点。开启冷凝水，选用合适的热浴加热蒸馏。加热时烧瓶的球形部分至少应有 2/3 浸入热浴液体中，但注意不要使瓶底和浴底接触。逐渐升温，热浴液体温度一般要比被蒸馏液体的沸点高 20～30 ℃，使液体保持平稳地沸腾，使馏出液流出的速度为 1～2 滴/秒。在蒸馏过程中，应注意汞压力计的读数，记录下时间、压力、液体沸点、热浴液体温度和馏出液流出的速度等数据。若开始馏出液的沸点比所需馏分沸点低时，则当达到预期的温度时更换接收器。

蒸馏完毕时，停止加热，撤去热浴液体，慢慢打开旋塞 D，使仪器装置与大气相通，这一操作需特别小心，一定要慢慢地旋开旋塞，使压力计中汞柱慢慢地恢复到原状，如果引入空气太快，汞柱会出现断裂，而在封闭式汞压力计中很快地上升，有冲破 U 形管压力计的可能，然后关闭真空泵。待仪器装置内的压力与大气压力相等后，方可拆卸仪器。

## 2.7.4　水蒸气蒸馏

水蒸气蒸馏是分离提纯液态或固态有机化合物的常用方法之一。可用水蒸气蒸馏提纯的有机化合物需具备下列条件：不溶(或几乎不溶)于水；在 100 ℃

左右与水长时间共存不会发生化学变化；在100 ℃左右必须具有一定的蒸气压（一般不小于1.33 kPa）。具备下列反应情况之一的，用水蒸气蒸馏可获得满意的分离效果：沸点高的有机化合物，常压下可与副产物分离，但容易被破坏；混合物中含有大量的树脂状或焦油状物质时，采用蒸馏、萃取等方法难于分离；从较多的固体反应物中分离出被吸附的液体。

**1. 基本原理**

当与水不相混溶的物质和水一起存在时，根据道尔顿分压定律，混合物的蒸气压力 $P$，应该为水的蒸气压 $P_A$和该物质的蒸气压 $P_B$之和，即：$P=P_A+P_B$。

$P$ 随温度升高而增大，当温度升高到 $P$ 等于外界大气压时，该混合物开始沸腾。这时的温度为该混合物的沸点，此沸点比混合物中任一组分的沸点都低。因此，在不溶于水的有机物之中，通入水蒸气进行水蒸气蒸馏时，在比该物质低得多的温度，而且比100 ℃还要低的温度就可以使该物质同水一起蒸馏出来。蒸出的是水和与水不相混溶的物质，很容易分离，从而达到纯化的目的。

在馏出液中，水和有机物的质量之比为：

$$\frac{m_A}{m_B}=\frac{M_A P_A}{M_B P_B}$$

水具有低的相对分子质量和较大的蒸气压，它们的乘积 $M_A P_A$ 是小的，这样就有可能用来分离较高相对分子质量和较低蒸气压的物质。例如，将水蒸气通入苯胺的反应混合物中，苯胺的沸点是184.4 ℃，苯胺和水的混合物在98.4 ℃就沸腾。在这个温度下，苯胺的蒸气压是5.73 kPa，水的蒸气压是94.8 kPa，苯胺和水的相对分子质量分别是93和18，馏出液中，苯胺和水的质量之比等于：93×5.73/18×94.8=1/3.3。即蒸出3.3 g水就能够带出1 g苯胺，馏出液中苯胺的含量应占23%，但实际上所得的比例比较低，因为有相当一部分水蒸气来不及与被蒸馏物质充分接触便离开蒸馏烧瓶，而且苯胺微溶于水，所以这个计算仅为近似值。再比如用水蒸气蒸馏的方法来蒸馏溴苯，它的沸点为135 ℃，且和水不相混溶，当和水一起加热至95.5 ℃时开始沸腾，此时水的蒸气压为86.1 kPa，溴苯的蒸气压为15.2 kPa，从计算得到，馏出液中水和溴苯的质量之比为6.5/1，溴苯在馏出液中占61%，馏出液中溴苯的含量比水多。但当某化合物的分子量很大，而其蒸气压过低，就不能用水蒸气蒸馏来提纯，要求此物质的蒸气压在100 ℃左右时至少在1.33 kPa。如果蒸气压在0.13～0.67 kPa，则其在馏出液中的含量仅占1%，甚至更低。为了要使馏出液中的含量增高，就要想办法提高此物质的蒸气压，也就是说要提高温度，使蒸气的温度超过100 ℃，要用过热水蒸气来蒸馏，从而提高馏出液中该物质的含量。

**2. 实验操作**

常用的水蒸气蒸馏装置如图 2-37 所示，包括水蒸气发生器、蒸馏部分、冷凝部分和接收器四部分。A 是水蒸气发生器，侧面玻管 C 是液面计，可以观察发生器内液面的高度，通常盛水量以其容积的 3/4 为宜，如果太满，沸腾时水蒸气会把水冲至烧瓶。安全玻管 B 应插到接近发生器 A 的底部。当容器内的水蒸气压大时，水可沿着玻管上升，以调节容器内压力。如果水从玻管上口喷出，此时应检查整个系统是否有阻塞(通常是圆底烧瓶内的蒸气导管下口被树脂状或焦油状物质堵塞)。

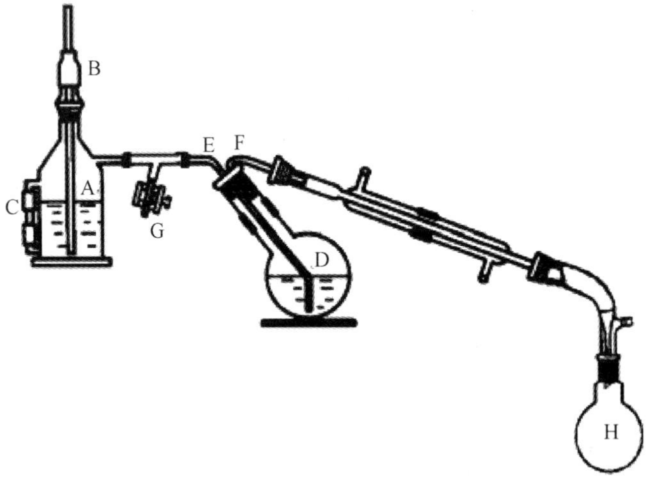


图 2-37　水蒸气蒸馏装置图

蒸馏部分通常是 500 mL 长颈的圆底烧瓶 D，瓶内的液体不宜超过其容积的 1/3。为防止瓶中液体因跳溅而冲入冷凝管内，故将烧瓶的位置向发生器的方向倾斜 45°角。蒸气导入管 E 的末端应弯曲，使其垂直正对烧瓶中央，并接近瓶底。蒸气导出管 F(弯角约 30°)孔径最好比管 E 大一些，一端插入双孔木塞，露出约 5 mm，另一端和冷凝管连接。馏出液通过弯接管进入接收器 H (根据情况，接收器外围可用冷水浴冷却)。

水蒸气发生器与长颈圆底烧瓶之间应装上一个 T 形管。在 T 形管下端连一个弹簧夹 G，以便及时除去冷凝下来的水滴。应尽量缩短水蒸气发生器与长颈瓶之间的距离，以减少水蒸气的冷凝。

在进行水蒸气蒸馏时，现将欲分离的混合物置于 D 中，加热水蒸气发生器(切莫忘了加水就加热，否则会导致焊锡熔化，损坏水蒸气发生器)，至水沸腾才将 G 夹紧，水蒸气即通入 D。为了使水蒸气不致在 D 中因冷凝而积聚过多，必要时可在 D 下置一石棉网，用小火加热。注意调节加热水蒸气发生器的煤气灯，使产生水蒸气不致太快，以免把 D 中混合物冲至冷凝管中，并使蒸气能全部被冷凝管冷凝。如果随水蒸气蒸出的物质具有较高的熔点，在冷凝后易于析出固体时，则应调小冷凝水的流速，使它冷凝后仍然保持液体状态。假如已有固体析出，并且接近阻塞时，可暂时停止冷凝水的流通，甚至需要将冷凝水暂时放去，以使物质融熔后随水流入接收器中。当蒸馏液澄清透明不再含有有机物质的油滴时，一般即可停止蒸馏。

在蒸馏需要中断或蒸馏完毕后，一定要先打开弹簧夹 G 使体系和大气相通，然后方可停止加热，否则 D 中的液体会倒吸到 A 中。在蒸馏过程中，如发现安全管 B 中的水位迅速上升，也应立即打开弹簧夹，然后移去热源，待排除了堵塞后再继续进行水蒸气蒸馏。

少量物质的水蒸气蒸馏，可用克氏蒸馏瓶代替圆底烧瓶，装置如图 2-38 所示。有时也可直接利用反应的三颈瓶来代替圆底烧瓶更为方便，装置如图 2-39 所示。

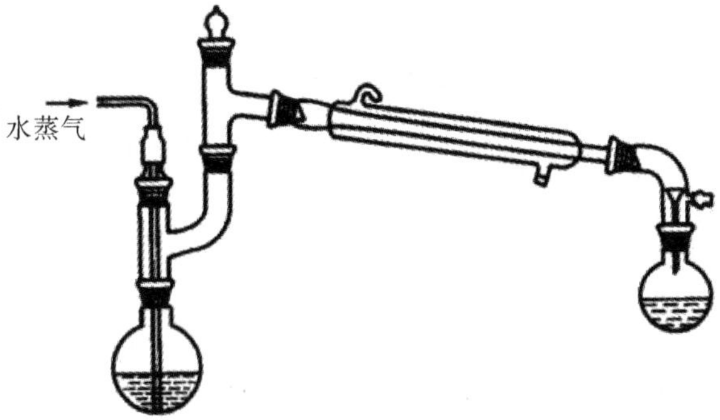


图 2-38　用克氏蒸馏瓶(头)进行少量物质的水蒸气蒸馏

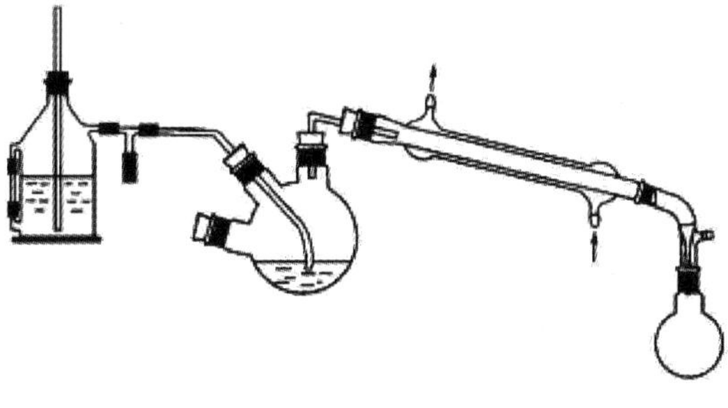

图 2-39　用三颈瓶来代替圆底烧瓶进行水蒸气蒸馏

在 100 ℃左右蒸气压较低的化合物可利用过热蒸气来进行蒸馏。例如，可在 T 形管和烧瓶之间串联一段铜管(最好是螺旋形的)。铜管下用火焰加热，以提高蒸气的温度。烧瓶再用油浴保温。也可用图 2-40 所示的装置来进行。A 是为了除去蒸气中冷凝下来的液滴，B 处是用几层石棉纸裹住的硬质玻管，下面用鱼尾灯焰加热。C 是温度计套管，内插温度计。烧瓶外用油浴或空气浴维持和蒸气一样的温度。

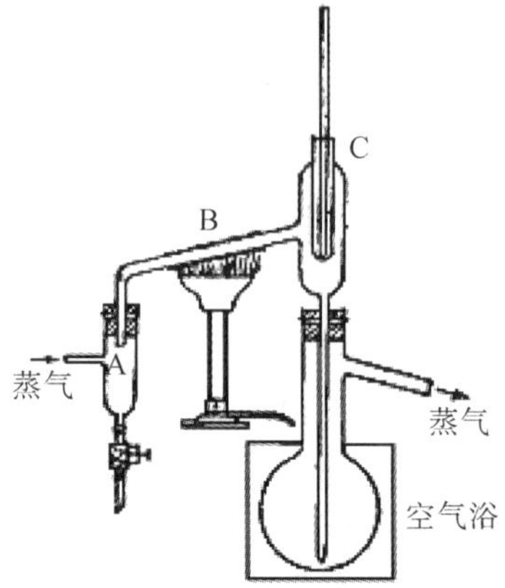


图 2-40 过热水蒸气蒸馏装置

**实验应用：用水蒸气蒸馏法提取 10 g 桉树叶中的挥发油**

实验要求：掌握方法，观察并认真记录实验现象。

实验步骤：

原料准备 → 架装置 → 装料 → 加热制蒸气

- 原料准备：桉叶洗净，去白层，剪切细
- 架装置：①顺序？要求？②各玻管的位置 ③蒸馏瓶为什么要倾斜 45°
- 装料：①发生器的水量 3/4 ②蒸馏瓶的物质的量观察
- 加热制蒸气：T 形管应处何状态

蒸馏 → 分离

- 蒸馏：①操作顺序 ②经常注意 ③异常情况？处理
- 分离：产物太少可不分离，记录现象即可

## 2.8 萃取

萃取是分离和提纯有机化合物常用的操作之一。应用萃取可以从固体或液体混合物中提取出所需要的物质，也可以用来除去混合物中少量的杂质。

**1. 基本原理**

萃取是根据物质在不互溶的两种溶剂中溶解度或分配比的不同来达到分离或提纯目的的一种操作。例如，某溶液是由有机物 X 溶解于溶剂 A 而成，要从中萃取出 X，我们可以选择一种对 X 溶解度极好，而且与溶剂 A 不起化学反应和不相混溶的溶剂 B，把溶液转移到分液漏斗中，加入溶剂 B，并充分振荡，静置后，由于溶剂 A 与溶剂 B 互不相溶，分为两层。这时 X 在 A、B 两液相间的浓度比在一定温度下为一常数，称为分配系数，这种关系叫做分配定律。可用公式：

$$\frac{X\text{在溶剂 A 中的浓度}}{X\text{在溶剂 B 中浓度}}=K(\text{分配系数})$$

当用一定量的溶剂萃取时，是一次萃取好，还是多次萃取好呢？可以利用下列推导来说明。$V_1$为被萃取溶液的体积；$W_0$为被萃取溶液中溶解 X 的总量；$V_B$为每次用 B 溶剂的体积；$W_1$为萃取一次后 X 在 A 中剩余量；此时，X 在 A 中的浓度和在 B 中的浓度就分别为 $W_1/V_1$ 和 $W_0-W_1/W_B$，两者之比等于 $K$，$\frac{W_1/V_1}{(W_0-W_1)\ /W_B}=K$ 或 $\frac{W_1-W_0}{=\frac{KV_1}{KV_1+V_B}}$，令 $W_2$为第二次萃取后 $X$ 在 A 中的剩余量，则有：

$$\frac{W_1/V_1}{W_0-W_1/W_B}=K \text{ 或 } W_1-W_0=\frac{KV_1}{KV_1+V_B}-W_0\left\{\frac{KV_1}{KV_1+V_B}\right\}^2$$

显然，萃取几次后，$W_n$的剩余量应为：$W_N=W_0\left\{\frac{KV_1}{KV_1+V_B}\right\}^n$ 当用一定量的溶剂萃取时，由于上式中 $KV_1/(KV_1+V_B)$恒小于 1，所以 $n$ 越大，$W_n$就越小，也就是说，把溶剂分成几份做多次萃取比用全部溶剂进行一次萃取要好。

**2. 实验操作**

在实验中应用最多的是水溶液中物质的萃取。实验室中常用分液漏斗来完成此操作。分液漏斗的大小应选比欲萃取液体体积大一倍以上。先把活塞擦净，在离活塞孔稍远的地方均匀地涂一层润滑脂，注意不要堵住活塞孔。塞好之后旋转几圈，使润滑脂分布均匀。一般应先加水检查是否渗漏，确认不漏水后方可使用。将漏斗放在铁圈中，关好活塞，分别将要萃取的溶液和萃取剂自上口倒入漏斗中，塞紧上口的塞子(不要涂润滑脂)。注意将塞子上的缝隙和漏斗颈上的孔错开。用右手手掌顶住漏斗塞子，再用大拇指、食指和中指握住漏斗，左手握住漏斗活塞处，大拇指压紧活塞，上下振摇分液漏斗，每振摇几次后，将漏斗的上口向下倾斜，下部支管指向斜上方(朝无人处)，用拇指和食指打开活塞，释放出因振摇产生的气体，以平衡内外压力(见图 2-41)。重复操作 2～3 次后，再剧烈振摇 2～3 min，使两不相溶的液体充分接触，提高萃取的收率。然后再将漏斗放回铁圈中静置，将上口的孔与塞子的缝隙相对，使内外压力一致。待两层液体完全分开后，缓缓打开活塞，将下层液体从活塞处放出，若两相间有一些絮状物也一起放出，然后将上层液体从分液漏斗的上口倒出(不可从活塞处放出，以免被支管中残留的下层液体所沾污)。将水层重新倒回分液漏斗中，再用新的萃取剂萃取。萃取的次数取决于分配系数，一般 3～5 次即可。将所有的萃取液合并，若需要，加入干燥剂干燥。然后蒸出溶剂，萃取得到的产物视其性质，利用蒸馏或重结晶等方法进一步纯化。

萃取时，为进一步减少有机物在水中的溶解度或增加水的比重及降低乳化程度，可利用盐析方法。

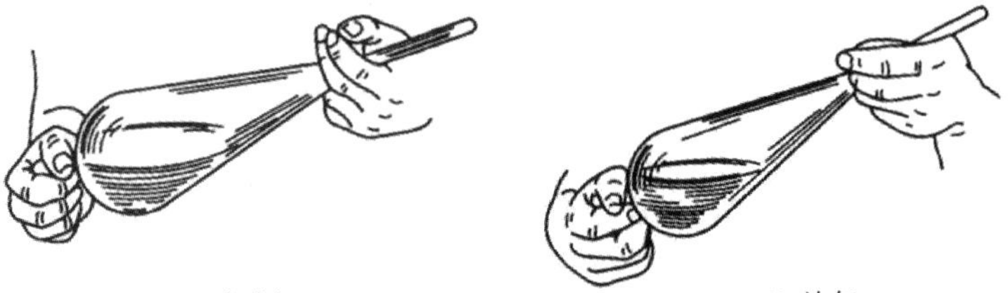

(1) 振摇　　(2)放气

图 2-41　分液漏斗操作

**实验应用：从菠菜中提取植物色素**

原理：利用物质在不同溶剂中的溶解度差异，从混合物或天然物中提取出所需物质。

操作步骤：

(一)

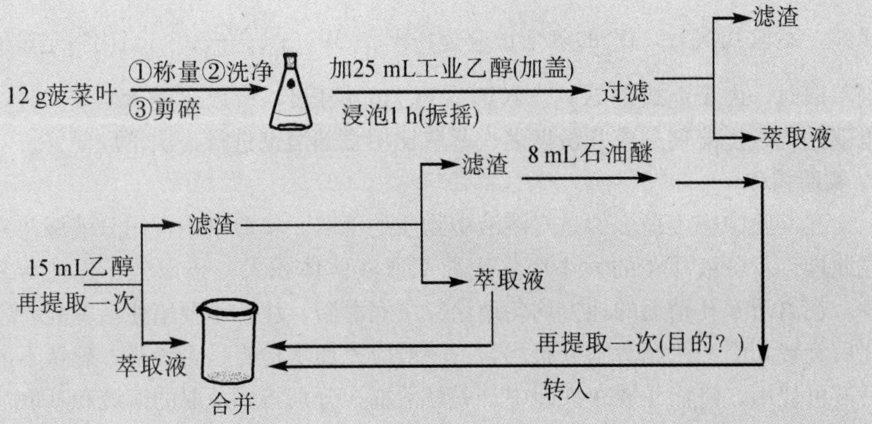


(二)

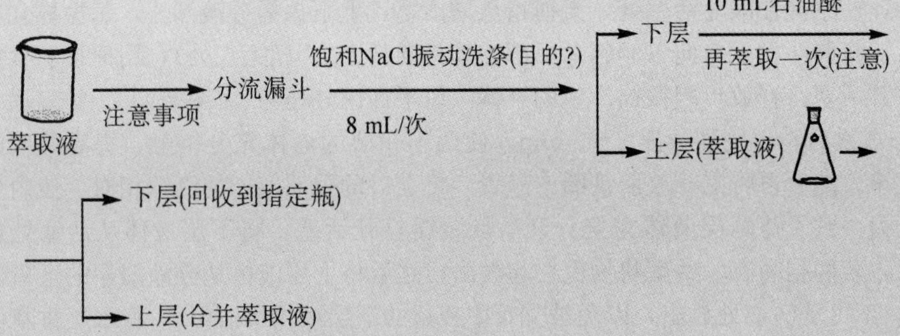


问题：1. 为什么不直接用石油醚萃取而要先用乙醇萃取之后采用石油醚萃取之？

使用分液漏斗应注意些什么？, {(怎样操作?) (怎样保养分液漏斗?)}

# 2.9　色谱分离技术

色谱法是分离、提纯和鉴定有机化合物的重要方法之一，具有极其广泛的用途。色谱法是一种物理的分离方法，基本原理是利用混合物中各组分在某一物质中的吸附或溶解性能(即分配)的不同，或其他亲和作用性能的差异，使混合物的溶液流经该种物质，进行反复的吸附或分配等作用，从而将各组分分开。色谱法能否获得满意的分离效果其关键在于条件的选择。

色谱法有两种不同的相：一种是固定相，即固定的物质(可以是固体或液体)；另一种是流动相，即流动的混合物溶液或气体。根据组分在固定相中的作用原理不同，可分为吸附色谱、分配色谱、离子交换色谱、排阻色谱等；根据操作条件的不同，又可分为薄层色谱、柱色谱、纸色谱、气相色谱及高效液相色谱等类型，现分别介绍如下。

## 2.9.1　薄层色谱

薄层色谱(thin layer chromatography)常用 TLC 表示，是快速分离和定性分析少量物质的一种很重要的实验技术，也用于跟踪反应进程。最典型的是在玻璃板上均匀地铺上一层吸附剂，制成薄层板，用毛细管将样品溶液点在起点处，把此薄层板置于盛有溶剂的容器中，待溶液到达前沿后取出，晾干，显色，测定色斑的位置。记录原点至主斑点中心及展开剂前沿的距离，计算比移值($R_f$)：

$$R_f=\frac{\text{溶质的最高浓度中心至原点中心的距离}}{\text{溶剂前沿至原点中心的距离}}$$

由于层析是在薄板上进行的，故称为薄层层析。

**1. 薄层色谱用的吸附剂**

薄层吸附色谱的吸附剂最常用的是硅胶和氧化铝。

(1)硅胶：硅胶是无定形多孔性物质，略具酸性，适用于酸性物质的分离和分析。薄层色谱用的硅胶分为四种：①硅胶 H——不含黏合剂和其他添加剂；②硅胶 G ——含煅石膏黏合剂；③硅胶 HF254——含荧光物质，可于波长 254 nm 紫外光下观察荧光；④硅胶 GF254——既含煅石膏又含荧光剂等类型。

(2)氧化铝：与硅胶相似，氧化铝也因含黏合剂或荧光剂而分为氧化铝 G、氧化铝 GF254 及氧化铝 HF254。

市售的层析用氧化铝有碱性、中性和酸性三种类型。

碱性氧化铝(pH 9～10)适用于碱性物质?(如胺、生物碱)和对酸敏感的样品(如缩醛、糖苷等)，也适用于烃类、甾体化合物等中性物质的分离。

酸性氧化铝(pH 3.5～4.5)适用于酸性物质如有机酸、氨基酸等的分离。

中性氧化铝(pH 7～7.5)适用于醛、酮、醌、苷和硝基化合物以及在碱性介质中不稳定的物质，如酯、内酯等的分离，也可以用来分离弱的有机酸和碱等。

**2. 薄层板的制备**

薄层板制备得好坏直接影响色谱的结果。薄层应尽量均匀而且厚度(0.25～1 mm)要固定。否则，在展开时溶剂前沿不齐，色谱结果也不易重复。薄层板分为干板和湿板。湿板的制法有以下两种。

(1)平铺法：用商品或自制的薄层涂布器进行制板，它适合于科研工作中数量较大要求较高的需要。如无涂布器，可将调好的吸附剂平铺在玻璃板上，也可得到厚度均匀的薄层板。

(2)浸渍法：把两块干净玻璃片背靠背贴紧，浸入调制好的吸附剂中，取出后分开、晾干。适合于教学实验的是一种简易平铺法。取 3 g 硅胶与 6～7 mL 0.5%～1%的羧甲基纤维素钠的水溶液在烧杯中调成糊状物，铺在清洁干燥的载玻片上，用手轻轻在玻璃板上来回摇振，使表面均匀平滑，室温晾干后进行活化。3 g 硅胶大约可铺 7.5 cm×2.5 cm 载玻片 5～6 块。

**3. 薄层板的活化**

将晾干的薄层板置于烘箱中加热活化，活化时需慢慢升温。硅胶维持 105～110 ℃活化 30 min 可得Ⅳ～Ⅴ级活性的薄层板。氧化铝板在 200 ℃烘 4 h 可得活性Ⅱ级的薄层，150～160 ℃烘 4 h 可得活性Ⅲ～Ⅳ级的薄层板。吸附剂的活性分为Ⅰ～Ⅴ五级，Ⅰ级的吸附作用太强，分离速度太慢，Ⅴ级的吸附作用太弱，分离效果不好。所以一般采用Ⅱ、Ⅲ级。大多数吸附剂都能强烈地吸水，而且水分易被其他化合物置换，因此使吸附剂的活性降低，在使用时通常用加热方法使吸附剂活化。吸附剂的活性与含水量有密切的关系，见表 2-3。

**表 2-3 吸附剂的活性和含水量的关系**

| 活性等级 | Ⅰ | Ⅱ | Ⅲ | Ⅳ | Ⅴ |
|---|---|---|---|---|---|
| 氧化铝加水量% | 0 | 3 | 6 | 10 | 15 |
| 硅胶加水量% | 0 | 5 | 15 | 25 | 38 |

**4. 点样**

点样前，先用铅笔在薄层板上距一端 1 cm 处轻轻划一横线作为起始线。通常将样品溶于低沸点溶剂(丙酮、甲醇、乙醇、氯仿、苯、乙醚和四氯化碳)配成 1%溶液，然后用内径小于 1 mm 管口平整的毛细管吸取样品，小心地点在起始线上。若在同一板上点几个样，样点间距应为 1～1.5 cm，斑点直径一般不超过 2 mm。样品浓度太稀时，可待前一次溶剂挥以后，在原点上重复一次。点样浓度太稀会使显色不清楚，影响观察；但浓度过大则会造成斑点过大或拖尾等现象，影响分离效果。点样结束待样点干燥后，方可进行展开；点样要轻，不可刺破薄层。

**5. 展开**

薄层色谱的展开，是在充满展开剂的密闭容器中进行的。薄层色谱用的展开剂绝大多数是有机溶剂，溶剂的极性越大，则对化合物的洗脱力也越大，也就是说 $R_f$ 值也越大(如果样品在溶剂中有一定溶解度)。

常用溶剂的极性按如下次序递增：己烷和石油醚<环己烷<四氯化碳<三氯乙烯<二硫化碳<甲苯<苯<二氯甲烷<氯仿<乙醚<乙酸乙酯<丙酮<丙醇<乙醇<甲醇<水<吡啶<乙酸。

常用的展开方式有上升法、倾斜法和下降法等几种。上升法适用于含黏合剂的薄层板，是将薄层板垂直于盛有展开剂的容器中。倾斜上行法是将薄层板倾斜 15°放置(图 2-42)，适用于无黏合剂的软板。含有黏合剂的色谱板可以倾斜 45°～60°放置。下降法(图 2-43)是将展开剂放在圆底烧瓶中，用滤纸或沙布等将展开剂吸到薄层板的上端，使展开剂沿板下行，这种连续展开的方法适用于 $R_f$ 值小的化合物。

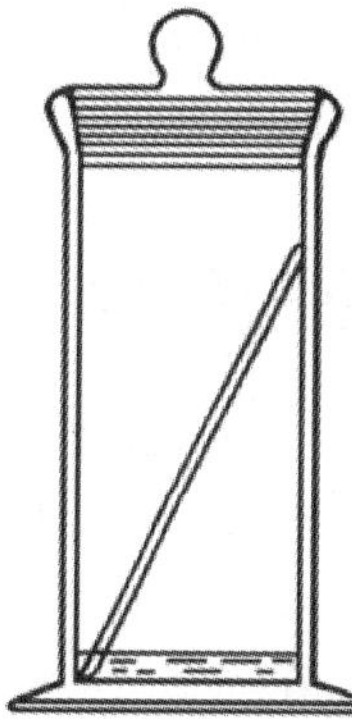

图 2-42　上升法

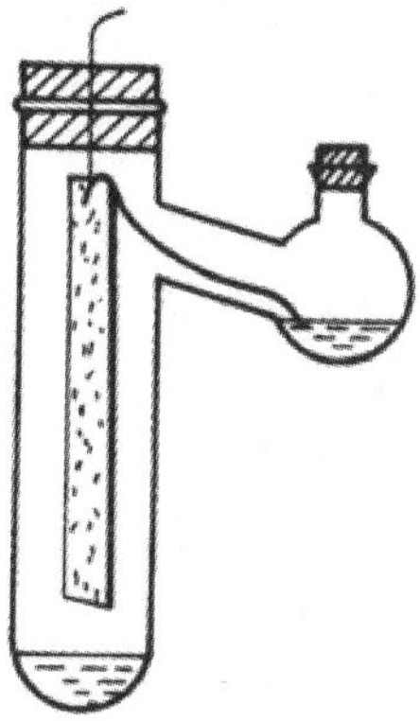

图 2-43　下降法

**6. 显色**

样品展开后，如本身有颜色，可直接看到斑点的位置。但是，大多数有机化合物是无色的，必须经过显色才能观察到斑点的位置，常用的显色方法有如下几种。

(1)显色剂法。常用的显色剂有碘、三氯化铁水溶液等。由于碘能与许多有机化合物形成棕色或黄色的络合物，所以，可在一密闭容器(一般用展开缸即可)中放入几粒碘，将展开并干燥的薄层板放入其中，稍稍加热，让碘升华，当样品与碘蒸气反应后，取出薄层板，立即标记出斑点的形状和位置(因为薄层板放在空气中，由于碘挥发棕色斑点会很快消失)，并计算 $R_f$ 值。

(2)外光显色法。用硅胶 GF254 制成的薄层板，由于加入了荧光剂，在 254 nm 波长的紫外灯下，可观察到暗色斑点，此斑点就是样品点。

**实验应用：薄层色谱分离菠菜色素**

一、实验目的

(1)学习层析法原理、掌握层析的操作方法。

(2)了解常见吸附剂。

(3)掌握薄层板的制备、活化、点样、展开、显色等操作。

(4)掌握比移值的计算方法。

二、实验原理

化合物的吸附能力与薄层色谱的极性成正比，具有较大极性的化合物吸附较强，移动较慢，因此比移值 $R_f$ 较小。在给定的条件下(吸附剂、展开剂、板层厚度等)，化合物移动的距离和展开剂移动的距离之比是一定值，因此可以根据 $R_f$ 值鉴别化合物。

薄层层析有许多优点：它操作方便、设备简单、显色容易，同时展开速率快，分辨力比纸层析高，既可用于微克级样品的分离分析，又能用于大量样品的制备分离，在现代分离分析技术中具有广泛的应用：①分离提纯化合物；②通过 $R_f$ 鉴定化合物；③确定化合物的纯度；④跟踪化学反应。

三、实验操作

(1)本实验选择的吸附剂为薄层色谱用硅胶 GF254。

(2)薄层板载体的准备：薄层板载体需要有一定的机械强度、化学惰性，且表面平整、厚度均匀，可用于涂布薄层用的载板有玻璃板、铝箔及塑料板，最常见的是玻璃板。玻璃板在使用前必须洗净、干燥。

(3)调浆：将 2 g 硅胶 GF254 放入烧杯中，加入稀释后的 0.5%羧甲基纤维素钠(CMC-Na)水溶液(稀释 4～5 倍)，朝一个方向搅拌均匀成糊状。

(4)铺板：将调好的浆料倾注到干燥洁净的玻璃片上，轻轻摇晃使浆料均匀平滑的分布在玻璃片上，薄层应厚度均匀，边缘平整，铺板过程中手应拿住玻璃板的两侧，以保持两端的平齐。

(5)活化：将涂布好的薄层板置于室温凉干后，放在烘箱内加热活化，活化时应逐渐升温，以防止板子受热不均而开裂，起泡，升温至 105 ℃后维持 105～110 ℃活化 30 min。

(6)点样。

(7)展开：在密闭的层析缸(展开槽)中加入配好的展开剂，展开剂的高度不能没过薄层板上的起始线，振荡片刻，使层析缸中溶剂蒸气达到平衡。将点样好的薄层板小心快速地放入层析缸中，点样端朝下，盖好盖子，仔细观察，待展开剂前沿快要到达薄层板上端时，取出薄层板，快速标出溶剂前沿的位置，晾干后观察斑点的位置和颜色。

(8)显色：被分离物质如果是有色组分，展开后薄层板上即呈现出有色斑点。如果化合物本身无色，则可用碘蒸气显色，还可使用显色剂，如浓硫酸、浓盐酸和浓磷酸等，有些有机物需要加热才能显色。对于含有荧光剂的薄层板在紫外光下观察，有荧光的化合物可看到荧光斑点。

本实验样品为菠菜色素，本身具有颜色，在日光下即可肉眼观察。

(9)计算比移值($R_f$ 值)：比移值 $R_f$ 计算即(图 2-44)

$$R_f=\frac{\text{溶质最高浓度中心至原点中心的距离}}{\text{溶剂前沿至原点中心的距离}}=\frac{L_1}{L_0}$$

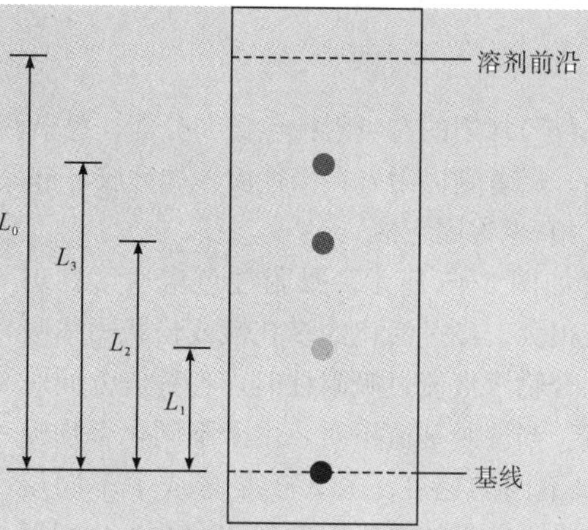


图 2-44　比移值计算

四、实验要求

(1)用硅胶 GF254 制备薄层板。

(2)用自制的薄层板对菠菜色素进行分离并要求至少观察到三种色素。

(3)记录和描绘对应斑点的颜色和距离，计算 $R_f$ 值。

五、实验步骤

1. 制板

调浆 → 铺板 → 活化

| 调浆 | 铺板 | 活化 |
| --- | --- | --- |
| 吸附剂与溶剂的比例？<br>GF254 硅胶＋<br>0.5%CMC-Na：$H_2O$<br>＝1：4<br>同方向匀浆 | 采用倾注法<br>①怎样铺？<br>②有何要求？<br>③注意手拿的位置<br>④置平台上晾干 | ①活化条件？<br>②如何升温？<br>③如何保存？ |

2. 分离检验

点样 → 展开 → 显色 → 描绘斑点计算 $R_f$ 值

| 点样 | 展开 | 显色 | 描绘斑点计算 $R_f$ 值 |
| --- | --- | --- | --- |
| ①方法<br>②样品点的<br>大小位置<br>③样品点间距 | ①展开剂的选择？<br>②预饱和<br>③展开剂高度<br>④取出时间 | ①显色的方法？<br>②显色剂种类<br>③注意及时圈<br>出斑点的位置！ | ①需量取斑点至<br>基线间的距离<br>② $R_f$ 值的计算<br>③玻片用完后<br>洗净回收 |

展开剂：I 石油醚：丙酮＝4：1.5(1 组)

II 石油醚：乙酸乙酯＝ 3：2(1 组)

六、注意事项

(1)铺板很关键，一定要均匀，厚度 0.2～1.0 mm。

(2)手应拿玻板侧边，千万不要污染吸附层！

## 2.9.2　柱色谱

柱色谱(柱上层析)常用的有吸附柱色谱和分配柱色谱两类。前者常用氧化铝和硅胶作固定相。后者则以附着在惰性固体如硅胶、硅藻土和纤维素等上的活性液体作为固定相(也称固定液)。

柱色谱的装置如图 2-45 所示。吸附柱色谱通常在玻璃管中填入表面积很大、经过活化的多孔性或粉状固体吸附剂。当待分离的混合物溶液流过吸附柱时，各种成分同时被吸附在柱的上端。当洗脱剂流下时，由于不同化合物吸附能力不同，便以不同的速度下移，于是形成了不同层次，即溶质在柱中自上而下按对吸附剂亲和力大小分别形成若干色带，再用溶剂洗脱时，已经分开的溶质可以从柱上分别洗出收集；或者将柱吸干，挤出后按色带分割开，再用溶剂将各色带中的溶质萃取出来。对于柱上不显色的化合物分离时，可用紫外光照射后所呈现的荧光来检查，或在用溶剂洗脱时，分别收集洗脱液，逐个加以检定。

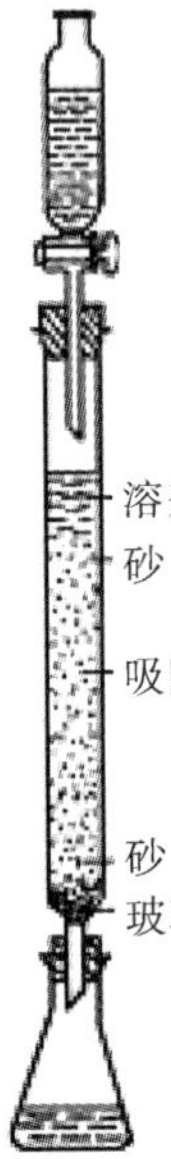


图 2-45　柱色谱装置

**1. 吸附剂**

常用的吸附剂有氧化铝、硅胶、氧化镁、碳酸钙和活性炭等。尤以氧化铝应用最多，有专供色谱用氧化铝商品。供柱色谱使用的氧化铝有酸性、中性和碱性三种。酸性氧化铝适用于有机酸类物质的分离，其水提取液 pH 为 4；中性氧化铝适用于醛、酮、醌及酯类化合物的分离，其水提取液 pH 约为 7.5；碱性氧化铝适用于生物碱类碱性化合物和烃类化合物的分离，其水提取液的 pH 约为 10。柱色谱的分离效果与吸附剂的颗粒度有关，柱色谱用的氧化铝以通过 100～150 筛孔的颗粒为宜。颗粒太粗，溶液流出太快，分离效果不好。颗粒太细，表面积大，吸附能力高，但溶液流速太慢，因此应根据实际需要而定。

**2. 溶质的结构与吸附能力的关系**

化合物的吸附性与它们的极性成正比，化合物分子中含有极性较大的基团时，吸附性也较强，氧化铝对各种化合物的吸附性按以下次序递减：酸和碱＞醇、胺、硫醇＞酯、醛、酮＞芳香族化合物＞卤代物、醚＞烯＞饱和烃。

**3. 溶剂**

溶剂的选择是重要的一环，通常根据被分离物中各种成分的极性、溶解度和吸附剂的活性等来考虑：①溶剂要求较纯，否则会影响试剂的吸附和洗脱。②溶剂和吸附剂不能发生化学反应。③溶剂的极性应比样品的极性小一些，否则样品不易被吸附剂吸附。④样品在溶剂中的溶解度不宜太大，否则影响吸附；也不能太小，否则溶液的体积增加，易使色谱分散。⑤有时可使用混合溶剂。如有的组分含有较多的极性基团，在极性小的溶剂中溶解度太小，可先选用极性较大的溶剂溶解，而后加入一定量的非极性溶剂，这样既降低了溶液的极性，又减少了溶液的体积。

**4. 洗脱剂**

洗脱剂是一种将吸附在吸附剂上的样品进行有效分离的溶液，它既可以是某种单一溶剂，也可以是一种混合溶液。如果原来用于溶解样品的溶剂冲洗柱子不能达到分离目的，可改用其他溶剂。一般极性较大的溶剂容易将样品洗脱下来，但达不到将样品逐一分离的目的。因此常使用一系列极性依次增大的溶剂。为了逐渐提高溶剂的洗脱能力和分离效果，也可用混合溶剂作为过渡。一般先用薄层板选择好适宜的溶剂。

**5. 柱色谱操作步骤**

(1)装柱。装柱前应先将色谱柱洗干净，进行干燥。在柱底铺一小块脱脂棉，再铺约一层 0.5 cm 厚的石英砂，然后进行装柱。装柱分为湿法装柱和干法装柱两种，下面分别加以介绍。①湿法装柱。将吸附剂(氧化铝或硅胶)用极性最低的洗脱剂调成糊状，在柱内先加入 3/4 柱高的洗脱剂，再将调好的吸附剂边敲打边倒入柱中，同时，打开下旋转活塞，在色谱柱下面放一个干净并且干燥的锥形瓶或烧杯，接收洗脱剂。当装入的吸附剂有一定的高度时，洗脱剂下流速度变慢，待所用吸附剂全部装完后，用流下来的洗脱剂转移残留的吸附剂，并将柱内壁残留的吸附剂淋洗下来。在此过程中，应不断敲打色谱柱，以便色谱柱填充均匀并没有气泡，柱子填完后，在吸附剂上端覆盖一层约0.5 cm 厚的石英砂。这样既可以使样品均匀地流入吸附剂表面；当加入洗脱剂时，石英砂又可防止吸附剂表面被破坏。在整个装柱的过程中，柱内洗脱剂的高度始终不能低于吸附剂最上端，否则柱内会出现裂痕和气泡。②干法装柱。在色谱柱上端放一个干燥的漏斗，将吸附剂倒入漏斗中，使其成为一细流连续不断地装入柱中，并轻轻敲打色谱柱的柱身，使其填充均匀，再加入洗脱剂湿润。也可以先加入 3/4 的洗脱剂，然后再倒入吸附剂。由于硅胶和氧化铝的溶剂化作用易使柱内形成缝隙，所以这两种吸附剂不宜使用干法装柱。

(2)加入样品。先将吸附剂上端多余的溶剂放出，直到柱内液体表面达到吸附剂表面时，停止放出溶剂。沿管壁加入预先配制成适当浓度的样品溶液，注意加入样品时不能冲乱吸附剂平整的表面，样品溶液加完后，开启下端旋塞，使液体渐渐放出，至溶剂液面降至氧化铝表面时，即可用溶剂洗脱。

(3)洗脱和分离。在洗脱和分离的过程中，应当注意：① 连续不断地加入洗脱剂，并保持一定高度的液面，在整个操作过程中勿使吸附剂表面的溶液流干，一旦流干再加溶剂，易使色谱柱产生气泡和裂痕，影响分离效果。②收集洗脱液，如样品中各个组分有颜色，在柱上可直接观察，洗脱后分别收集各组分。在多数情况下，化合物没有颜色，收集洗脱液时多采用等份收集。③要控制洗脱液的流出速度，一般不宜太快，太快了柱中交换来不及达到平衡，从而影响分离效果。④应尽量在一定时间完成一个柱色谱的分离，以免样品在柱上停留时间过长，发生变化。

**实验应用：柱色谱分离菠菜色素**

一、实验目的

(1)学习色谱法的基本原理及其应用。

(2)学习并掌握柱色谱法的基本操作。

二、实验原理

色谱法的基本原理是利用混合物各组分在某一物质中的吸附或溶解性能的不同，或其他亲和作用的差异，混合物的溶液流经该种物质，进行反复的吸附或分配等作用，从而将各组分分开。

柱色谱是在一根玻璃管或金属管中进行的色谱技术，将吸附剂填充到管中而使之成为柱状，这样的管状柱称为吸附色谱柱。使用吸附色谱柱分离混合物的方法，称为吸附柱色谱。这种方法可以用来分离大多数有机化合物，尤其适合于复杂天然产物的分离。分离容量从几毫克到千克级，所以，柱色谱适用于分离和精制较大量的样品。

为能达到更好的分离效果，所用色谱柱应为内径均匀、下端缩口的硬质玻璃管。下端用棉花或玻璃纤维塞住，防止硅胶等吸附剂流失。

根据待分离组分的结构和性质选择合适的吸附剂和洗脱剂是分离成败的关键。

1. 吸附剂的要求

一种合适的吸附剂，一般应满足下列几个基本要求。

(1)对样品组分和洗脱剂都不会发生任何化学反应，在洗脱剂中也不会溶解。

(2)对待分离组分能够进行可逆的吸附，同时具有足够的吸附力，使组分在固定相与流动相之间能最快地达到平衡。

(3)颗粒形状均匀，大小适当。

(4)材料价廉易得，无色，以便于观察。

可用于吸附剂的物质有氧化铝、硅胶、聚酰胺、硅酸镁、滑石粉、氧化钙(镁)、淀粉、纤维素、蔗糖和活性炭等。

2. 几种常见吸附剂

(1)氧化铝：市售的层析用氧化铝有碱性、中性和酸性三种类型，粒度规格大多为100～150目。

碱性氧化铝(pH 9～10)适用于碱性物质?(如胺、生物碱)和对酸敏感的样品(如缩醛、糖苷等)，也适用于烃类、甾体化合物等中性物质的分离。但这种吸附剂能引起被吸附的醛、酮的缩合。酯和内酯的水解、醇羟基的脱水、乙酰糖的去乙酰化、维生素 A 和维生素 K 等的破坏等不良副反应。所以，这些化合物不宜用碱性氧化铝分离。

酸性氧化铝(pH 3.5～4.5)适用于酸性物质如有机酸、氨基酸等的分离。

中性氧化铝(pH 7～7.5)适用于醛、酮、醌、苷和硝基化合物以及在碱性介质中不稳定的物质如酯、内酯等的分离，也可以用来分离弱的有机酸和碱等。

(2)硅胶：硅胶是硅酸的部分脱水后的产物，其成分是 $SiO_2 \cdot xH_2O$，又叫缩水硅酸。与薄层色谱不同，柱色谱用硅胶一般不含黏合剂。

(3)聚酰胺：聚酰胺是聚己内酰胺的简称，是一种白色多孔性非晶形粉末，不溶于水和一般有机溶剂，易溶于浓无机酸、酚、甲酸及热的乙酸、甲酰胺和二甲基甲酰胺中。聚酰胺分子表面的酰氨基和末端胺基可以和酚类、酸类、醌类、硝基化合物等形成强度不等的氢键，因此可以分离上述化合物，也可以分离含羟基、氨基、亚氨基的化合物及腈和醛等类化合物。

3. 洗脱剂的选择

样品在色谱柱中的移动速度和分离效果取决于吸附剂对样品各组分的吸附能力大小和洗脱剂对各组分的解吸能力大小。物质与吸附剂之间的吸附能力大小既与吸附剂的活性有关，又与物质的分子极性有关，分子极性越强，吸附能力越大，分子中所含极性基团越多，极性基团越大，其吸附能力也就越强。常见极性基团吸附能力按下列次序递增：

$-Cl < -Br < -I < -C{=}C- < -OCH_3 < -CO_2R < -CO- < -CHO < -SH < -NH_2 < -OH < -COOH$

三、实验内容与要求

1. 实验内容

以氧化铝为吸附剂，石油醚、丙酮等为洗脱剂，用柱色谱法分离叶绿色素。

2. 实验要求

图示实际分离情况，记录氧化铝的用量和各溶剂的总耗量，收集到各组分的颜色及总量。

四、实验操作

1. 装柱

色谱柱的大小规格由待分离样品的量和吸附难易来决定。填充吸附剂的量约为样品重量的20～50倍，具体视待分离样品的分离难度决定，易分离的样品可以装短点，组分复杂难分离的样品装长些。装柱前，柱子应干净、干燥，并垂直固定在铁架台上，取一小团玻璃棉或脱脂棉用一长玻璃棒或铁丝轻轻送到底部，适当捣压，但不能压得太紧，以免阻碍溶剂畅流(如管子带有筛板，则可省略该步操作)。

常用的装柱方法有干法和湿装法两种。无论是干装法，还是湿装法，装好的色谱柱应是充填均匀，松紧适宜一致，没有气泡和裂缝，否则会造成洗脱剂流动不规则而形成“沟流”，引起色谱带变形，影响分离效果。

2. 加样

如果样品是液体，可直接加样。如果样品是固体，先将样品溶解于尽可能少的小极性的溶剂或洗脱剂中使之成为浓溶液，将柱内液面降到与柱面相齐时，关闭柱子。用滴管小心沿色谱柱内壁均匀地加到柱顶上。加完后，用少量溶剂把容器和滴管冲洗净并全部加到柱内，以减少样品损失。

如果样品成分比较复杂或溶解性差，在小极性溶剂或洗脱剂中不能完全溶解，则需要拌样后再上样。拌样前先加入适当的溶剂使样品完全溶解，再加少量吸附剂混匀，待溶剂挥发尽后使呈松散状，将混有试样的吸附剂轻轻加在已制备好的色谱柱上面。

本实验用柱色谱分离菠菜色素，可直接上样。

3. 洗脱与组分收集

洗脱：柱层析关键在于柱子是否装好和洗脱剂是否选择恰当。洗脱剂的选择主要通过TLC确定。将选好的洗脱剂沿柱管内壁缓慢地加入柱内，不要冲起柱内吸附剂及样品。打开活塞，让洗脱剂流经柱体，洗脱开始。在洗脱过程中，注意随时添加洗脱剂，以保持液面的高度恒定，使柱内的液面始终保持在吸附剂高度之上。

在进行大柱洗脱时，可在柱顶上架一个装有洗脱剂的加液球，或带盖塞的分液漏斗或倒置的长颈烧瓶，让漏斗颈口浸入柱内液面下，这样便可以自动加液。如果采用梯度洗脱，则应从极性最小的洗脱剂开始，依次增加极性，直到最后一个成分流出为止。试样中的非极性组分吸附较少，最先被洗脱下来，大极性的组分吸附较强，后被洗脱下来。

组分收集：洗脱液的收集，有色物质，按色带分段收集，两色带之间要另外收集，可能有重叠组分。对无色物质的接收，一般采用等份连续收集。若洗脱剂的极性较强，或者各成分结构很相似时，每份收集量就要少一些，具体数额的确定，要通过薄层色谱检测，视分离情况而定。

洗脱速度：洗脱的速度也是影响柱色谱分离效果的一个重要因素。速度太慢影响实验进程，速度太快，样品尚未平衡好就被洗脱下来，影响分离效果。洗脱完毕，采用薄层色谱法对各收集液进行鉴定，把含相同组分的收集液合并，除去溶剂，便得到各组分的较纯样品。

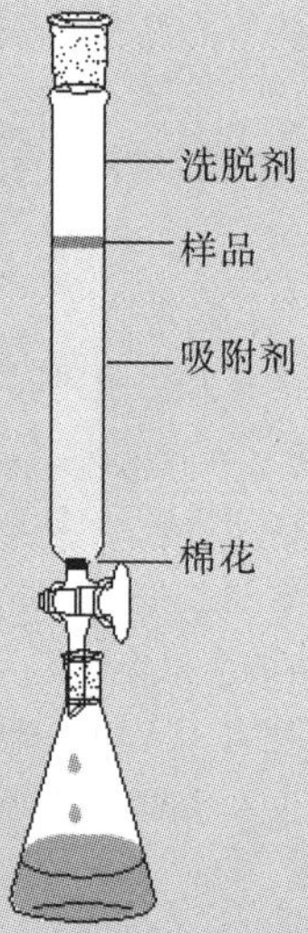


装柱 → 洗柱 → 加样 →

| 装柱 | 洗柱 | 加样 |
|---|---|---|
| ①方法：干法、湿法 | ①方法？ | ①何时加？ |
| ②柱高 | ②达何程度 | ②怎样加？ |
| ③排尽空气无裂缝 | | ③量？ |
| ④棉花作用 | | |

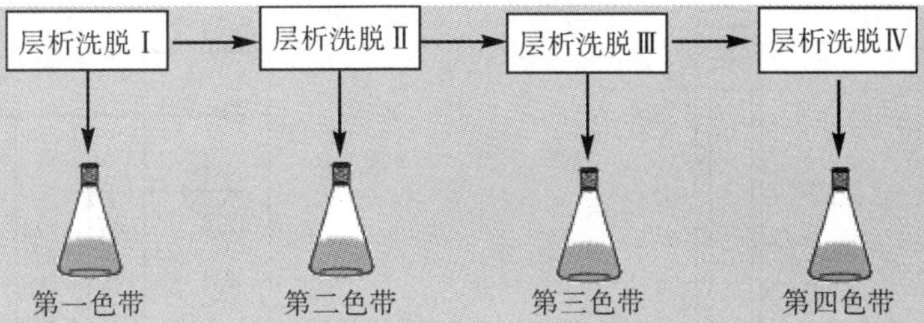


洗脱剂 I：石油醚∶丙酮＝9∶1

洗脱剂 II：石油醚∶丙酮＝7∶3

洗脱剂 III：正丁醇∶乙醇∶水＝3∶1∶1

五、注意事项

(1)整个分离洗脱过程均应有洗脱剂覆盖吸附剂，千万不能干。

(2)所用溶剂易挥发，取用应注意采取防护措施。

六、思考题

(1)柱中若有气泡或填装不均匀，将给分离造成什么结果？如何避免？

(2)为什么在洗脱操作中，自始至终使吸附剂上面保持一液层，即使柱内的液面不能降至吸附剂高度以下？

(3)该实验中对分离影响最关键的是哪一步？

### 2.9.3　纸色谱

纸色谱(纸上层析)属于分配色谱的一种，其装置如图 2-46 所示，它的分离不是靠滤纸的吸附作用，而是用滤纸作为惰性载体，以吸附在滤纸上的水或有机溶剂作为固定相，流动相则是被水饱和过的有机溶剂，通常称为展开剂。利用样品中各组分在两相中的分配系数的不同达到分离的目的。主要用于多官能团或高极性化合物如糖、氨基酸等的分析分离。它的优点是便于保存，缺点是费时较长。

**1. 滤纸的选择**

滤纸的纤维松紧适宜，厚薄均匀，全纸平整无折痕。将滤纸切成纸条，大小可自行选择，一般约为 3 cm×20 cm，5 cm×30 cm 或 8 cm×50 cm。

**2. 展开剂**

展开剂的选择十分关键，应根据被分离物质的不同，选用合适的展开剂。展开剂的选择应注意如下原则。

(1)难溶于水的极性化合物：以非水极性溶剂(如甲酰胺、*N*，*N*—二甲基甲酰胺等)作为固定相，以不能与固定相混合的非极性溶剂(如环己烷、苯、四氯化碳、氯仿等)作为展开剂。

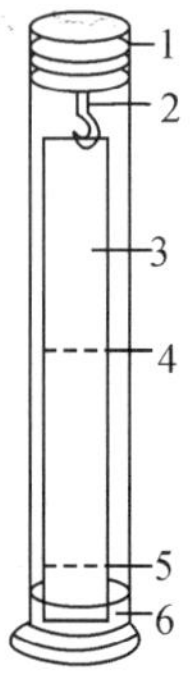


1. 玻璃盖；2. 挂钩；3. 滤纸；4. 溶剂前沿；
5. 样品原点；6. 溶剂

图 2-46　纸色谱装置

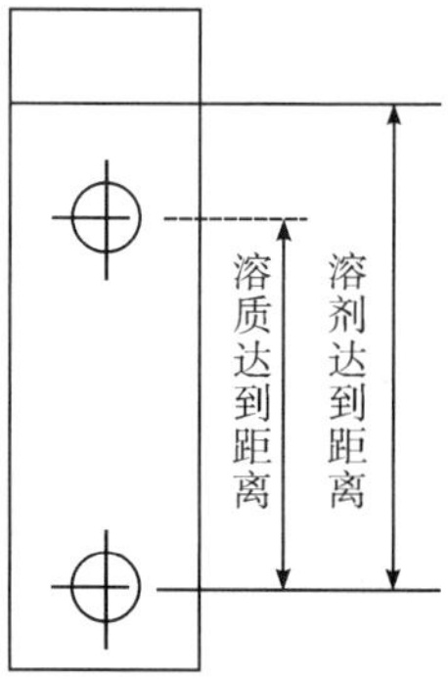


图 2-47　纸色谱展开图

(2)能溶于水的化合物：以吸附在滤纸上的水作为固定相，以与水能混合的有机溶剂(如醇类)作为展开剂。

(3)对不溶于水的非极性化合物：以非极性溶剂(如液体石蜡、$\alpha$-溴萘等)作为固相，以极性溶剂(如水、含水的乙醇、含水的酸等)作为展开剂。

(4)展开剂对被分离物质的溶解度要合适。溶解度太大，被分离物质随展开剂快速移动；溶解度太小，则会被分离物质会留在原点。两种情况都不利于分离。

(5)通常不能使用单一的展开剂。如常用的正丁醇/水，是指用水饱和的正丁醇。正丁醇∶醋酸∶水＝4∶1∶5 是指三种溶剂按其体积比，放入一分液漏斗中充分振摇混合、放置、分层。取其上层正丁醇混合液作为展开剂。

**3. 点样**

取少量样品，用水或易挥发的有机溶剂(如乙醇、丙酮、乙醚等)，将其完全溶解，配制成约 1%的溶液。用铅笔在滤纸上画线，标明点样位置，用毛细管吸取少量样品溶液，在滤纸上按照已写好的编号分别点样，控制点样直径在 0.2～0.5 cm。然后将其晾干或用红外灯烘干。

**4. 展开**

于层析缸中注入展开剂，将点样的滤纸晾干后悬挂在层析缸内，将点有样品的一端放入展开剂液面下约 1 cm 处，但试样斑点的位置必须在展开剂液面之上。纸色谱展开的方法除上述介绍的上升法外，还有下降法，如圆形纸色谱法和双向纸色谱法等。

**5. 显色**

展开完毕，取出滤纸，画出前沿。如化合物本身无色，可在紫外灯下观察有无荧光斑点，用铅笔在滤纸上画出斑点位置，形状大小。通常可用显色剂喷雾显色，不同类型化合物可用不同的显色剂。如化合物本身有颜色，可直接观察斑点。

**6. 比移值($R_f$ 值)的计算**

按下式计算化合物的比移值($R_f$)：

$$R_f=\frac{\text{溶质的最高浓度中心至原点中心的距离}}{\text{溶剂前沿至原点中心的距离}}$$

$R_f$ 值随被分离化合物的结构、固定相与流动相的性质、温度以及纸的质量等因素而变化。当温度、滤纸等实验条件固定时，比移值就是一个特有的常数，因而可作定性分析的依据。由于影响 $R_f$ 值的因素很多，实验数据往往与文献记载不完全相同，因此在鉴定时常常采用标准样品作对照。此法一般适用于微量有机物质(5～500 mg)的定性分析，分离出来的色点也能用比色方法定量。

## 2.9.4　气相色谱

气相色谱(gas chromatography)简称 GC，是五十年代初发展起来的一种分离分析新技术，是以气体作为流动相的色谱法。该法具有快速、高效、高灵敏度分离的特点。目前已广泛用于沸点在 500 ℃以下、对热稳定的挥发物质的分离和测定。但是对于不易挥发或对热不稳定的化合物，以及腐蚀性物质的分离还有其局限性。气相色谱常分为气液色谱(GLC)和气固色谱(GSC)，前者属于分配色谱，后者属于吸附色谱。本书主要介绍气－液色谱法。

**1. 原理**

气相色谱中的气－液色谱属于分配色谱，其原理与纸色谱类似，都是利用混合物中各组分在固定相与流动相之间的分配情况不同，从而达到分离的目的。所不同的是气－液色谱中的流动相是载气，固定相是吸附在载体或担体上的液体。担体是一种具有热稳定性和惰性的材料，常用的担体有硅藻土、聚四氟乙烯等。担体本身没有吸附能力，对分离不起作用，只是用来支撑固定相，使其停留在柱内。分离时，先将含有固定相的担体装入色谱柱中，色谱柱通常是一根弯曲的或螺旋状的不锈钢管，内径约为 3 mm，长度由 1～10m 不等。当配成一定浓度的溶液样品，用微量注射器注入气化室后，样品在气化室中受热迅速气化，随载气(流动相)进入色谱柱中，由于样品中各组分的极性和挥发性不同，气化后的样品在柱中固定相和流动相之间不断地发生分配平衡。挥发性较高的组分由于在流动相中的溶解度大，因此随流动相迁移快，而挥发性较低的组分在固定相中的溶解度大于在流动相中的溶解度，因此随流动相迁移慢。这样，易挥发的组分先随流动相流出色谱柱，进入检测器鉴定，而难挥发的组分随流动相移动得慢，后进入检测器，从而达到分离的目的。

**2. 气相色谱的流程**

图 2-48 是一台气相色谱仪的流程图，一般由载气系统、分离系统、检测、

记录和数据处理系统三大部分组成。

(1)载气系统：载气系统主要是储于钢瓶中的氮气、氢气或氦气，用减压阀控制载气流量，用膜流量计测量载气流速，一般的流速控制在 30～120 mL/ min。

(2)分离系统：包括分离用色谱柱、进样器、恒温箱和有关电器控制单元。色谱柱是色谱仪的心脏部分，常用的有玻璃管柱等，内径 2～6 mm，长 1～3 m;毛细管柱内径 0.25～0.75 mm，长几十米或更长。色谱柱内填满了吸附剂或涂渍有固定液的载体。固定液的选择是能否有效分离试样各组分的一个决定因素。通常根据“相似性”的原则选择固定液。

(3)检测、记录和数据处理系统：包括检测器、记录器和积分仪或微处理机等。检测器是检知和测定试样组成及各组分含量的部件，它将经色谱柱分离后的各组分按其特性及含量转换为相应的电信号。常用的检测器有热导检测、氢火焰离子化检测器、电子捕获检测器等。一个好的检测器应具有如下特性：①敏感；②应答快；③线性范围宽；④通用性和特征性；⑤性能稳定可靠、操作方便等。

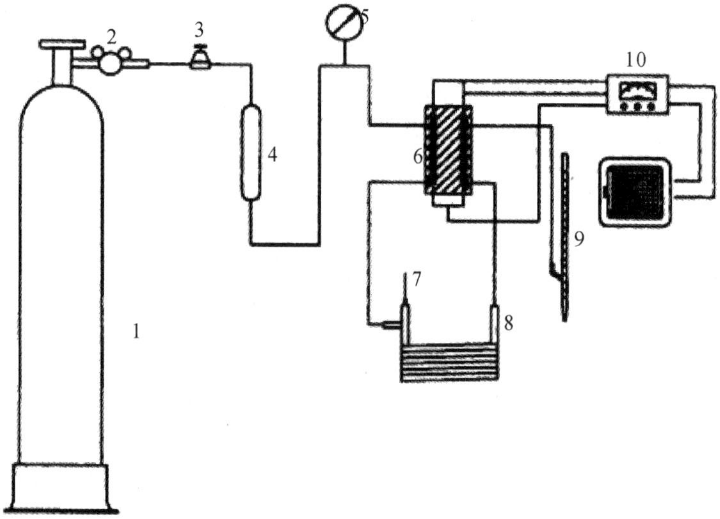


1. 高压钢瓶；2. 减压阀；3. 精密调压阀；4. 净化干燥管；5. 压力表；6. 热导池；7. 进样器；8. 色谱柱；9. 皂膜流速计；10. 测量电桥；11. 记录仪

图 2-48　气相色谱仪流程图

## 2.9.5　高效液相色谱

高压液相色谱(high pressure liquid chromatography)又称高效液相色谱(high performance liquid chromatography)，简称 HPLC。

**1. 原理**

高压液相色谱是近 30 年发展起来的一种高效、快速的分离分析有机化合物的仪器，适用于那些高沸点、难挥发、热稳定性差、离子型的有机化合物的分离与分析。作为分离分析手段，气相色谱和高压液相色谱可以互相补充。就色谱而言，它们的差别主要在于前者的流动相是气体，而后者的流动相是液体。与柱色谱相比，高压液相色谱具有方便、快速、分离效果好、使用溶剂较少等优点。高压液相色谱使用的吸附剂颗粒比柱色谱要小得多，一般为 5～50 $\mu$m 均匀的颗粒，因此，需要采用高的柱进口压(大于 100 kg/cm$^2$)以加速色谱分离过程。这也是柱色谱发展到高压液相色谱所采用的主要手段之一。

**2. 高压液相色谱流程**

高压液相色谱流程和气相色谱流程的主要差别在于，气相色谱是气体系统，高压液相则是由储液罐、高压泵等系统组成，具体流程见图 2-49。

**3. 高压液相色谱的流动相和固定相**

(1)流动相。液相色谱的流动相在分离过程中有较重要的作用，因此在选用流动相时，不但要考虑到检测器的需要，同时又要考虑它在分离过程中所起的作用。常用的流动相有正己烷、异辛烷、乙腈、二氯甲烷、水、甲醇等。在使用之前一般都要过滤、脱气，必要时需要进一步纯化。

(2)固定相。常用的固定相有全多孔型、薄壳型、化学改性型等类型。高压液相色谱用的色谱柱大多数内径为 2～5 mm，长 25 cm 以内的不锈钢管。

常用的高压液相色谱检测器有紫外检测器、折光检测器、传动带氢火焰离子化检测器、荧光检测器、电导检测器等。一般采用往复泵作为高压液相色谱系统中的高压泵。

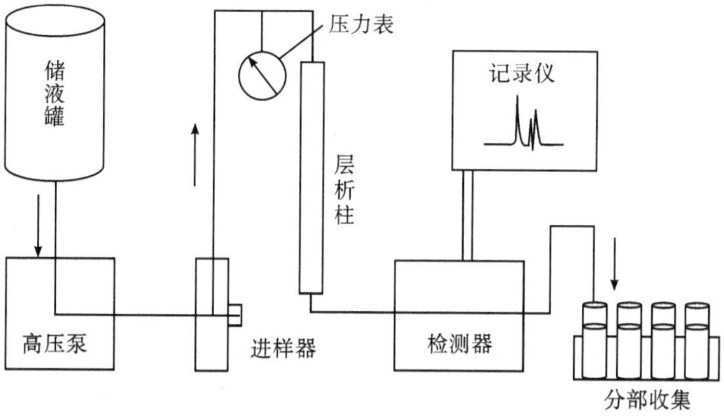


图 2-49　高压液相色谱流程图

# 2.10　鉴别结构的波谱方法

## 2.10.1　红外光谱的实验方法

### 1. 实验目的

掌握红外光谱解析和标准谱图查询方法；学习测定有机物红外光谱的制样方法及一种红外光谱仪的操作方法。

当用一束红外光照射某一物质时，该物质的分子就要吸收一部分光能，并将其变为另一种能量，即分子的振动能量和分子的转动能量，将其透过的光用单色器进行色散，则得到带暗条的谱带，以波数或波长为横坐标，以透射比或吸光度为纵坐标，记录下来的就是红外吸收光谱。

物质红外光谱中吸收峰都对应着分子中相应基团的振动形式，吸收峰的位置和形状是分子结构的特征性数据，因此，根据红外光谱可以进行有机物的结构分析。

### 2. 实验步骤

1）制样方法

实验中进行红外光谱分析的样品，都必须确保无水并具有高纯度。否则，由于杂质和水的吸收，使光谱变得无意义，水不仅在 3710 $cm^{-1}$ 和 1630 $cm^{-1}$ 有吸收，而且对样品池的 KBr 薄片有腐蚀作用。

(1)固体样品。①KBr 压片法：首先将分析纯的 KBr 细粉放入铂金坩埚中，再放入马弗炉中于 400 ℃干燥 2 h 后置于干燥器内备用。将干燥后的固体样品 1～2 mg 以 1 mg 样品对 100 mg KBr 的比例加入到玛瑙研钵中，研磨均匀后移入磨具中，在压片机上压成透明 KBr 薄片，放入样品架上即可测定。②薄膜法：对于一些熔点低并且在熔融状态下不发生分解的样品，可将其熔融后涂在 KBr 窗片上，或选择适当的溶剂将某些难压片的固体样品溶解，涂在 KBr 窗片上成膜，让溶剂挥发后进行测试。

(2)液体样品。①用样品池进行测定：对于液体样品，一般把它们灌注于吸收池中进行测定，常用的吸收池有两种，即可拆卸池和固定密封池。它们都是由池架、窗片、间隔片和保护窗片的橡胶垫片组成。沸点在 100～200 ℃不易挥发、黏度不大的样品可使用可拆卸样品池进行测定。而沸点低、易挥发的样品则要使用适当厚度的密封池进行测定。②液膜法：可用滴管滴一滴液体样品夹在两个 KBr 薄片之间使之成为极薄的液膜，滴入样品后将 KBr 薄片压紧并轻轻转动，以保证形成的液膜无气泡。然后，将 KBr 薄片固定在一定的夹具上即可用于测定。对于沸点高、不易挥发、黏度大的样品，可用不锈钢小勺直接将样品均匀地涂在一块 KBr 薄片(在压片机上压制的 KBr 薄片)上，使其形成适当的厚度，再将 KBr 薄片放入样品架即可测定。无论用何种方法测定，测定完成后应及时利用不使窗片损坏的溶剂，清洗样品池或盐片，保存待用。

(3)气体样品。可用气体池测定，用时先将气体池抽真空，然后注入待测气体进行测定。由于分析方法不同，所得谱图也会有所差异，因此报告红外光谱数据时要说明分析时使用的方法。例如，是否使用溶剂，用什么溶剂，是液膜法还是 KBr 压片法等。

2)实验用样品

液体样品：苯乙酮。

固体样品：三苯甲醇。

3)实验操作要求

根据具体情况，在老师的指导下，参照本校红外光谱仪的说明书，学习固体、液体有机物的制样方法，并学习测定有机化合物红外光谱的基本操作方法。

测定上述样品红外光谱图后，查阅它们的标准红外光谱，与之对照，并对各图的主要吸收峰进行解析。

4)谱图解析

测定出样品的红外光谱图后，对各谱带进行分析，从而推测样品的官能团和化学结构，谱图解析主要依靠对光谱与化学结构关系的理解和经验积累，灵活运用基团特征吸收峰及其变化规律。一般的解析可按如下顺序进行：首先识别峰位，其次观看峰强，然后分析峰形，三者缺一不可。

用一组相关峰确认一个基团，遵循一组相关峰确认一个基团的原则，防止利用特征峰片面地确认基团而出现“误诊”的现象。

红外光谱的解析顺序应该是先观察解析特征区，以确定化合物有何基团，并归属其类别。然后结合指纹区找到所有相关吸收峰，最后初步确认化合物结构。解析谱图可采用“四先四后一抓法”，即先特征，后指纹；先最强峰，后次强峰；先粗查，后细找；先否定，后肯定；一抓一组相关峰。

了解与熟悉常见基团的特征吸收频率，对熟悉解析红外光谱、快速判断化合物的取代基团及类型、确定化合物的结构有很大帮助。

### 2.10.2　核磁共振谱

核磁共振谱中最常见的是以化合物分子中的 $^{1}H$ 原子核为参考对象的一维质子核磁共振谱($^{1}H$ NMR)和 $^{13}C$ 原子核为对象的一维 $^{13}C$ 核磁共振谱($^{13}C$ NMR)。除此之外，还可根据不同的需要得到 $^{15}N$、$^{19}F$、$^{31}P$ 等的 NMR 及二维、三维 NMR 谱。

**1. $^{1}$H 核磁共振谱**

H 核磁共振谱主要由化学位移、偶合常数及峰面积积分曲线分别提供质子类型、核间关系及氢分布等消息。

1)化学位移

有机化合物中不同化学环境的 H 原子的共振峰位置可以用它们的共振频率表示，也可以用化学位移表示。化学位移($d$)=(信号位置−TMS 峰的位置)$\times 10^6$/核磁共振所用仪器的频率 MHz，用 ppm 单位表示化学位移与仪器的频率无关。

2)偶合常数

有机化合物分子中 H 核的小磁矩可以通过化学键的传递相互作用，这种作用叫做自旋偶合。自旋偶合可以引起核磁共振峰分裂而使谱线增多，被称为自旋一自旋裂分。偶合常数反映了自旋核相互偶合能力的大小，是分子结构的函数，而与外磁场强度大小无关，因此通过偶合常数也可以推测有机化合物的结构。

3)峰面积积分

核磁共振谱上各组峰面积积分比，表示各类 H 核数目的最简比，结合此比然后再根据化合物的相对分子质量即可求得分子中各类 H 的数目。

**2. $^{13}$C 核磁共振谱**

$^{13}$C 谱的主要优点在于具有宽的化学位移范围，以及可以给出有机化合物的骨架信息。$^{1}$H 谱化学位移一般小于 20 ppm，$^{13}$C 谱化学位移在 0～250 ppm。摩尔质量在 500 以下的有机化合物，$^{13}$C 谱几乎都可以分辨每一个碳原子。若去掉 C、H 之间的偶合，每个碳原子对应一条尖锐、分立的谱线。通过碳谱可知未知化合物含有几个碳原子，各自属于哪些基团等。

1)样品的准备

固体样品现在虽可直接做核磁共振谱，但所得谱图峰较宽，使分辨率下降，从而在很多时候难以满足结构测定的需要。对于黏度低的样品在一些仪器上也可以直接用谱图的测定。大多数情况下，需将样品溶解在氘代溶剂中进行核磁共振谱的测定。测定有机化合物 H 谱时常将样品制成 2%～10%溶液，被测定溶液体积为 0.2～0.5 mL。但是若要做$^{13}$CNMR 谱测定时，则需要加大样品的用量。其样品要求较高的纯度，常规测试需将 20～80 mg 的样品及少量标准物质加入溶剂配成 0.4 mL 的溶液。对于溶剂需满足以下要求。

(1)对样品有较大溶解度；

(2)与样品不发生化学反应；

(3)溶剂的共振谱对样品信号没有干扰，常用溶剂有 $CCl_4$ 等。低温检测时，一般用凝固点低的溶剂。同时应注意 DMSO 在高温下可能会发生的一些化学反应。

2)结果处理

(1)检查内标物的峰位是否准确，底线是否平坦，溶剂中残存的 H 信号是否出现在预定的位置。

(2)根据化合物已知分子式，计算不饱和度。

(3)根据 H 谱的积分曲线算出各个信号对应的 H 数。

(4)先解析孤立甲基峰，然后解析低场共振峰。

(5)确定图谱中一级及高级偶合部分。先解析图谱中一级偶合部分，由共振峰的化学位移值及峰裂分，确定归属及偶合系统，再解析高级偶合部分。

(6)分析之后推出若干结构单元，最后组合为几种可能的结构式。

(7)结构初定后，查表或计算各基团的化学位移，核对偶合关系和偶合常数是否合理，从而确定化合物的最终结构式。

### 2.10.3　二维核磁共振及相关技术

二维核磁共振波谱学(2D NMR)是 20 世纪 70 年代中期出现的，它使得核磁共振信号成为两个频率变量的函数，谱图由平面变为立体，从而使得核磁共振谱图变得更加直观、简单，便于分析。2D NMR 方法为解析复杂化学结构提供了强有力的工具。同核二维分解谱是把化学位移与偶合常数分开，使复杂谱图易于辨认，对于解析相互交迭的复杂偶合谱很有帮助；但它不能直接告诉我们哪一个峰是什么峰，或哪个峰与哪个峰偶合。同核二维化学位移相关实验则是测定同核偶合的有力工具。异核化学位移相关实验则可以给出直接或远程异核偶合的关系，从而获得$^{1}$H 和$^{13}$C 之间的相互关系。这种方法已成功地用于解析溶液中结构复杂的生物大分子的化学结构等。

二维核磁共振谱大致分为三大类：二维分解谱、二维相关谱及多量子二维谱。化学上应用 2D NMR 可根据研究和解决问题的具体内容，采用不同的方式，根据不同目的，采用不同的脉冲序列。因此，必须备有脉冲持续时间、等待时间和相位等均能自由改变的脉冲程序。此外，由于二维实验需要快速处理庞大的实验数据，必须用大存储量的辅助记忆装置，如快速的激光打印机、陈列数据处理器、梯度场探头等新技术装备，它们对实验操作至关重要；而带有相应软件的大屏幕快速图象显示系统则能大大提高处理信息的效率。通常 2D 实验需要进行长时间的测定，因此要求磁场能长期稳定，并采用灵敏度高的超导高场仪器，以减少累加次数并能将谱线拉开。为获得更多的信息，应尽可能地提高分辨率。在做 2D NMR 实验之前，一定要把一维谱尽可能地做好并解析清楚。

## 2.10.4 紫外一可见吸收光谱

紫外一可见吸收光谱(UV-Vis)是分子的价电子在不同的分子轨道之间跃迁而产生的。紫外光谱是指波长在200～400 nm的电磁吸收光谱，可见光谱则是指波长在400～800 nm的电磁波吸收光谱。目前，此法在定性上不仅可以鉴别基团和化学结构差异较大的化合物，而且可以鉴别结构相似的化合物。紫外光谱图提供两个重要的数据：吸收峰的位置和吸收光谱的吸收强度。

**1. 图谱分析**

从吸收光谱中可初步推断如果化合物基团在220～800 nm范围内无吸收，则可能是脂肪族饱和碳氢化合物、胺、腈、醇、醚、氯代烃和氟代烃，不含直链或环状共轭体系，没有醛、酮等基团。若在210～250 nm处有吸收，则可能含两个共轭单位；在260～300 nm有中强度吸收带，可能含有3～5个共轭单位；250～300 nm有弱吸收，则表明有羰基存在，在此若有中等强度吸收，并且含有振动结构，则表示含有苯环；若化合物有颜色，则分子中含有的共轭生色团一般在五个以上。

**2. 异构体的确定**

(1)结构异构体：许多可根据双键的位置不同，应用紫外吸收光谱推断异构体的结构。

(2)顺反异构体：顺式异构体一般都比反式异构体的波长短，而且$\varepsilon$小，这是由立体障碍引起的。

**3. 化合物骨架的推定**

未知化合物与已知化合物的紫外光谱一致时可认为两者具有相同的生色团，从而推断未知化合物的骨架。

## 2.10.5 质谱

质谱法(MS)是应用多种离子化技术，将物质分子转化成气态离子并按质荷比进行分离记录其信息，从而进行物质结构分析的方法。根据质谱图提供信息，可以进行有机化合物的定性和定量分析、化合物的结构分析、固体表面结构和组成分析等。

质谱法主要具有如下特点：灵敏度高、响应时间短、分析速度快、信息量大、可测定分子式等。因其广泛的应用范围，其已成为很多领域进行分析和科学研究的重要手段。

质谱图都用棒图表示，每一条线表示一个峰，图中高低不同的峰各代表一种离子，横坐标是离子质荷比的数值，其最高峰称为基峰，相对强度被人为地定位100，以纵坐标表示。相对分子质量的确定主要依据分子离子峰，分子式的确定则主要根据相对分子质量和贝农表来确定，化合物的结构则可根据碎片峰和裂解方式来确定。

**1. 分子量的确定**

分子离子的质荷比就是化合物的分子量。所以，在分析图谱时应首先确定分子离子峰。

**2. 分子式的确定**

(1)利用分子离子峰的同位素峰来确定分子组成式。有机化合物几乎都是由 C、H、O、N 等元素组成，这些元素大多都具有同位素，由于同位素的贡献，质谱中除了有质量为 $M^{\pm}$ 分子离子峰外，还有 M+1、M+2 的同位素峰，不同化合物的元素组成不同，其同位素丰度也不同，如果知道化合物的分子量和 M、M+1、M+2 的强度比，即可查表确定分子量。

(2)利用高分辨质谱仪可以提供分子式组成。

**3. 谱图解析的一般方法**

(1)由质谱的高质量端确定分子离子峰，求出分子量，初步判断化合物类型及是否含有除 C、H、O 以外的元素。

(2)根据分子离子峰的高分辨数据，给出化合物的组成式。

(3)由组成式计算化合物的不饱和度。

(4)研究高质量端离子峰，其是由分子离子失去碎片形成的，通过分子离子失去的碎片可以确定化合物中含有哪些取代基。

(5)研究中部质量区离子峰和亚稳离子峰。

(6)研究低质量离子峰，寻求不同化合物断裂后生成的特征离子与其系列。

(7)根据上述研究，提出化合物的结构单元。再根据化合物的分子量、分子式、样品来源、物理化学性质等，提出一种或几种最可能的结构。

(8)验证所得结果。将所得结构式按质谱断裂规律分解，观察所得离子与未知物图谱是否一致；查该化合物的标准质谱图，看是否与未知谱图相同；寻求标样，做谱图，与未知物谱图对比等。

## 2.11　无水无氧操作技术

在我们的实验中经常会遇到一些特殊的化合物，具有高度的反应活性，遇水或氧能发生剧烈反应，甚至燃烧或爆炸，然而它们往往又具有特殊的使用价值。为了研究这类化合物的合成、分离、纯化和分析鉴定，必须使用特殊的仪器和无水无氧操作技术。否则，即使合成路线和反应条件都是合适的，最终也得不到预期的产物。所以，无水无氧操作技术已在有机化学和无机化学中较广泛地运用。目前采用的无水无氧操作分三种：①高真空线操作；②Schlenk 操作；③手套箱操作。

由于 Schlenk 操作的特点是在惰性气体气氛下(将体系反复抽真空——充惰性气体)，使用特殊的玻璃仪器进行操作；这一方法排除空气比手套箱好，对真空度要求不太高(由于反复抽真空——充惰性气体)，更安全，更有效。其操作量从几克到几百克，一般的化学反应(回流、搅拌、滴加液体及固体投料等)和分离纯化(蒸馏、过滤、重结晶、升华、提取等)以及样品的储藏、转移都可用此操作，因此已被广泛运用。这节课我们就重点介绍双排管操作技术。

由于无水无氧操作技术主要对象是对空气敏感的物质，操作技术是成败的关键。稍有疏忽，就会前功尽弃，因此对操作者要求特别严格。

(1)实验前必须进行全盘的周密计划。由于无氧操作比一般常规操作机动灵活性小，因此实验前对每一步实验的具体操作、所用的仪器、加料次序、后处理的方法等都必须考虑好。所用的仪器必须事先洗净、烘干。所需的试剂、溶剂需先经无水无氧处理。

(2)在操作中必须严格认真、一丝不苟、动作迅速、操作正确。实验时要先动脑后动手。

(3)由于许多反应的中间体不稳定，也有不少化合物在溶液中比固态时更不稳定，因此无氧操作往往需要连续进行，直到拿到较稳定的产物或把不稳定的产物贮存好为止。操作时间较长，工作比较艰苦。操作者应该不怕苦、不怕累、操作者之间还应相互协作，互相支持，共同完成实验任务。

## 2.11.1 双排管操作的实验原理

双排管是进行无水无氧反应操作的一套非常有用的实验仪器，其工作原理是：两根分别具有 5～8 个支管口的平行玻璃管，通过控制它们连接处的双斜三通活塞，对体系进行抽真空和充惰性气体两种互不影响的实验操作，从而使体系得到我们实验所需要的无水无氧的环境要求。

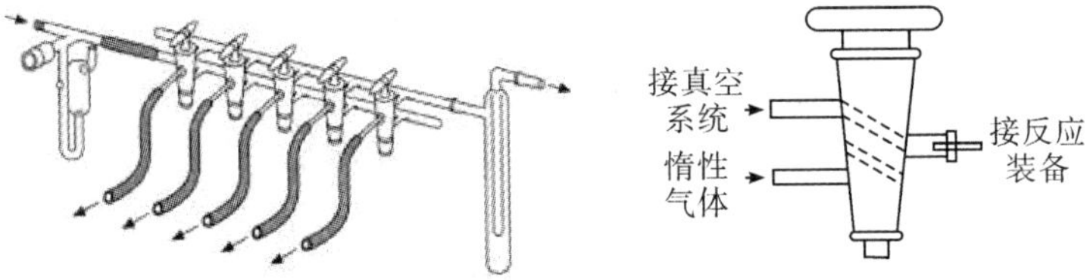


图 2-50 抽真空充惰性气体分配管

## 2.11.2 双排管实验操作步骤

(1)实验所需的仪器、药品、溶剂必须根据实验的要求事先进行无水无氧处理(具体操作参看《常用试剂的纯化》)。

(2)安装反应装置并与双排管连接好，然后小火加热烘烤器壁抽真空—惰性气体置换(至少重复三次以上)，把吸附在器壁上的微量水和氧移走。(加热一般用酒精灯火焰来回烘烤器壁，除去吸附的微量水分；惰性气体一般用氮气或氩气，由于氮气便宜所以实验室常用99.99%高纯氮)。

(3)加料(如果是固体药品可以在抽真空前先加，也可以后加(但一定要在惰性气体保护下进行；液体试剂可以用注射器加入，一般在抽真空后)。

(4)反应过程中，注意观察记泡器，保持双排管内始终要有一定的正压(但要注意起泡速度，避免惰性气体的浪费)，直到反应得到稳定的化合物。

(5)实验完成后应及时关闭惰性气体钢瓶的阀门(先顺时针方向关闭总阀，指针归零；再反时针松开减压阀，同样让指针归零，关闭节制阀)。最后，打扫卫生，清洗双排管，填写双排管的使用情况是否正常，维护好实验仪器。

### 2.11.3 玻璃仪器的洗涤干燥及橡皮材质的处理

**1. 玻璃仪器的洗涤干燥**

不论使用干燥箱技术、注射器针管技术，还是使用双排管技术来处理对空气敏感的化合物，仪器的洗涤和干燥都是十分重要的。大多数空气敏感化合物遇水和氧都会发生激烈反应，甚至酿成爆炸、着火等事故。器壁上吸附的微量氧、水可能会导致实验失败。所以，仪器的洗涤非常重要；必要时用稀酸、稀碱洗涤，甚至用铬酸洗液浸泡，再用水和无离子水冲洗到仪器透亮、器壁上不挂水珠为止。新的仪器也要经过严格洗涤后才能使用。洗涤过的仪器放到空气中晾干，再放到干燥箱中烘烤；干燥箱的温度为125 ℃时，需要干燥过夜；140 ℃时至少干燥4h，从干燥箱中取出的仪器在惰性气流下趁热组装，所有的接头要涂硅脂或碳氢润滑脂，在惰性气流下冷却待用。或把仪器从干燥箱中取出趁热放到干燥器中冷却存放，干燥器中充满惰性气体保护更好。像双排管这种有活塞的仪器，在洗涤前一定要用蘸有溶剂的棉花球将活塞内的润滑脂轻轻地擦洗干净，否则润滑脂很难用水洗掉。干燥时互相配合的磨口接头或活塞要互相脱离，分开放置，防止“黏结”到一起，干燥后放到一起保存。即使这样洗涤干燥过的仪器，在使用前仍需要加热抽真空—惰性气体置换，把吸附在器壁上的微量水和氧移走。一般干燥过的仪器，在加热抽真空时，在仪器壁上会出现一层水雾，这足以说明加热抽真空—惰性气体置换这一步的必要性。

**2. 橡皮材质的处理**

在处理空气敏感化合物的操作中，通常用橡皮管作为连接物，用橡皮塞、橡皮隔膜作为密封物。这些物品在使用前必须经过严格清洗和干燥，因为这类物质的表面很粗糙，吸附着大量氧和水等杂质，也容易粘上油污，使用前又不能用加热抽真空等方法除去这些杂质，因此它们的洗涤、干燥和保存更显得重要。这些物品的用途不同，和溶剂、针头等接触的方式不同，可选用下面不同方法处理。用蘸有惰性溶剂的脱脂棉花球擦洗其表面，去掉表面的油污及机械杂质，用纯化过的溶剂冲洗管子的内壁。

### 2.11.4 惰性气体的净化

实验室中常用的惰性气体是氮气、氩气和氦气。其中氮气最易得到，且价格便宜，因而使用得最为普遍。以氮气为保护气体的另一个优点是它的相对密度与空气很接近，在氮气保护下称量物质的质量不需要加以校正。但是，由于氮气分子在室温下与锂反应，在较高温度下和别的物质(如金属镁)也能发生反应，氮气还能与某些过渡金属形成配合物，从而限制了它的应用。因此在这种情况下必须用氩气作保护气体。氩气较氮气难得，价格昂贵，只有在特殊条件下才使用。氮气、氩气、氦气的净化方法基本相同。以氮气为例说明惰性气体的净化方法和过程是有普遍意义的。所谓惰性气体净化，主要是指将惰性气体中所含的氧和水的量降到要求值以下。国内气体纯度一般分为普通级与高纯级，普通氮含量为 99.9%，价格很便宜，用前必须纯化；高纯氮含量 99.999%或 99.99%。高纯氮的含氧和含水总量为 10～50 ppm，这对于一般的无氧操作已可满足。但对于特别敏感的化合物，例如，含 f 电子的金属有机化合物，要求氧的含量小于 5 ppm，这时所用的惰性气体必须再纯化处理——脱水、脱氧。

**1. 脱水方法**

(1)低温凝结：降低温度，水蒸气要冷凝结冰，降低温度能使惰性气体中的水含量大幅度降低对气体中含水量要求的不同，可以选择不同的冷冻剂。液氮、液态空气、干冰—丙酮混合物、干冰等，它们能达到的最低温度相差很大。

(2)使用干燥剂干燥惰性气体：常用干燥剂有氯化钙、氢化钙、五氧化二磷、浓硫酸以及分子筛等。

**2. 脱氧方法**

(1)干法脱氧：让气体通过脱氧剂，脱氧剂通常是金属或金属氧化物，如活性铜、钠一钾合金、“401”脱氧剂等。

(2)湿法脱氧：让气体通过具有还原性物质的溶液(由于会带入水或其他溶剂，所以很少采用)。

### 2.11.5 注射器针管技术

反应装置安装好后，用真空泵抽真空，同时以小火烘烤，去除仪器内的空气及表面吸附的水气，然后通惰性气体，如此反复三次。将反应物加入反应瓶或调换仪器需开启反应瓶时，都应在连续通惰性气体情况下进行。对空气敏感的固体试剂，在连续通惰性气体下与固体加料口对接，然后加入反应瓶中。对空气不敏感的固体试剂，若反应需先加的，可先放在反应瓶中，与体系一起抽真空——充惰性气体。如需在反应途中加的，可在连续通惰性气体下，直接从固体加料口加入。

**1. 橡皮翻口塞**

在实验室中，使用注射器针管计量和转移对空气敏感的液体化合物较为方便，这一技术获得了普遍的应用。利用针管技术处理空气敏感化合物需要的主要器械是：有橡皮隔膜塞密封的玻璃仪器、注射针管、细金属管及双针头管。带有橡皮隔膜塞密封的玻璃器皿是在一些普通的玻璃器皿的接口插入橡皮隔膜塞(俗称橡皮翻口塞)。橡皮塞有一定的弹性，能和适当直径的接口管紧密配合，使器皿内物料与空气隔绝达到密封的目的，橡皮隔膜塞插入仪器如图 2-51 接口管的顺序所示。如果接口外部有凸形边缘，隔膜塞上缘翻过来后能够和接口紧紧贴合，可以不用金属丝扎紧橡皮塞这一步。

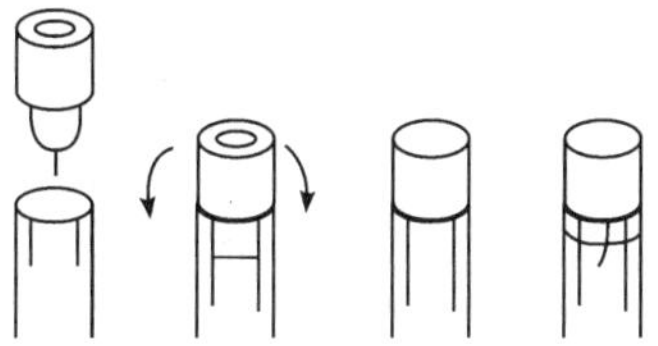

图 2-51　橡皮隔膜塞使用程序

橡皮隔膜塞经过几次针刺后，容易使外界空气渗透入仪器内部。用针刺隔膜塞时最好刺其边缘，因为边缘的橡皮厚实易密封。刺过几次的塞子要换掉，不宜继续使用。空气可通过橡皮隔膜塞的隔膜、针孔等扩散、渗透进入容器内，所以这种密封装置不宜较长时间地贮存空气敏感化合物。

**2. 注射器及其使用**

注射器是注射针管技术中关键的器械，能否合理使用它将决定操作水平。实验室使用的注射器有塑料的(一次性使用)和玻璃的两种，最常用的是玻璃的。小容量的玻璃注射器的套筒与内塞柱是互相研磨而成的，为了识别，每一对套筒与内塞柱上都有标记号码，同种规格的套筒和内塞柱不能互换使用，使用时要检查标记号码是否相同。大容量的同种规格注射器的外筒与内塞柱可以互换使用。注射器的密封是靠套筒内壁和内塞柱的光滑面紧密接触来实现的。要保护好接触面，不能有灰尘颗粒划坏磨面，注射器不要随意来回推拉，以免损坏磨面。烘烤注射器时，套筒和内塞柱要分开放置，干燥后把内塞柱插到套筒中存放。根据计量的液体多少合理选择注射器的容量。选择的容量太小，要多次累积计量，操作麻烦，给计量带来误差，也易使液体污染；选择的容量太大，操作也困难。必须合理选择才能保证计量误差小、操作也方便。

针头是由不锈钢管制成的，其长度和内径大小各异，根据用途选择的针尖形状也不相同。2-52(1)为齐头针尖，多见于微量注射器，针尖不锋利，很难刺破橡皮隔膜塞，易堵塞针孔。2-52(2)为斜面针尖，针尖锋利，较适用。2-52(3)的针尖介于2-52(1)与2-52(2)之间，呈类似于“三角”的斜面，针尖锋利，容易将橡皮物切割下来，使塞子的针孔处再密封困难。使用注射器时，容量大的注射器要用两只手操作，一手握筒的外部，一手握内塞柱的外端。使用容量最小的注射器可用一只手操作，中指、无名指与大拇指捏住套筒，食指顶夹着内塞棒侧外端，靠食指与中指的分或合来拉出或推进内塞柱。不能用手直接接触内塞柱的磨面。使用过程中尽量减少内塞柱曝露在空气中的时间，以减少氧与水在其磨面上吸附的机会，以及磨面上微量的空气敏感化合物会与空气中氧、水反应生成固体物质附于磨面上，致使内塞柱推不进套筒中。用针头刺破橡皮隔膜塞时应使针尖的缺门面朝上(如图)，用向针管的推、压合力使针尖刺入橡皮膜内，不可垂直刺入橡皮膜，以防止针尖把橡皮膜切割下来堵塞针孔，且影响密封。

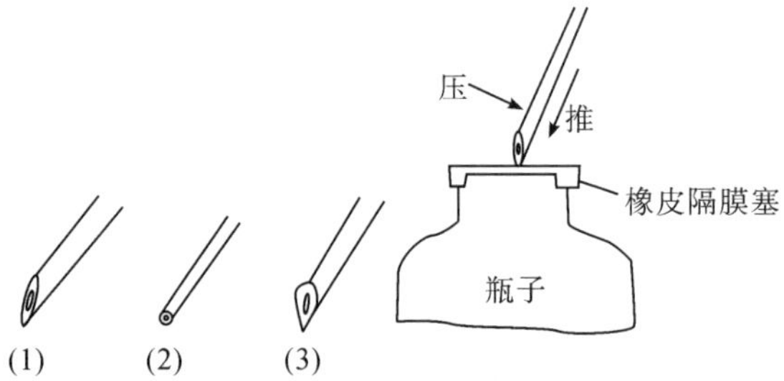


图 2-52　注射器针头及使用方法

在使用注射器前要检查针头与针管连结处是否漏气，其方法是用惰性气体充满针筒的量程，将针头拔出插入橡皮塞中，将筒内气体压缩至原来体积的一半，放开手使内塞柱自动退回，如果内塞柱回到原处，表明不漏气。在转移计量液体时，当进入的液体稍多于需要的量时，将针头拔离液面排出筒内的气泡和多余的液体。要注意，针筒上容量刻度是按内塞柱推到顶头计量的。

# 第 3 章　性质实验

近年来，色谱、质谱、核磁共振谱、红外光谱、紫外一可见光谱多等种现代化仪器分析技术已广泛应用于有机化合物的分离、纯化及结构的测定。此外，官能团分析也是有机分析领域的重要方法。由于有机化合物分子直接参与化学反应的部位往往在于所含官能团上，官能团的特殊性质往往体现了该类化合物的化学性质，因而有机化合物的性质实验也即是官能团的定性鉴定，就是利用有机化合物中各种官能团的不同属性，可与特定试剂反应而产生颜色变化，沉淀析出等特殊现象，进而对样品中是否存在预期官能团加以佐证。有机化合物的性质实验具有反应耗时短、操作简便，结果明显的特点，可快速为化合物的结构鉴定提供准确重要信息。

需要指出的是，同一官能团处于不同分子中时，其反应性能受化合物分子电性、空间效应等影响而产生差异，因而在有机化合物的性质实验中出现例外情况也很常见。此外，有机化合物的性质实验中尚有其它干扰因素，有必要针对某种官能团进行不同的定性实验，根据实验结果综合判断该官能团的存在与否。

## 3.1　有机化合物的性质实验

### 3.1.1　烷、烯、炔的鉴定

烷烃属饱和的碳氢化合物，其整体构造均由 C—C 键、C—H 键以单键形式相连，一般条件下性质较稳定，特殊条件下发生取代反应。烯烃分子中含 C=C键，炔烃分子含 C≡C 键，属不饱和碳氢化合物，在适宜条件下可发生加成反应。

**1. 甲烷的卤代反应**

在小试管中加入 2%$Br_2$-$CCl_4$溶液 0.5 mL，向试管中通入甲烷气体约 30 s，观察试管中溶液颜色是否有变化？为什么？

[2% $Br_2$-$CCl_4$ 溶液（0.5 mL）] —通入甲烷气体 30 s→ [观察溶液褪色情况]

**2. $Br_2$ 的 $CCl_4$ 溶液实验**

烯烃和炔烃的不饱和键均能与单质 $Br_2$ 发生加成反应，使 $Br_2$ 的红棕色消失。

在干燥的试管中加入 2% $Br_2$-$CCl_4$ 溶液 2 mL，再加入 4 滴试样，振摇，观察颜色变化。用 4 滴环己烷代替不饱和试样进行同样实验，观察有无颜色变化，为什么？

$$\boxed{2\%\,Br_2\text{-}CCl_4\ 溶液\ (2\ mL)} \xrightarrow[振摇]{试样\ (4\ 滴)} \boxed{观察溶液褪色情况}$$

注：试样为乙炔时，在 $Br_2$-$CCl_4$ 溶液中通入乙炔 1～2 min，下同。

**3. 稀 $KMnO_4$ 溶液实验**

烯烃和炔烃的不饱和键也容易发生氧化反应，例如，遇 $KMnO_4$ 时可使紫红色 $KMnO_4$ 溶液颜色褪去，同时生成褐色 $MnO_2$ 沉淀。

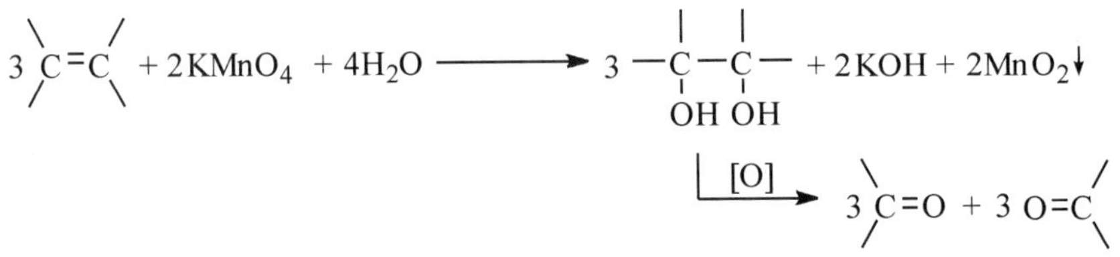

$$R-C\equiv C-R' + 2KMnO_4 \longrightarrow RCOOK + R'COOK + 2MnO_2\downarrow$$

小试管中加入 1% $KMnO_4$ 水溶液 2 mL，加入 4 滴试样，振摇，观察溶液褪色情况、有无沉淀生成，为什么？

$$\boxed{1\%\ KMnO_4\ 水溶液\ (2\ mL)} \xrightarrow[振摇]{试样\ (4\ 滴)} \boxed{观察溶液褪色情况，有无沉淀生成}$$

**4. 银氨溶液实验**

端基炔烃($RC\equiv C-H$)含有活泼氢，可被某些金属取代生成炔化物，例如，与 $Ag^+$ 生成白色炔化银沉淀(或与 $Cu^+$ 生成红色炔化亚铜沉淀)，借此可将端基炔烃和链间炔烃、烯烃区别开。

$$AgNO_3 + 2NaOH \longrightarrow NaNO_3 + AgOH\downarrow (灰色)$$

$$2AgOH \longrightarrow Ag_2O + H_2O$$

$$Ag_2O \xrightarrow{4NH_3\cdot H_2O} 2[Ag(NH_3)_2]OH + 3H_2O$$

$$R-C\equiv CH + [Ag(NH_3)_2]OH \longrightarrow R-C\equiv CAg\downarrow + 2NH_3 + H_2O$$

试管中加入 5% $AgNO_3$溶液 0.5 mL，滴加 1 滴 5%NaOH 溶液，可见灰色 AgOH 沉淀生成，向试管中滴加 2%氨水，边滴边摇至生成的沉淀恰好溶解，得到澄清的硝酸银氨水溶液。在此溶液中加入 2 滴试样，观察有无白色沉淀生成？

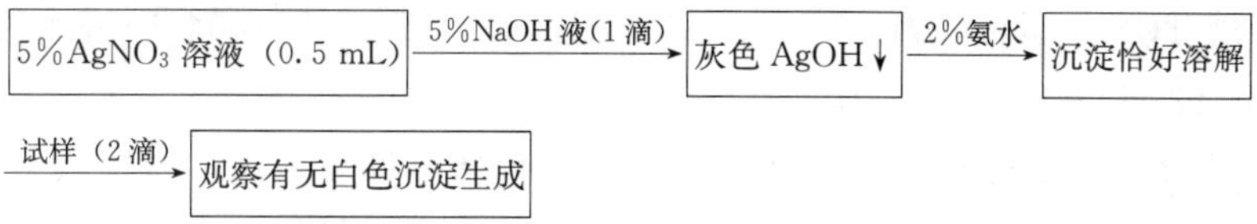


## 3.1.2　芳香烃的鉴定

苯和其他芳香烃化合物由于环状共轭体系中电子密度平均化的结果，化学性质比烯烃、炔烃稳定，不易发生加成反应和氧化反应；易发生亲电取代反应，如卤代、硝化、磺化、烷基化和酰基化反应以及芳香烃的特征反应。当苯环上有取代基时，会影响取代反应的反应速率，供电子基团活化苯环，使亲电取代反应容易进行，吸电子基团则使反应难以进行。

**1. 氧化反应**

在 3 支试管中各加入 10%$H_2SO_4$溶液 0.5 mL 和 1 滴 0.5%$KMnO_4$液，摇匀后 3 支试管分别加入甲苯、苯、环己烯各 0.5 mL，剧烈振摇，观察并比较甲苯、苯、环己烯与氧化剂作用的现象。

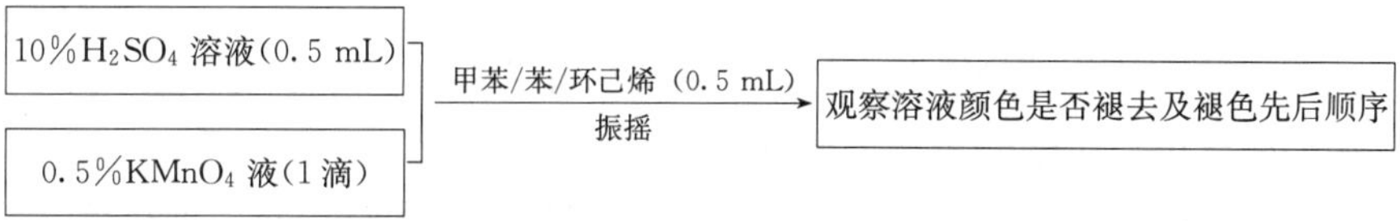


**2. 溴代反应**

在 3 支小试管中分别加入苯、甲苯、二甲苯至液柱高 3～4 cm，每支试管套上约 1.5 cm 高的深色纸筒，使液面免受光直射。在每支试管中各加入 3～4 滴 1%$Br_2$-$CCl_4$溶液，摇匀，把试管放在离灯源 2～3 cm 处，观察各支试管溶液是否褪色？如果褪色，则褪色的先后顺序为何，为什么？

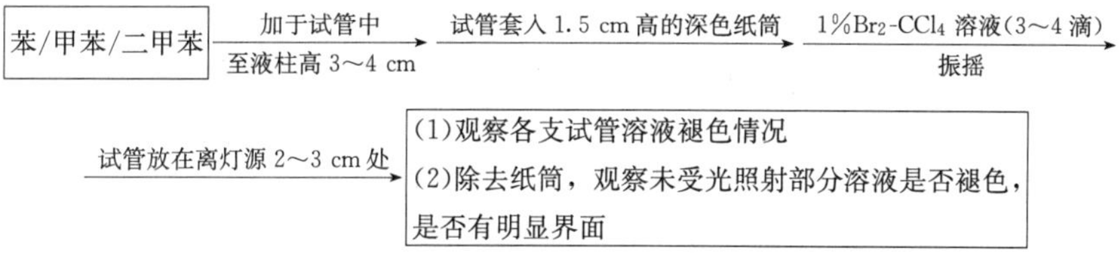


**3. 甲醛-$H_2SO_4$实验**

固体试样 30 mg 或液体试样 1～2 滴溶于 1 mL 非芳烃溶剂(正己烷、石油醚、四氯化碳等)。取此溶液 1～2 滴加于试管中，加 1 滴甲醛-$H_2SO_4$试液，观察溶液颜色变化。

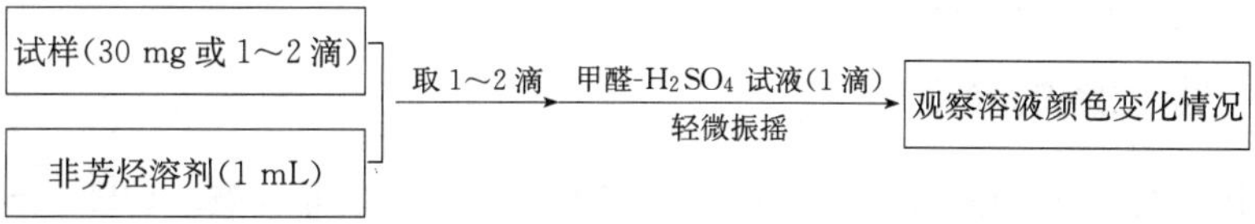

甲醛-$H_2SO_4$试液的配制：使用前新配，取 1 滴 37%～40%甲醛水溶液加到 1 mL 浓 $H_2SO_4$中，摇匀后使用。

常见芳香烃类与甲醛-$H_2SO_4$试液反应显色情况见表 3-1。

**表 3-1　芳香烃甲醛-$H_2SO_4$ 反应显色对照表**

| 化合物 | 颜色 |
|---|---|
| 苯、甲苯、正丁苯 | 红色 |
| 仲丁苯 | 粉红色 |
| 叔丁苯、三甲苯 | 橙色 |
| 联苯、三联苯 | 蓝色或蓝绿色 |
| 萘、菲 | 蓝绿至绿色 |
| 卤代芳烃 | 粉红至紫色 |
| 萘醚类 | 紫红色 |
| 蒽 | 茶绿色 |
| 开链烷烃、环烷烃及其卤代烃 | 不发生颜色反应或显淡黄色，偶有沉淀生成 |

**4. 无水 $AlCl_3$-$CHCl_3$ 实验**

具芳香结构的化合物在无水 $AlCl_3$存在下与 $CHCl_3$反应生成有色产物，由生成物的颜色可初步推断芳香烃的种类。

干燥试管中加入无水 $AlCl_3$ 0.1～0.2 g，试管口塞少许棉花，加热使 $AlCl_3$升华并结晶在棉花上。取少许 $AlCl_3$升华粉末置干燥试管内，滴加 2～3 滴样品的 $CHCl_3$溶液，观察特征颜色变化。

无水 $AlCl_3$(0.1～0.2 g)置于干燥试管中 —管口塞少许棉花→ —加热升华→ —取少许升华粉末置干燥试管中→ —滴加试液(2～3 滴)(CHCl₃ 溶解试样)→ 观察反应液特征颜色变化

常见芳香族化合物的无水 $AlCl_3$-$CHCl_3$反应显色情况见表 3-2。

**表 3-2　芳香族化合物无水 $AlCl_3$-$CHCl_3$反应显色对照表**

| 化合物 | 颜色 |
|---|---|
| 苯及其同系物 | 橙色 |
| 卤代芳烃 | 橙色～红色 |
| 萘 | 蓝色 |
| 联苯、菲 | 紫红色 |
| 蒽 | 绿色 |

## 3.1.3　卤代烃的鉴定

卤代烃分子中碳卤键(C—X)性质比较活泼，—X 可以被—OH、—$NH_2$、

—CN 等取代，也可与硝酸银醇溶液作用，生成卤化银沉淀。反应的主要影响因素是烃基的结构和卤素的种类。分子中卤素活性越大，反应速率越快。烃基(R)相同时卤代烃的活性顺序为：RI>RBr>RCl>RF；当卤原子(X)相同时，卤代烃活性主要受烃基部分的影响，活性顺序为：$RCH=CHCH_2X$，$PhCH_2X$ > R—X > RCH=CHX，Ph—X。

**1. $AgNO_3$ 实验**

与 $AgNO_3$-乙醇溶液的取代反应可用于比较卤代烃的相对活性，进而推测卤代烃的可能结构。实验基于 $AgNO_3$ 与活泼卤代烃反应，生成白色或米黄色卤化银沉淀。苄基型、烯丙基型和叔卤代烃不需加热即可迅速反应；仲卤代烃和伯卤代烃需加热才能反应；乙烯型、卤代芳香烃及同一碳原子上多卤取代的化合物即使加热也不反应。

$$RX + AgNO_3 \longrightarrow AgX\downarrow + RONO_2$$

试管中加入 5% $AgNO_3$ 溶液 1 mL，再加入 2～3 滴试样，振摇后静置 5 min，观察有无沉淀生成。如生成沉淀，则试样可能为苄基型、烯丙基型或叔卤代烃；若无沉淀生成，可加热煮沸片刻再行观察，若生成沉淀，则试样可能为仲或伯卤代烃。如加热仍不能生成沉淀，则试样可能为乙烯型卤代烃，卤代芳烃或同碳多卤取代化合物。

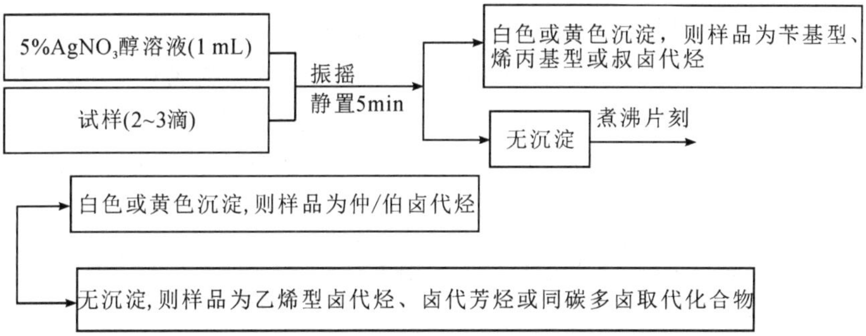


**2. NaI 溶液实验**

NaI 溶于丙酮，形成的 $I^-$ 具有良好的亲核性，实验条件下 $I^-$ 经 $S_N2$ 历程取代卤代烃中的卤原子，反应速率为：$RCH_2X > R_2CHX > R_3CX$，而卤代芳烃或乙烯型卤代烃不发生取代反应。生成的 NaCl 或 NaBr 由于在丙酮中溶解性很差而析出，因而从反应析出沉淀的速度可大致推测试样的烃基结构。

$$RCl(RBr) + NaI \xrightarrow{(丙酮)} NaCl\downarrow(NaBr\downarrow) + RI$$

在试管中加入 15%NaI-丙酮溶液 2 mL 和 4～5 滴试样，振荡后静置5 min，若有沉淀析出，则样品为伯卤代烃；若 5 min 内无沉淀生成，可在 50 ℃加热 1 min，冷至室温，若有沉淀析出，则样品可能为仲或叔卤代烃；若加热后仍无沉淀生成，则样品可能为乙烯型卤代烃或卤代芳烃。

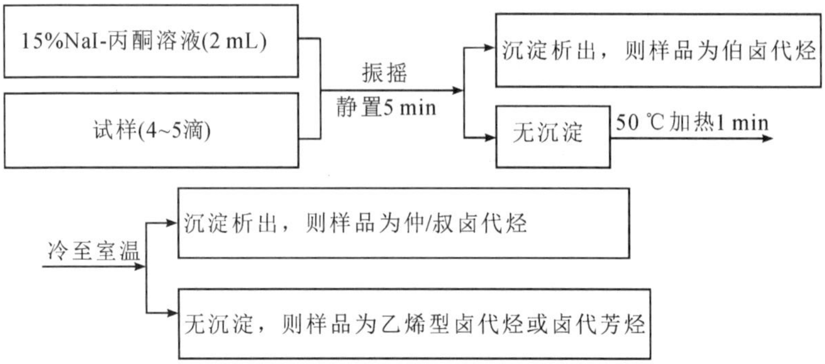


### 3.1.4　醇的鉴定

醇可看做烃中的H被羟基取代的产物。根据烃中的H被羟基取代的多少可分为一元醇、二元醇及多元醇。在一元醇中按羟基所连接的C的类型又可分为伯醇、仲醇、叔醇三类。醇类有取代反应、消除反应和氧化反应等性质，醇的性质与羟基的数目、烃基的结构有密切关系。

**1. 酯化实验**

乙酰氯直接作用于无水醇生成酯并放出大量热，低级醇的乙酸酯具有特殊果香味，易检出。

$$ROH + CH_3COCl \longrightarrow CH_3COOR + HCl\uparrow$$

干燥试管中加入无水醇样品液0.5 mL，逐滴加入乙酰氯0.5 mL，边加边摇，注意观察是否发热？管口是否有HCl白雾逸出？静置1～2 min后倒入3 mL水中，加入$NaHCO_3$粉末使反应液呈中性，如有特殊果香味，说明样品为低级醇。

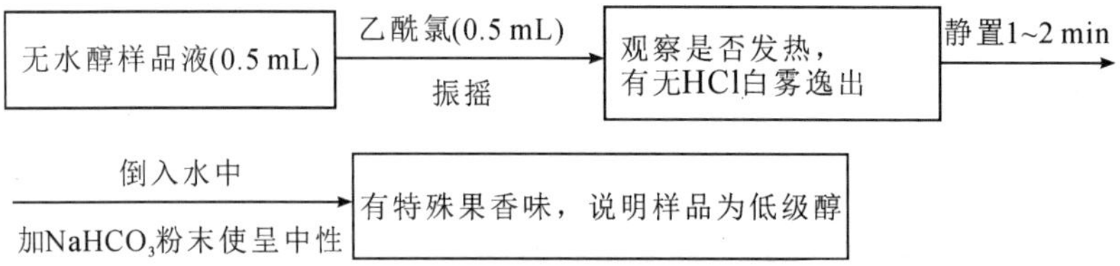


**2. Lucas 实验**

含3～6个C的醇溶于$ZnCl_2$-HCl(Lucas试剂)，反应后生成不溶于试剂的卤代烷而出现浑浊或是分层。不同类型的醇与$ZnCl_2$-HCl试剂反应的速度不同，叔醇最快，仲醇次之，伯醇最慢，因此可利用各种醇出现浑浊或是分层的速度不同可大致判断样品醇的类型。

含6个C以上的醇类不溶于水，故不适用此法检验；甲醇和乙醇生成相应的卤代烷由于具挥发性也不适用此法。

$$ROH + HCl \xrightarrow{ZnCl_2} RCl + H_2O$$

在试管中加入 5～6 滴样品醇溶液和 2 mL Lucas 试剂，立即用塞子将管口塞住，充分振摇后静置，温度保持在室温，若立即出现浑浊或分层，则样品为苄醇，烯丙基醇或叔醇；若反应液无明显现象，放在温水浴中加热 2～3min，振摇后再行观察，出现混浊或分层者为仲醇，仍无明显现象者为伯醇。

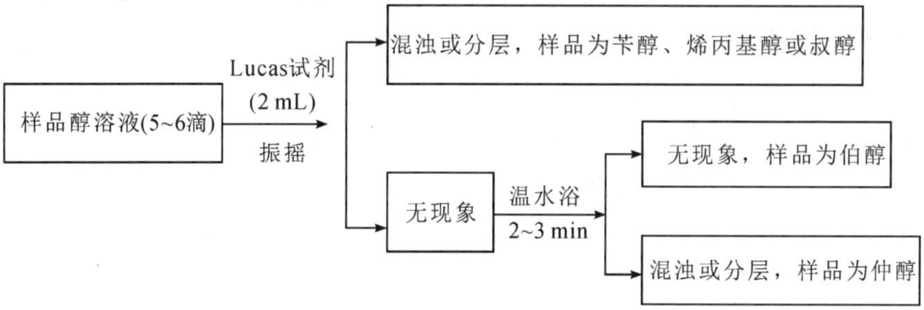


Lucas 试剂的配制：无水 $ZnCl_2$ 加热至熔融，稍冷后在干燥器中冷却至室温，取出研细，称取 136 g 溶于 90 mL 浓 HCl 中，溶解过程有大量 HCl 气体和热量放出，放冷后贮于玻璃瓶中，密闭，防潮。

**3. $(NH_4)_2Ce(NO_3)_6$ 实验**

含 10 个 C 以下的醇与 $(NH_4)_2Ce(NO_3)_6$ 作用，生成络合物，溶液颜色由橙黄色变为红色或橙红色。

$$(NH_4)_2Ce(NO_3)_6 + ROH \longrightarrow HNO_3 + (NH_4)_2Ce(OR)(NO_3)_5 + ROH$$

将 2 滴液体样品或 50 mg 固体样品溶于 2 mL 水中(若样品不溶于水，可用二氧六环代替)，加入 $(NH_4)_2Ce(NO_3)_6$ 溶液 0.5 mL，振摇并观察颜色变化，若溶液显红色或橙红色，则样品为低级醇。

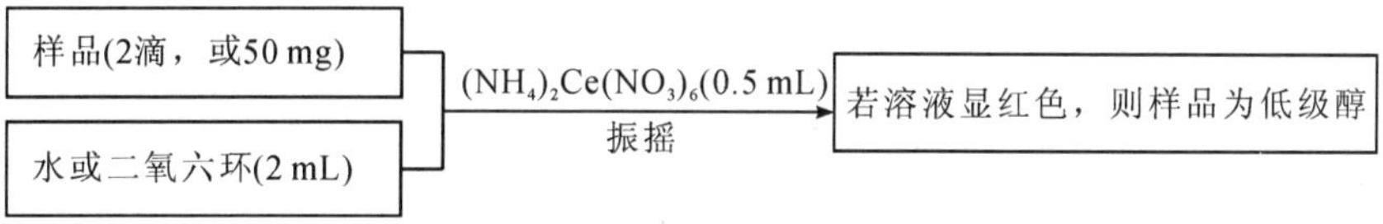


**4. 氧化反应**

$HNO_3$ 与 $K_2Cr_2O_7$ 的混合溶液在常温下能氧化大多数伯醇和仲醇，同时，橙红色的 $Cr_2O_7^{2-}$ 被还原为蓝色 $Cr^{3+}$，溶液颜色由橙红色转为蓝绿色。叔醇不能被 $HNO_3$ 与 $K_2Cr_2O_7$ 的混合溶液氧化，因而可将伯醇、仲醇和叔醇区别开。

$$RCH_2OH \xrightarrow{K_2Cr_2O_7 + HNO_3} RCOOH + Cr^{3+}$$

$$R_2CHOH \xrightarrow{K_2Cr_2O_7 + HNO_3} R_2C{=}O + Cr^{3+}$$

试管中加入 1 mL $HNO_3$(7.5 mol/L)和 3～5 滴 5% $K_2Cr_2O_7$，然后加入 3～5滴试样，振摇后观察。若溶液颜色由橙红色转为蓝绿色，则样品为伯醇或仲醇；若无颜色变化，则样品为叔醇。

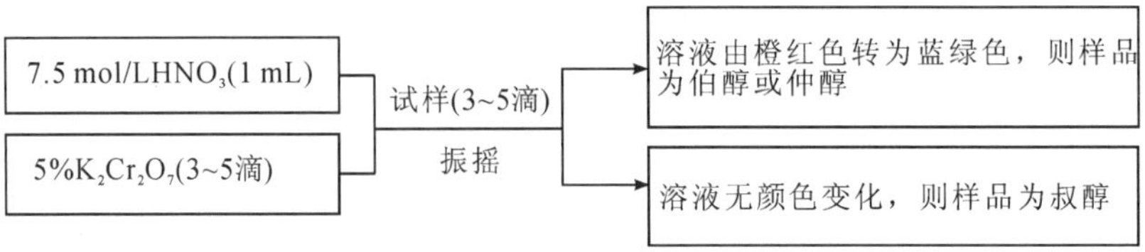


**5. Cu(OH)$_2$ 实验**

$CuSO_4$ 与 NaOH 作用生成 $Cu(OH)_2$ 的淡蓝色沉淀，邻二醇或邻多元醇可与新鲜 $Cu(OH)_2$ 形成络合物而使沉淀溶解，生成蓝色溶液。生成的络合物在稀 HCl 作用下分解为原来的醇和铜盐。

在试管中加入 3 滴 5% $CuSO_4$ 溶液和 6 滴 5%NaOH 溶液，可见淡蓝色 $Cu(OH)_2$ 沉淀生成，再加入 5 滴 10%醇样品的水溶液，振摇，可见沉淀溶解，溶液呈蓝色。

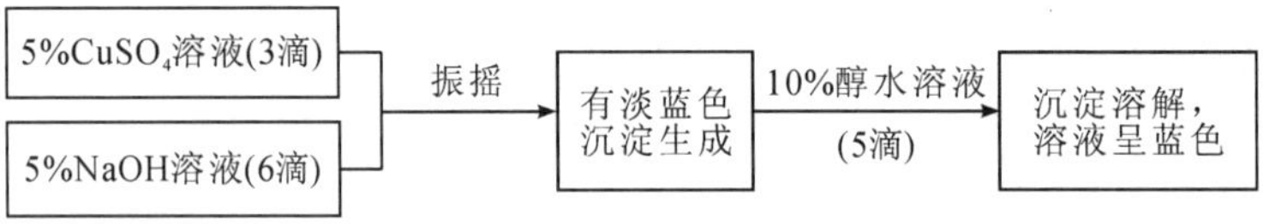


## 3.1.5　酚的鉴定

酚类化合物具有弱酸性(苯酚 $K_a = 1.28\times10^{-10}$)，与强碱作用生成酚盐而易溶于水，酸化后溶解度变小。与醇类相比，酚类反应较复杂，除酚羟基显弱酸性外，还具有一些芳烃性质，如取代反应、氧化反应等。

**1. 酚的弱酸性**

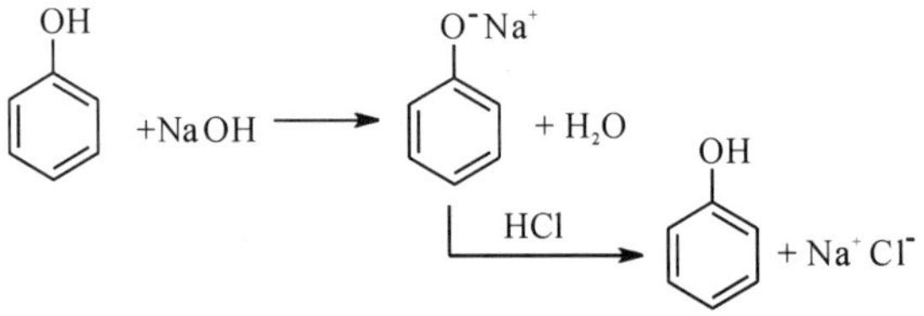


试管中加入 0.1 g 样品，逐渐加水，边加边摇至全溶，用 pH 试纸检测水溶液的酸碱性。若样品不溶于水，可逐滴加入 10%NaOH 溶液，边加边摇至全溶，再逐滴滴加 10%HCl 溶液酸化使沉淀析出，解释各步现象。

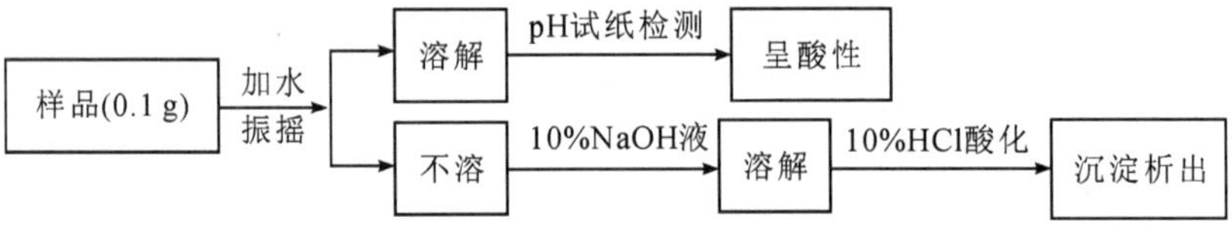


**2. $FeCl_3$ 实验**

大多数酚类可与 $FeCl_3$ 的水或醇溶液发生特征性的颜色反应，不同的酚与 $FeCl_3$ 生成络合物的颜色大多不同，常见红、蓝、紫、绿等颜色，根据生成络合物的颜色可区别各种酚，如：

$$6C_6H_5OH + FeCl_3 \longrightarrow [Fe(OC_6H_5)_6]^{3-}(蓝紫色) + 3Cl^- + 6H^+$$

试管中加入 1% 样品水溶液或乙醇液 0.5 mL，再加入 1～2 滴 1% $FeCl_3$ 水溶液，观察呈现的颜色有何不同。

1%样品水溶液或乙醇液(0.5 mL) —加1%$FeCl_3$水溶液(1～2滴)→ 观察各种酚的不同颜色

注：间羟基苯甲酸、对羟基苯甲酸以及大多数硝基取代的酚类无此颜色反应。$\alpha$-萘酚，$\beta$-萘酚及其他一些在水中溶解度很小的酚类，其水溶液颜色反应不灵敏或不能反应，应换用乙醇溶液进行此颜色反应。有烯醇结构的化合物与 $FeCl_3$ 发生颜色反应，反应后多显紫红色。

**3. 与 $Br_2$ 水的反应**

羟基的存在对苯环具有活化作用，使苯环邻、对位上的 H 容易发生取代反应，例如，苯酚与 $Br_2$ 水发生反应，使 $Br_2$ 水褪色，并生成三溴苯酚白色沉淀，利用这一性质可鉴别苯酚。

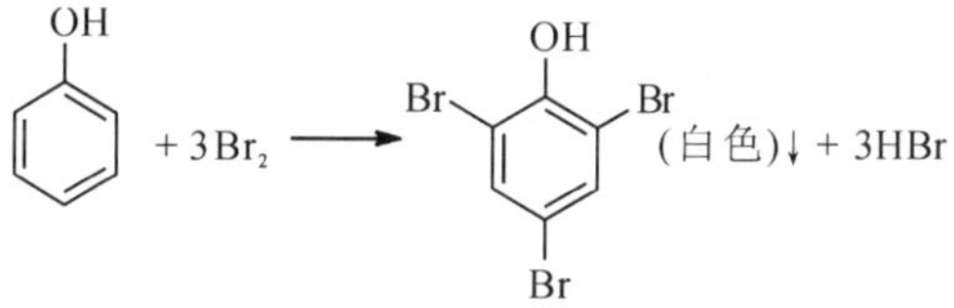


试管中加入 1% 样品水溶液 0.5 mL，逐滴加入 $Br_2$ 水溶液。观察溶液是否褪色，有无沉淀析出。

1%样品水溶液(0.5 mL) —逐滴加入 $Br_2$ 水溶液→ 溶液是否褪色，有无沉淀析出

注：酚类易发生溴化反应，生成多取代酚类因难溶于水而呈沉淀析出，但分子中含有如氨基、巯基等基团时，这些基团上的 H 也容易和 $Br_2$ 发生取代反应，因而可能干扰本实验。间苯二酚的溴代产物在水中溶解度较大，需加入较多 $Br_2$ 水才能产生沉淀。

## 3.1.6　醛和酮的鉴定

醛和酮都属于羰基化合物，因含有相同的官能团，醛和酮有许多相似的性质，如均能发生亲核加成反应；受羰基影响，$\alpha$-H 都比较活泼，容易发生卤代、缩合反应。醛和酮能与苯肼、2，4-二硝基苯肼、羟胺、$NaHSO_3$、氨基脲等羰基试剂发生亲核加成反应，所得产物经适当处理可得到原来的醛酮，这些反应可用来分离提纯和鉴别醛，酮。由于结构上的差异，醛比较容易发生氧化反应，在 Tollen 试剂、Fehling 试剂、Benedict 试剂、Schiff 试剂或是铬酸试剂等弱氧化剂存在下可被氧化成酸，而酮一般不易被氧化，只有在强氧化剂

作用下才能被氧化分解，这一性质常用于区别醛和酮。此外，碘仿反应常用于区别甲基酮和一般酮。

**1. 2,4-二硝基苯肼实验**

醛和酮在酸性条件下与2,4-二硝基苯肼作用生成黄色、棕色或橙红色的2,4-二硝基苯腙沉淀。析出沉淀的颜色与醛酮分子中是否存在共轭体系有关，非共轭的醛酮一般得到黄色沉淀，而共轭的醛酮分子多生成橙色至红色的沉淀。

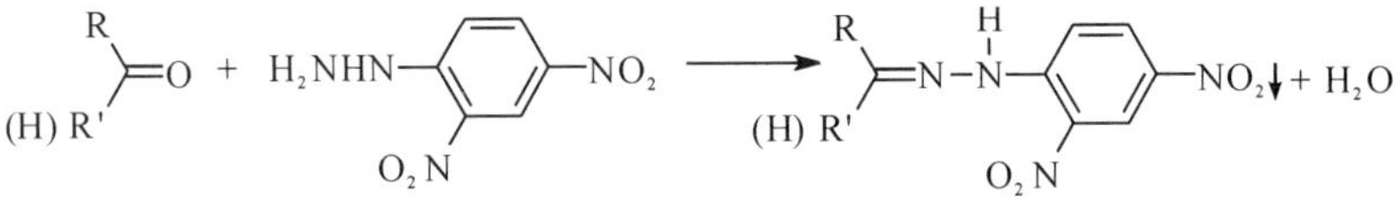

试管中加入2,4-二硝基苯肼试剂2 mL，加入3～4滴样品，振荡后静置片刻，观察有无沉淀产生。若无沉淀析出，微热30s，摇匀，静置冷却后再观察。冷却后若有橙黄色或橙红色沉淀产生，表明样品为醛或酮。

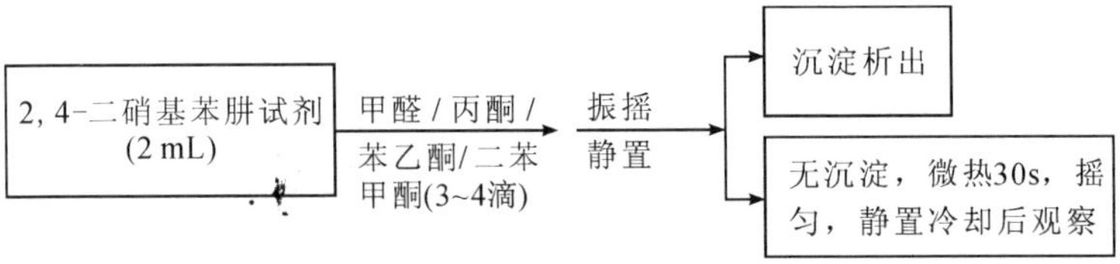


2,4-二硝基苯肼试剂的配制：取2,4-二硝基苯肼1 g，加入7.5 mL浓$H_2SO_4$，溶解后缓慢倒入75 mL无水乙醇中，用水稀释至250 mL，过滤备用。

**2. 饱和 $NaHSO_3$ 实验**

$HSO_3^-$具有强亲核性，与醛酮易发生羰基加成，生成羟基磺酸盐因溶解性差而呈沉淀析出，遇酸或碱分解为原来的醛或酮。由于$HSO_3^-$较大，本实验仅适用于醛、脂肪族甲基酮和8个C以下的环酮。

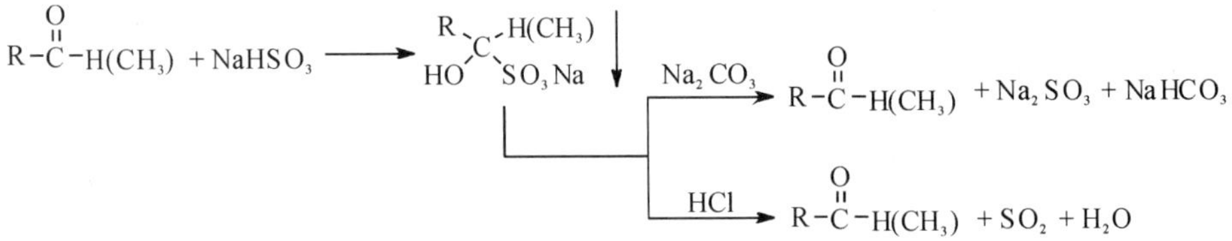

试管中加入新配制的饱和$NaHSO_3$溶液2 mL，再加入试样0.5 mL，摇匀后置于冰水浴中冷却，比较析出沉淀的速度。

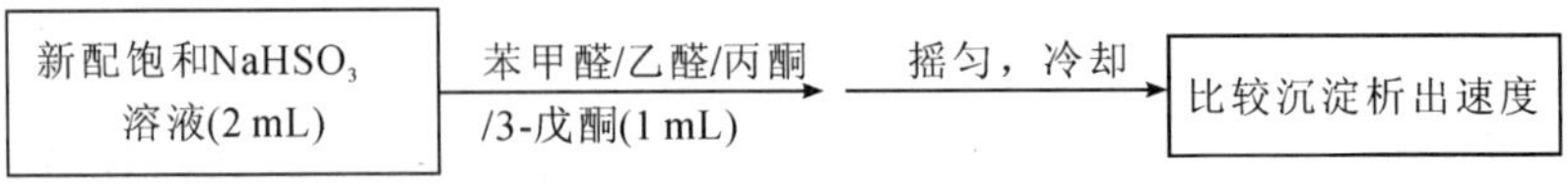


饱和$NaHSO_3$溶液配制：在100mL 40%$NaHSO_3$溶液中，加不含醛的乙醇25 mL，滤掉析出的结晶，临用前配制。

**3. 碘仿反应**

甲基酮中甲基上的 H 被碘取代，生成三碘甲基酮，后者在碱性水溶液中转化为少一个碳原子的羧酸盐，同时生成碘仿，碘仿因难溶于水而呈黄色沉淀析出。此外，具有 $\alpha$-羟乙基结构的化合物易被 HIO 氧化成甲基酮，因而也适用于该实验。

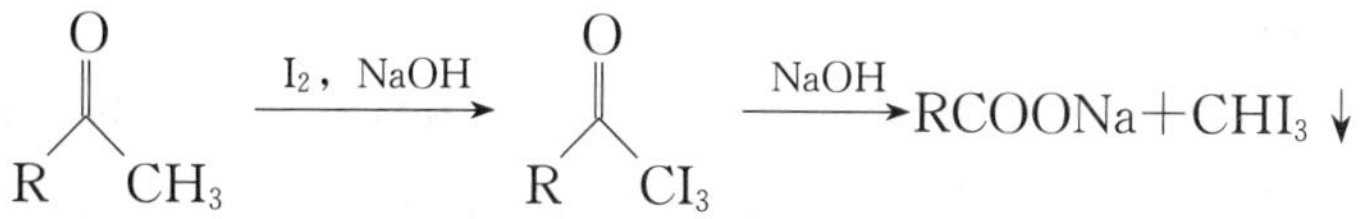


试管中加入蒸馏水 1 mL 和试样 3～4 滴，然后加入 10%NaOH 溶液 1 mL,再滴加 $I_2$-KI 溶液，边滴边摇，可见溶液变为浅黄色，继续振摇，淡黄色逐渐消失，析出黄色沉淀，表明样品为甲基酮。

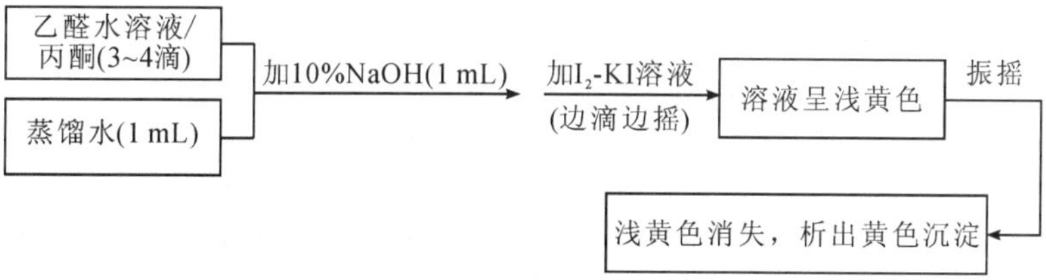


注：①若试样难溶于水，可用尽量少的二氧六环使之溶解；②若未生成沉淀或出现白色乳浊液，将反应试管温热至 60 ℃，静置观察；③若溶液淡黄色褪去但无沉淀生成，应补加几滴 $I_2$-KI 溶液，温热后静置观察。

**4. Tollen 实验**

Tollen 试剂具有弱氧化性，可将醛氧化成羧酸，$Ag^+$ 则被还原为单质 Ag 附着在试管壁上成为银镜，酮一般不能被还原，所以 Tollen 试剂可作为区别醛和酮的一种专属试剂。除醛外，易于被氧化的糖类、多元酚、氨基酚、某些芳香胺及其他一些具有还原性的有机物也会呈正性反应。含巯基化合物因生成 AgS 沉淀对实验结果存在干扰。

$$AgNO_3 \xrightarrow{NH_3 \cdot H_2O} AgOH\downarrow \xrightarrow{NH_3 \cdot H_2O} [Ag(NH_3)_2]OH$$

$$RCHO + 2\,[Ag(NH_3)_2]\,OH \longrightarrow 2Ag\downarrow + RCOONH_4 + 3NH_3\uparrow + H_2O$$

试管中加入 Tollen 试剂 1 mL，滴入 2 滴试样，摇匀，静置数分钟后观察有无银镜生成。

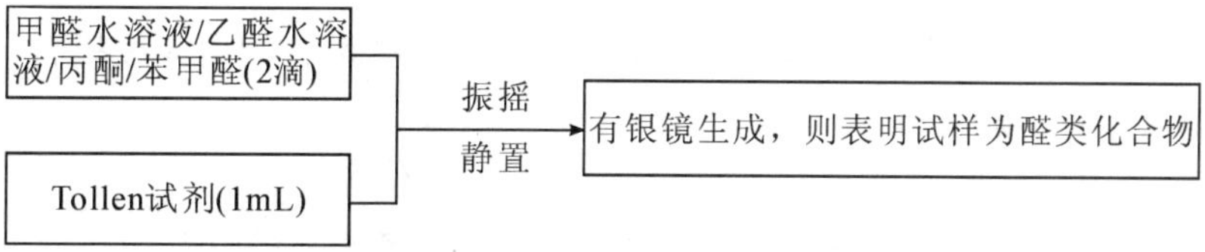


注：①难溶于水的样品可用数滴乙醇或丙酮溶解；②滴加试样后若无变化，可于 40 ℃水浴中温热数分钟后观察；③Tollen 实验所用反应容器必须洁

净，否则即使正性反应也不能形成银镜，只能析出黑色絮状沉淀。

Tollen 试剂的配制：在洁净试管中加入 2 mL 5% $AgNO_3$ 溶液和 2 mL 5% NaOH 溶液，试管内立即生成黑色沉淀，振摇，反应完全后滴加氨水直至沉淀恰好溶解为止(不宜多加，否则影响实验灵敏度)，得无色清亮溶液，即为 Tollen 试剂，也称硝酸银氨溶液。

**5. Fehling 实验**

$CuSO_4$ 与 NaOH 作用生成 $Cu(OH)_2$，$Cu(OH)_2$ 与酒石酸钾钠形成蓝色的酒石酸络合物溶于水，该络合物将溶于水的醛氧化为羧酸，同时 $Cu^{2+}$ 被还原为 $Cu^+$，成为 $Cu_2O$ 沉淀析出。实验中颜色变化过程为蓝→绿→黄→红色沉淀。芳香醛由于不能与水互溶，不能发生 Fehling 反应，因而本实验可用于进一步区分脂肪醛和芳香醛。

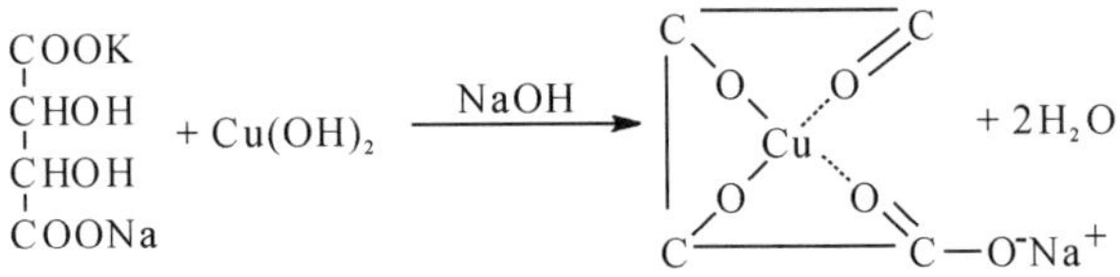


试管中加入 Fehling A 和 Fehling B 溶液各 0.5 mL，振摇，加入试样 3～4 滴，沸水浴加热 3～5 min，若有砖红色沉淀析出，表明试样为脂肪族醛类。

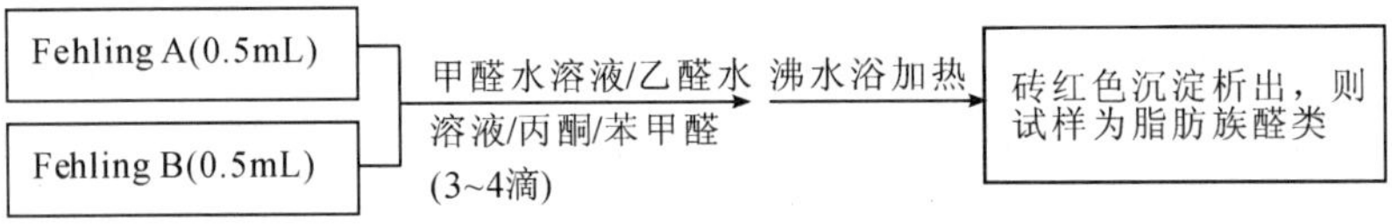


Fehling 试剂的配制：①Fehling A：7 g $CuSO_4 \cdot 5H_2O$ 溶于 100 mL 水中。②Fehling B：34.6 g 酒石酸钾钠、14 gNaOH 溶于 100 mL 水中。A、B 两溶液分别密封储存，使用前临时取等体积混合，即为 Fehling 试剂。

### 3.1.7　胺的鉴定

胺可看作 $NH_3$ 分子中的 H 被烃基取代的产物，氨基($-NH_2$)与脂肪烃基相连为脂肪胺，与芳基相连则称为芳胺。按 H 被烃基取代的数目又分为伯胺、仲胺和叔胺。胺具有碱性，可与酸作用成铵盐，是判断这类化合物最重要的依据。

**1. 胺的碱性**

脂肪胺易溶于水，芳香胺溶解度很小，胺与无机酸作用生成铵盐而与水互溶，加强碱后又游离出胺。

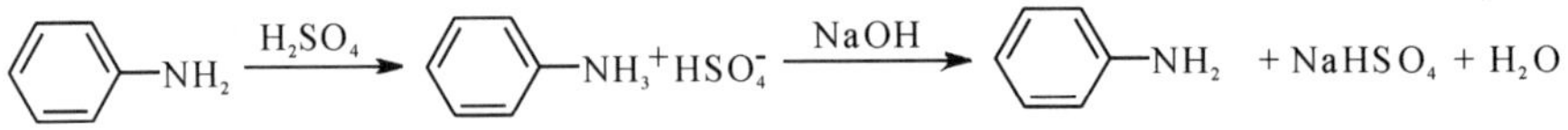


试管中加入 3～4 滴胺试样，逐滴加入 1.5 mL 水，边加边摇，观察试样与水是否能互溶。若不能互溶，可加热后再行观察。如果加热后仍不能溶解，可逐滴加入 10% $H_2SO_4$溶液直至溶解，加入 10%NaOH 溶液碱化后游离胺复析出。

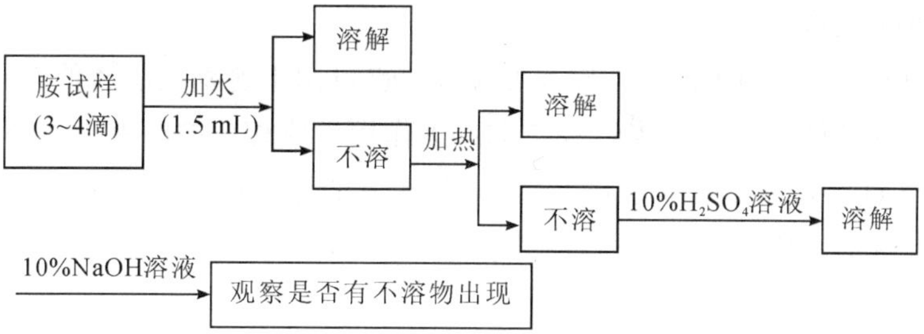


**2. Hinsberg 实验**

由于伯胺、仲胺上连有 H，可以与酰氯、酸酐发生酰化反应，而叔胺则不起反应。通常利用它们与苯磺酰氯在 NaOH 溶液中的反应来加以区别，这个反应叫 Hinsberg 反应。伯胺的磺酰化产物易溶于 NaOH 溶液，酸化后才析出沉淀；仲胺则在碱性溶液中直接析出沉淀；叔胺不发生这一反应，溶液酸化后即溶解，因此，利用这一反应可同时区分伯胺、仲胺和叔胺。

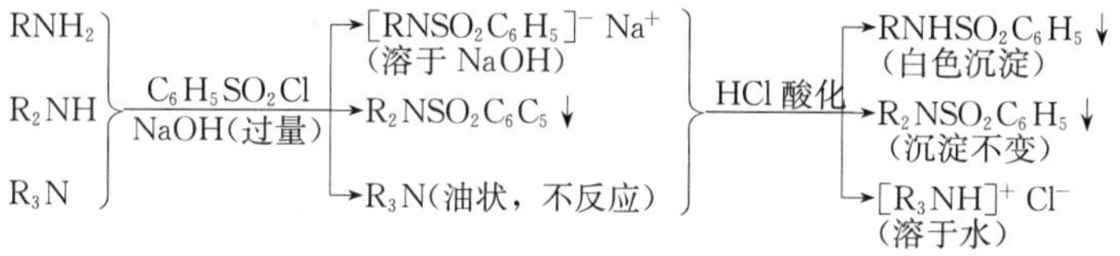


试管中加入试样 0.5 mL，10%NaOH 溶液 2.5 mL 和苯磺酰氯 0.5 mL，塞住试管口，摇匀，取下塞子，60 ℃温水浴中加热 3～5 min，冷却后用 pH 试纸检测溶液是否呈碱性？若不呈碱性，再滴加 10%NaOH 液使呈碱性，观察现象：若溶液澄清，加稀 HCl(6mol/L)酸化后有沉淀或油状物出现，则试样为伯胺；若溶液中有沉淀或油状物析出，加稀 HCl(6mol/L)酸化后不消失，则试样为仲胺；若溶液为油状物，加稀 HCl(6mol/L)酸化后溶液澄清，则试样为叔胺。

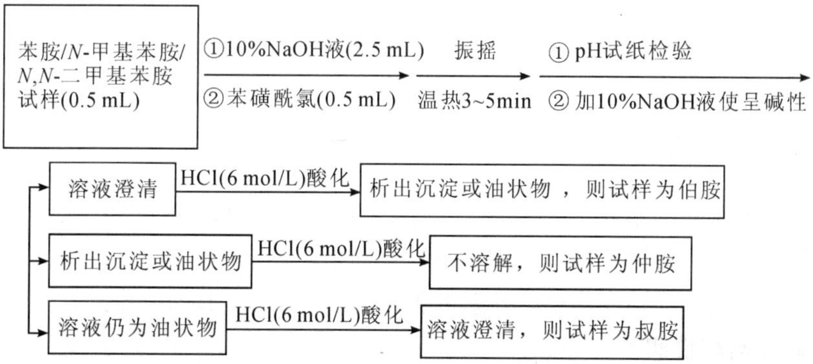


注：①本实验应使用分析纯的胺以免混入杂质，加热温度不宜过高，时间

不宜过长，微量沉淀的产生不能判定为正性反应；②可使用对甲苯磺酰氯代替苯磺酰氯，效果相同。

**3. 与 $HNO_2$ 反应**

$HNO_2$ 实验除用于区别伯胺和仲胺外，也可用于鉴别脂肪族伯胺和芳香族伯胺。实验条件下，脂肪族伯胺与 $HNO_2$ 作用生成相应的醇并放出 $N_2$；芳香族伯胺与 $HNO_2$ 在低温条件下生成稳定性较好的芳香重氮盐，重氮盐可与 β-萘酚经偶联反应生成橙红色染料，此为芳香族伯胺特征反应；仲胺与 $HNO_2$ 作用生成黄色油状或固体亚硝基化合物。

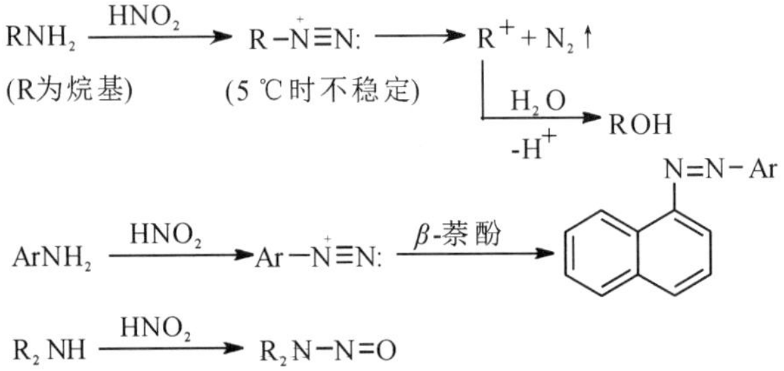


试管中加入 0.5 mL 试样和 2 mL 30% $H_2SO_4$ 溶液，混匀；另取两支试管，分别加入 10% $NaNO_2$ 水溶液 2 mL 和 10% NaOH 溶液 2 mL，NaOH 溶液中再加入 β-萘酚 0.1 g，将三支试管放在冰盐浴中冷却至 0～5 ℃。将冷却后的 $NaNO_2$ 溶液加入冷的试样和 $H_2SO_4$ 的混合液中，边加边摇，观察现象并判断样品归属。若在≤5 ℃下有大量气泡逸出，则试样为脂肪族伯胺；若生成黄色油状液或固体，则试样为仲胺；若在≤5 ℃下无气泡或仅有极少量气泡产生，溶液中也无沉淀或油状物析出，将 β-萘酚碱液逐滴加入其中，若产生红色沉淀，则表明试样为芳香族伯胺。

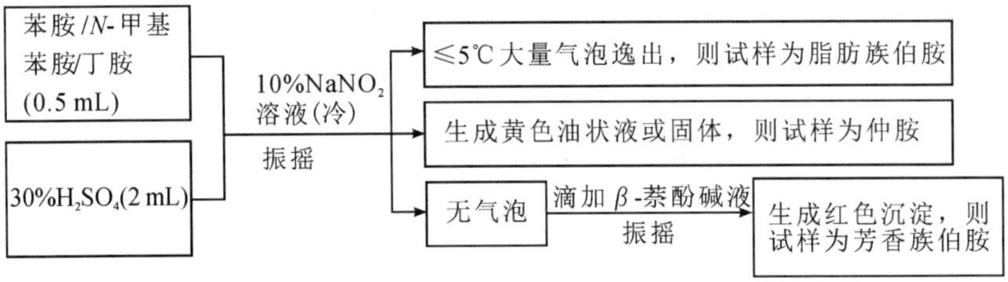


### 3.1.8　羧酸的鉴定

羧酸具有酸的通性，能与 $Na_2CO_3$ 或 $NaHCO_3$ 发生酸碱中和反应，是判断这类化合物最重要的依据。某些酚类，特别是酚羟基邻、对位有吸电子基团取代的酚类，酸性与羧酸类似，这些酚类可通过 $FeCl_3$ 实验加以排除。

**1. 溶解度与酸性实验**

取甲酸、乙酸 5 滴及草酸 0.2 g 分别溶于 2 mL 水中，摇匀后在同一条刚果红试纸上划线，比较各线条的颜色和深浅程度。

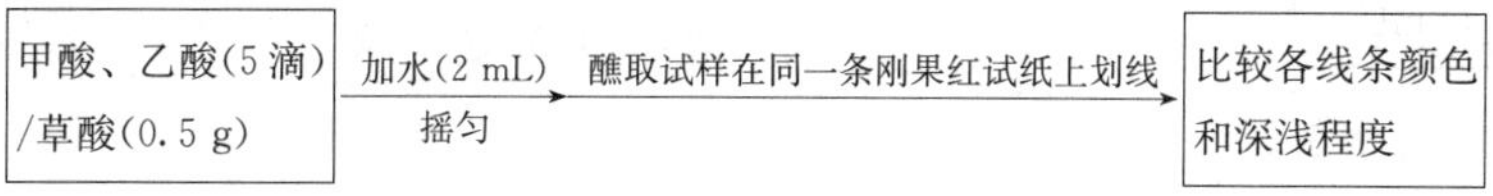


**2. 成盐反应**

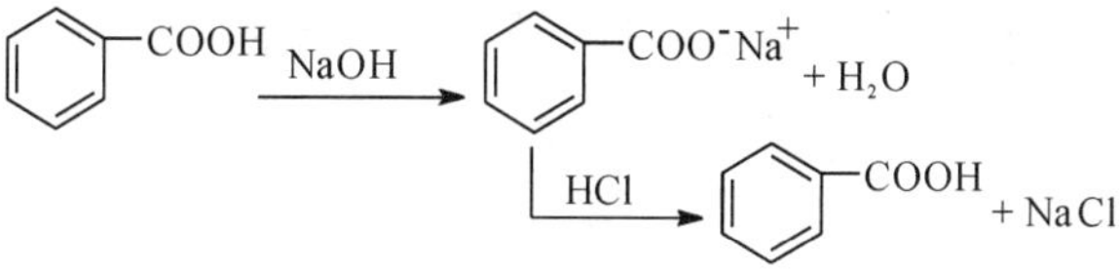


试管中加入 0.2 g 苯甲酸和 1 mL 水，逐滴加入 10%NaOH 溶液，边加边摇，可见固体渐溶解，溶液变澄清，再加入数滴 10%HCl 溶液，振摇后沉淀复析出。

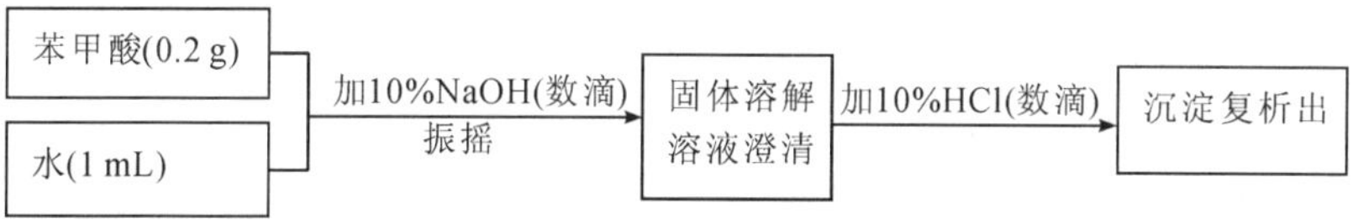


**3. 成酯反应**

$$CH_3CH_2OH + CH_3COOH \xrightarrow[60\ ℃]{浓\ H_2SO_4} CH_3COOCH_2CH_3 + H_2O$$

干燥试管中加入 1 mL 无水乙醇和 1 mL 冰醋酸，再加入 0.2 mL 浓 $H_2SO_4$，摇匀后置于 60 ℃加热 10 min，冷却后向试管中加入 5 mL 水，可见酯层析出浮于液面，有果香味逸出。

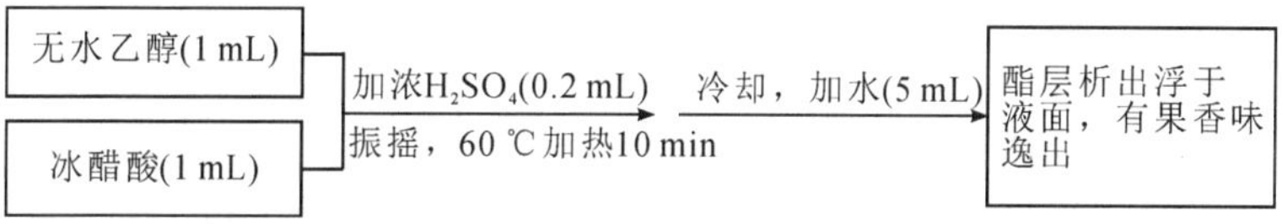


## 3.1.9　羧酸衍生物的鉴定

常见羧酸衍生物包括酯、酰氯、酸酐、酰胺，这些羧酸衍生物通常具备以下两方面性质：①羧酸衍生物的水解和醇解；②羧酸衍生物的羟肟酸铁盐实验。

**1. 羧酸衍生物的水解反应**

1)酰氯的水解

$$CH_3COCl + H_2O \longrightarrow CH_3COOH + HCl$$

$$HCl \xrightarrow{AgNO_3} AgCl\downarrow + HNO_3$$

试管中加入 1 mL 蒸馏水，滴加 3 滴乙酰氯，振摇，观察反应液的放热现象。冷却后向试管中加入 2%$AgNO_3$液 1～2 滴，有白色沉淀析出。

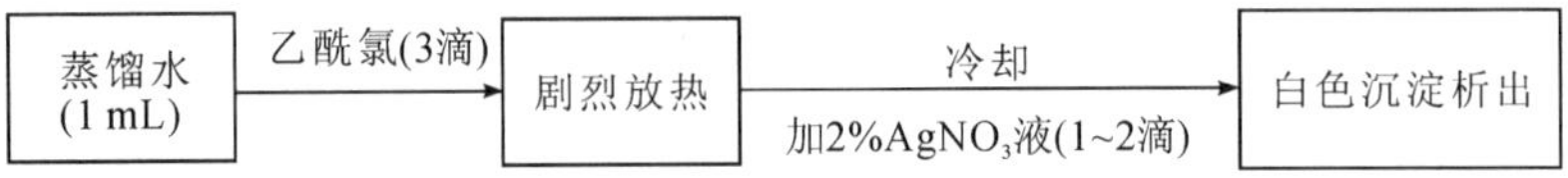


2)酯的水解

$$CH_3COOCH_2CH_3+NaOH \xrightarrow[60\ ^\circ C]{} CH_3COO^-Na^++CH_3CH_2OH$$

三支试管中各加入 1 mL 蒸馏水和 1 mL 乙酸乙酯，第一支试管中加入 1 mL$H_2SO_4$溶液(3mol/L)，第二支中加入 1 mLNaOH 溶液(6mol/L)。三支试管同时置于 70 ℃水浴中加热。以第三支试管作为空白对照，观察三支试管中酯层消失速率。

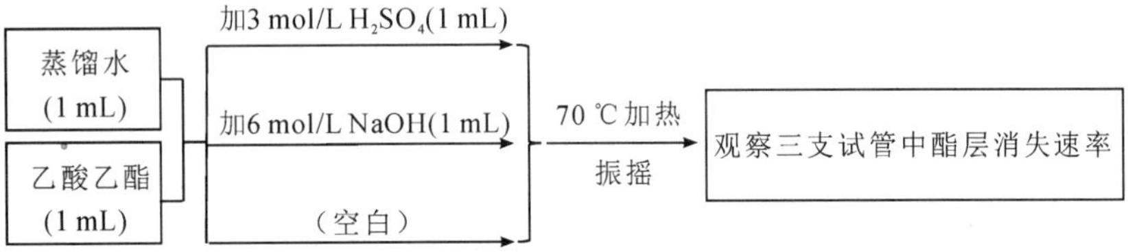


3)酸酐的水解

$$(CH_3CO)_2O+H_2O \xrightarrow{\text{微热}} 2CH_3COOH$$

试管中加入蒸馏水 1 mL 和 3 滴乙酸酐，微热，注意观察乙酸酐油珠消失，有乙酸刺激性气味产生。

4)酰胺的水解

碱性水解：$CH_3CONH_2+NaOH \xrightarrow{\text{煮沸}} CH_3COO^-Na^++NH_3\uparrow$

酸性水解：$2CH_3CONH_2+H_2SO_4+H_2O \xrightarrow{\text{煮沸}} 2CH_3COOH+(NH_4)_2SO_4$

碱性水解：试管中加入 0.5 g 乙酰胺和 3 mLNaOH 溶液(6 mol/L)，混合均匀后用小火加热至沸腾。注意观察试管中固体消失，有氨味生成，用湿润的红色石蕊试纸在试管口检测产生的气体的性质。

酸性水解：试管中加入 0.5 g 乙酰胺和 3 mL$H_2SO_4$溶液(3 mol/L)，混合均匀后用小火加热至沸腾。注意观察试管中固体消失，有乙酸味生成。

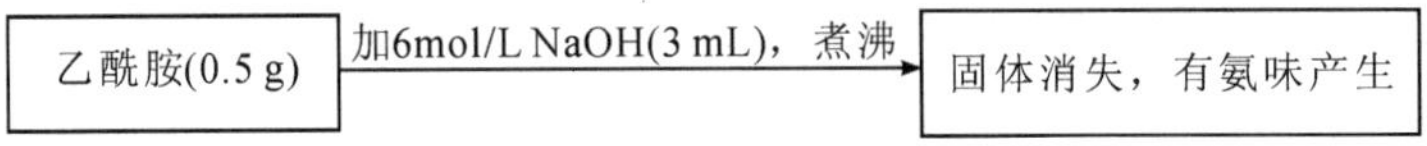


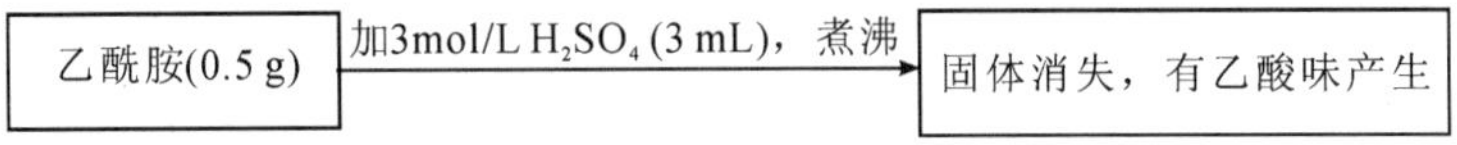


**2. 羧酸衍生物的醇解反应**

1)酰氯的醇解

$$CH_3COCl+CH_3CH_2OH \longrightarrow CH_3COOCH_2CH_3+HCl\uparrow$$

干燥试管中加入无水乙醇 1 mL，缓慢滴加乙酰氯 1 mL，边加边摇并用冰水浴冷却。反应液不再放热后加入饱和 $Na_2CO_3$ 溶液约 2 mL 中和反应液，可观察到新生成的酯层浮于液面上，并有果香味逸出。

2）酸酐的醇解

$$(CH_3CO)_2O + CH_3CH_3OH \xrightarrow{浓\ H_2SO_4} CH_3COOCH_2CH_3 + CH_3COOH$$

试管中加入 2 mL 无水乙醇和 1 mL 乙酸酐，再加入 1 滴浓 $H_2SO_4$，振摇，可见混合物发热至沸腾，冰水浴冷却，加入约 2 mL 饱和 $Na_2CO_3$ 溶液中和，有新生成的酯层浮于液面，并有果香味逸出。

3）羧酸与醇的反应（酯化反应）

见 3.1.8 中羧酸的成酯反应。

**4. 羟肟酸铁盐实验**

羟肟酸铁盐实验是指酯、酰氯、酸酐、酰胺能与羟胺作用形成羟肟酸，羟肟酸与 $FeCl_3$ 在弱酸性条件下形成紫红色或深红色的可溶性羟肟酸铁。

$$RCOOR' + NH_2OH \longrightarrow RCO(NHOH) + R'OH$$

$$RCO-O-COR + NH_2OH \longrightarrow RCO\ (NHOH)\ + RCOOH$$

$$3RCO(NHOH) + FeCl_3 \longrightarrow (RCONHO)_3Fe + 3HCl$$

羧酸和酰卤可先转化为酯，再经羟肟酸铁盐实验间接鉴定。

$$RCOOH + SOCl_2 \longrightarrow RCOCl + SO_2\uparrow + HCl\uparrow$$

$$RCOCl + R'OH \longrightarrow RCOOR' + HCl\uparrow$$

开始实验前必须先进行预实验，以确定待测试样中是否含与 $FeCl_3$ 发生颜色反应的基团，如有则不能用该实验鉴别。预实验：取 1 mL 液体试样或数粒固体试样，溶于 10 mL 95%乙醇，加入 1 mL HCl(1 mol/L)，滴加 1 滴 5% $FeCl_3$ 溶液，溶液应显黄色，如有橙、红、蓝、紫等颜色出现，则不能进行羟肟酸铁盐实验。

试管中加入 1 mL 羟胺盐酸盐乙醇液(0.5 mol/L)及液体试样 1 mL 或固体试样数粒，然后加入 0.2 mLNaOH 溶液(6 mol/L)，摇匀后煮沸，冷却，加入 2 mLHCl 液(1 mol/L)，若溶液变浑浊，加入 2 mL 95%乙醇，再加入 5% $FeCl_3$ 溶液 1 滴，若生成的颜色很快消失，继续逐滴加入 5% $FeCl_3$ 溶液直至反应液呈紫红色且不褪色，则判定为正性反应。

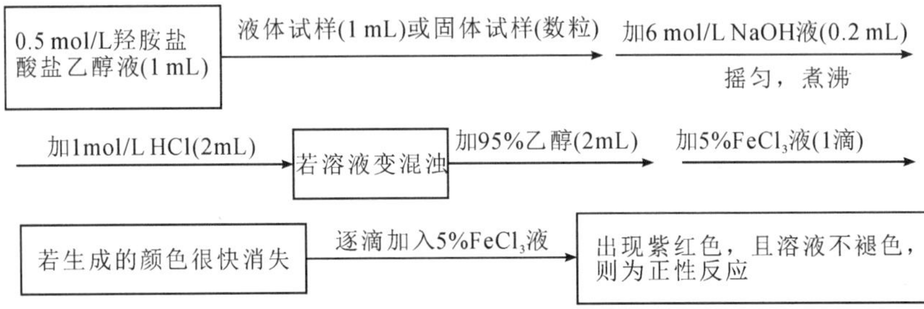


## 3.1.10　糖的鉴定

糖类化合物是指多羟基醛或多羟基酮及其缩合物，糖通常分为单糖(葡萄糖、果糖等)、二糖(蔗糖、麦芽糖等)和多糖(淀粉、纤维素等)。糖类化合物按其还原性质分为还原性糖和非还原性糖，前者分子中含有游离醛基、酮羰基或半缩醛(酮)结构，能与 Fehling 试剂、Benedict 试剂和 Tollen 试剂发生正性反应。所有单糖都是还原性糖。

糖类化合物在酸性条件下可脱水生成糠醛或糠醛衍生物，例如，戊醛糖和戊酮糖酸性条件下脱水生成糠醛，己酮糖脱水生成 5-羟甲基糠醛。

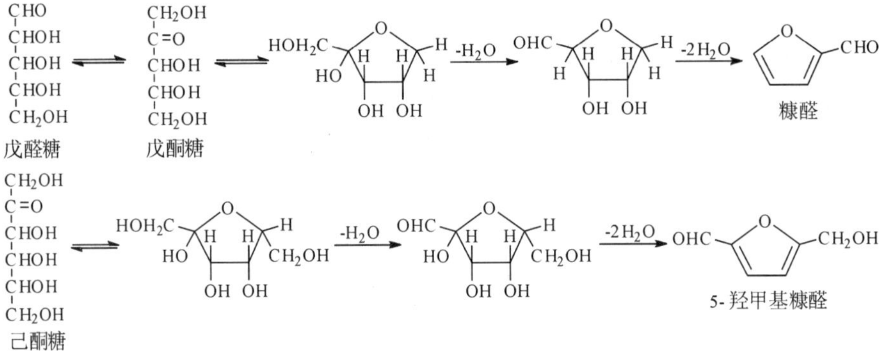


二糖和多糖在酸性条件下首先水解为单糖，再脱水生成糠醛或 5-羟甲基糠醛，糠醛或 5-羟甲基糠醛与酚反应生成有色缩合产物，根据与酚反应生成的颜色及成色速率可用于区分不同的糖。

**1. Molish 实验(α-萘酚实验)**

Molish 实验是糖类化合物通用的定性实验，实验的原理一般认为是在浓 $H_2SO_4$存在下，糖被浓 $H_2SO_4$脱水，生成糠醛或 5-羟甲基糠醛，后者再进一步与 α-萘酚缩合生成紫色产物，例如，

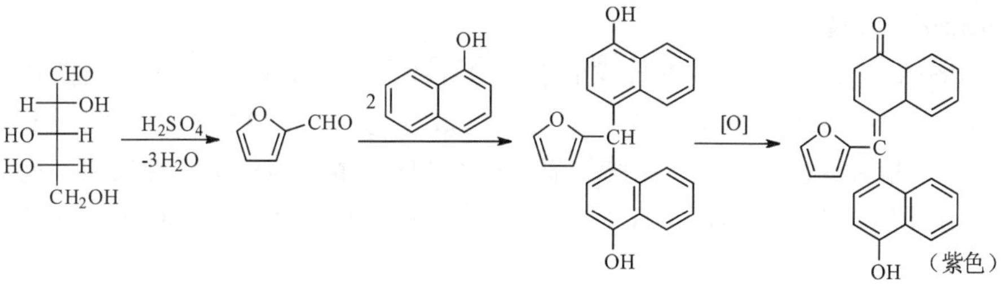

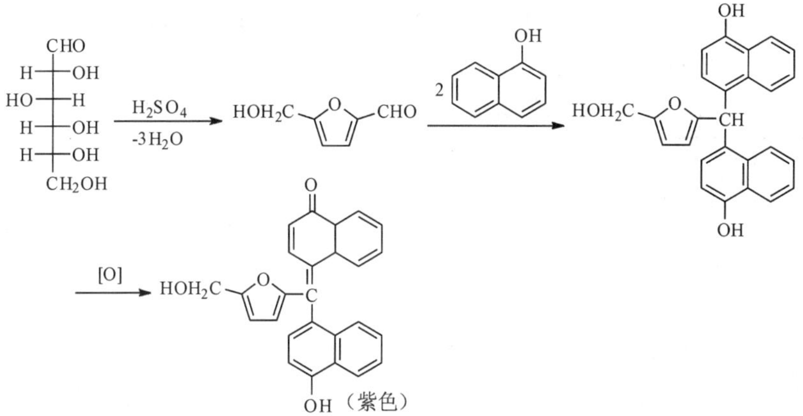

二糖和多糖需先水解为单糖后才能发生该反应。

试管中加入 5%样品水溶液 0.5 mL 和 10%$\alpha$-萘酚乙醇液 2 滴，混匀后沿试管壁加入 1 mL 浓 $H_2SO_4$，若溶液分层后在液面交界处出现紫色环，则表示样品中含有糖类化合物。

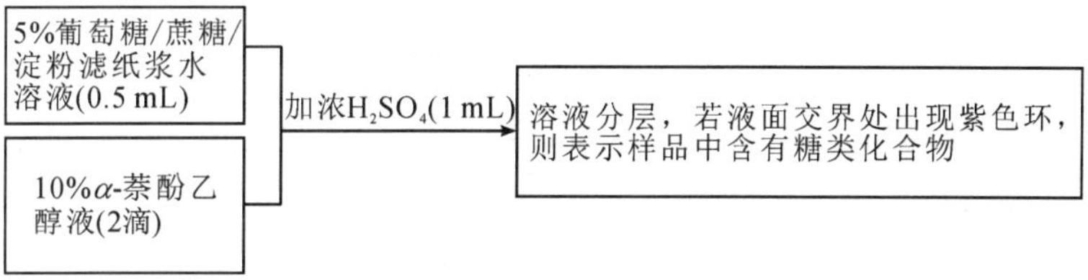


注：①滴加浓 $H_2SO_4$ 时将试管倾斜 45°，沿管壁缓缓加入，勿摇动；②加入浓 $H_2SO_4$ 后液面分层，上层为试样，下层为 $H_2SO_4$。

**2. Fehling 实验**

取 Fehling A 和 Fehling B 溶液各 0.5 mL 混合，加入 5%试样 5 滴，摇匀，沸水浴加热 2～3 min，如有红色或黄绿色沉淀生成，则表明样品为还原性糖。

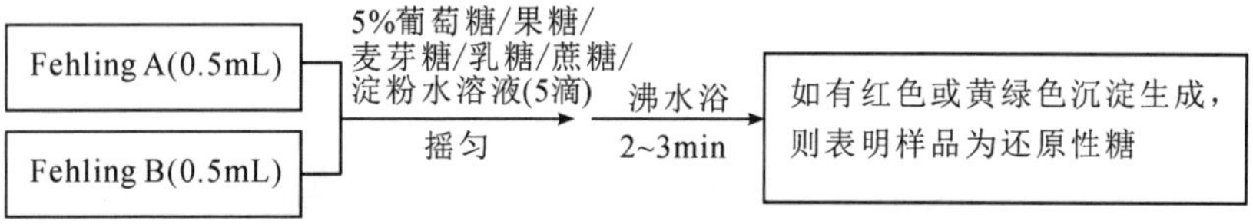


注：Fehling A 和 Fehling B 溶液参照章节 3. 1. 6 中所述方法配成。

**3. Benedict 实验**

Benedict 试剂是 $Cu^{2+}$ 的柠檬酸络合物溶液，反应中 $Cu^{2+}$ 将糖中的醛基氧化为羧基而自身被还原为 $Cu^{+}$，并随之生成红色的 $Cu_2O$ 沉淀。沉淀量较少时，溶液呈黄绿色或黄色。脂肪族醛、$\alpha$-羟基酮在本实验中呈正性反应，而芳香醛不与 Benedict 试剂发生反应，故 Benedict 试剂也用于区别脂肪醛和芳香醛。

$$RCHO+2Cu^{2+}+2H_2O \longrightarrow RCOOH+Cu_2O\downarrow+4H^{+}$$

试管中加入 Benedict 试剂 1 mL 和 5％样品水溶液 5 滴，沸水浴加热 2～3 min，放冷，若有红色或黄绿色沉淀生成，则表明样品为还原性糖。

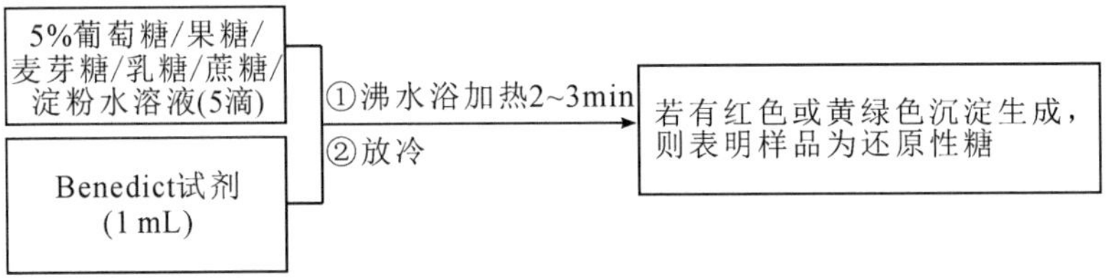


Benedict 试剂的配制：173 g 柠檬酸钠和 100 g 无水 $Na_2CO_3$ 溶于 800 mL 水。将 17.3 g 结晶 $CuSO_4$ 溶于 100 mL 水中，缓缓倒入柠檬酸钠溶液中，过滤，备用。

**4. Tollen 实验**

试管中加入 Tollen 试剂 1 mL 和 5％样品水溶液 0.5 mL，60 ℃水浴温热，若有银镜生成，则表明样品为还原性糖。

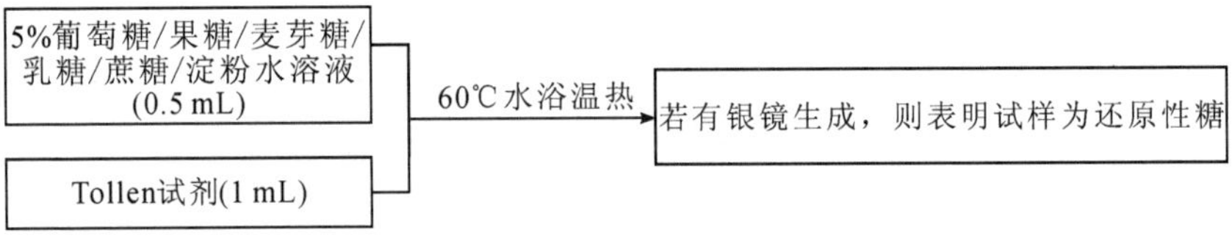


注：Tollen 试剂参照章节 3.1.6 中所述方法配成。

**5. 成脎实验**

单糖能与过量的苯肼生成脎，糖脎具有良好的结晶和一定的熔点，根据糖脎的形状和熔点可以鉴别不同的糖。葡萄糖和果糖结构不同但形成糖脎的结构相同。虽然果糖和葡萄糖形成相同的脎，但由于反应速率不同，形成糖脎的时间也不相同，据此可以区别和鉴定果糖和葡萄糖。

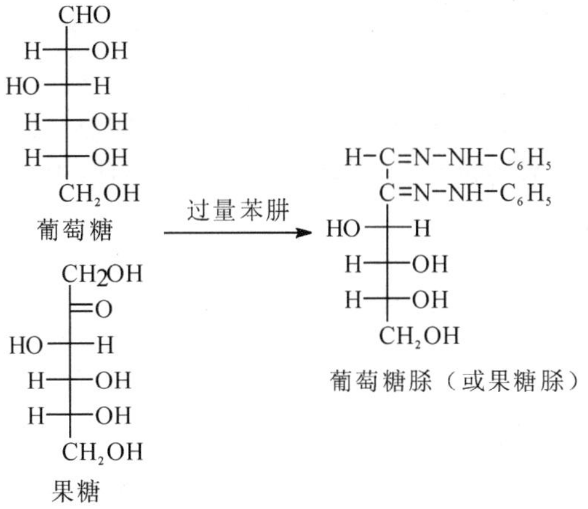


试管中加入 5%的样品溶液 1 mL、10%苯肼盐酸盐 0.5 mL 和 15%醋酸钠溶液 0.5 mL，沸水浴加热并振摇，比较产生脎结晶的速率。

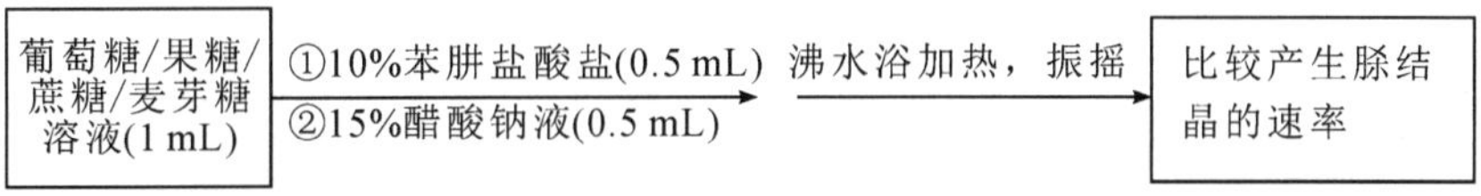


**6. 淀粉水解实验**

淀粉和纤维素都由很多葡萄糖单元缩合而成。淀粉由葡萄糖以 $\alpha$-糖苷键连接而成，而纤维素由葡萄糖以 $\beta$-糖苷键连接而成，二者均无还原性，在酸作用下水解生成葡萄糖。淀粉与碘作用生成蓝色络合物，是鉴别淀粉的一个有效方法。

试管中加入 3 mL 淀粉溶液和 0.5 mL$H_2SO_4$（6 mol/L），沸水浴加热 5min，冷却后逐滴加入 10%NaOH 溶液至反应液呈中性，取 2 滴与 Tollen 试剂作用，如有银镜生成，表明淀粉已水解为葡萄糖。

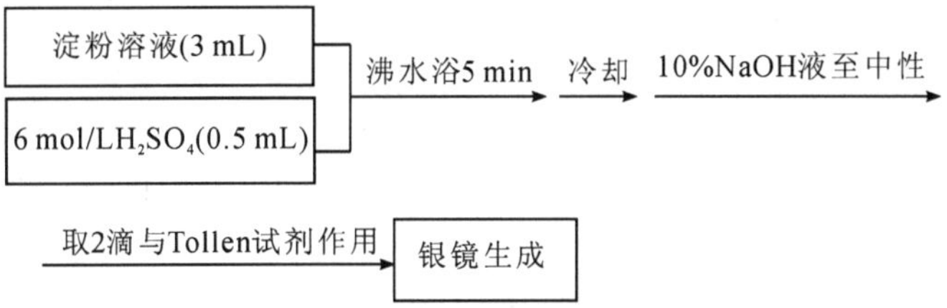


## 3.1.11　氨基酸及蛋白质的鉴定

蛋白质是存在于细胞中的含氮高分子化合物，由各种氨基酸以不同的顺序缩合而成，在酸、碱或酶作用下，水解成相对分子质量较小的多肽，多肽进一步水解的最终产物为氨基酸，其中以 $\alpha$-氨基酸为主。氨基酸的鉴定以纸层析较为方便，本章节只介绍蛋白质的颜色反应、蛋白质的沉淀和蛋白质的分解这三类性质实验。

**1. 蛋白质的颜色反应**

1)茚三酮实验

氨、铵盐及含有游离氨基的化合物均有茚三酮颜色反应。蛋白质、多肽和一般氨基酸都可通过本实验检出，但脯氨酸和羟脯氨酸由于氮原子上具取代基而无此颜色反应。

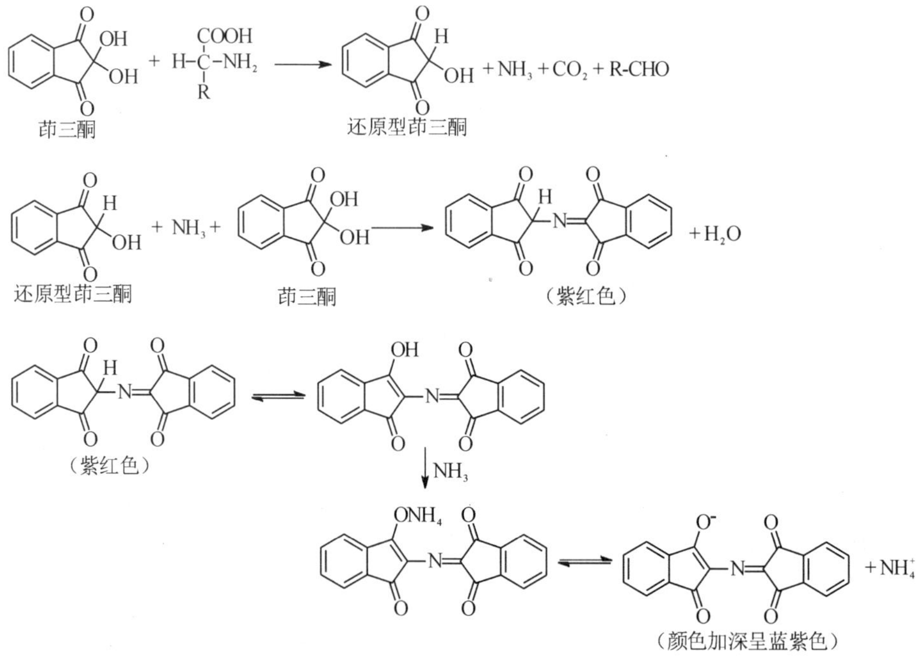


试管中加入 1 mL 试样，滴加 2～3 滴茚三酮溶液，沸水浴加热 10～15 min，如产生紫红色或紫蓝色，表明样品为蛋白质或 α-氨基酸或多肽。

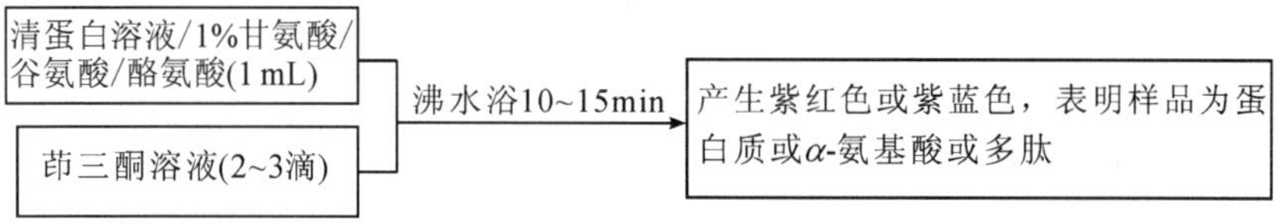


茚三酮溶液的配制：将 0.1 g 茚三酮溶于 50 mL 水中即得(配制后两天内使用，久置会失效)。

实验中所用清蛋白溶液的配制：取鸡蛋一个，两头各钻一小孔，竖立，使蛋清流到烧杯中，加水 50 mL，搅拌。蛋清中的清蛋白溶于水，而球蛋白呈絮状沉淀析出。在漏斗上铺 3～4 层纱布，用水湿润，过滤除去大部分球蛋白，滤液中主要是清蛋白，供实验用，下同。

2)黄蛋白实验

实验中蛋白质首先与无机酸作用生成白色沉淀，若蛋白质分子中含芳香环，则在加热时发生硝化反应，生成黄色硝化产物，该产物在碱性溶液中生成负离子使颜色加深而呈橙黄色。以蛋白质分子中酪氨酸残基与 $HNO_3$ 作用为例，反应如下：

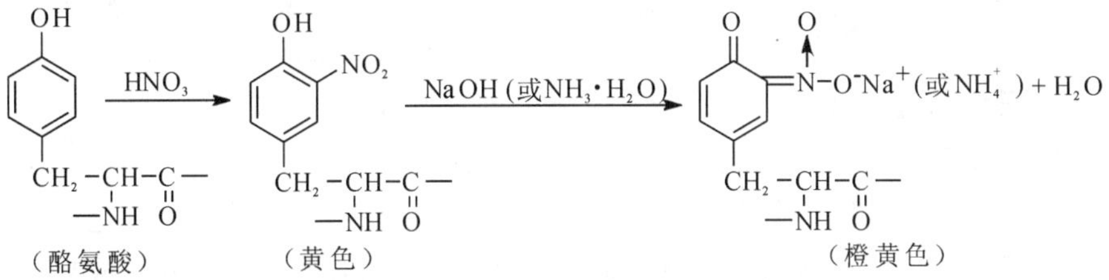


试管中加入清蛋白溶液 1 mL，滴入 4 滴浓 $HNO_3$，有白色沉淀析出。将试管置于 50 ℃加热 5～10 min 后沉淀变为黄色，冷却后加入 10%NaOH 溶液，沉淀颜色加深，变为橙黄色，表明蛋白质中含有酪氨酸或色氨酸或苯丙氨酸。

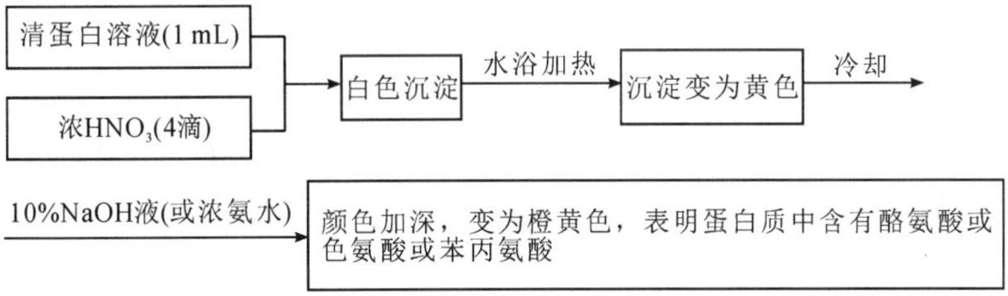


3)双缩脲实验

脲加热至熔点以上，两分子间脱氨生成双缩脲，与 $Cu(OH)_2$ 在碱性条件下生成鲜红色络合物，此反应称为双缩脲反应。蛋白质、多肽分子中有多个肽键，也能与 $Cu^{2+}$ 形成有色络合物。二肽、三肽、四肽的双缩脲反应颜色分别为蓝色、紫色和红色。蛋白质和多肽生成的络合物显紫色，可能是这几种颜色混杂的结果。氨基酸因不含肽键而无此反应，因而本实验可用于区别氨基酸和蛋白质。

试管中加入清蛋白溶液 10 滴和 10%NaOH 溶液 15～20 滴，混匀后加入 5%$CuSO_4$溶液 3～5 滴，振摇，有紫色出现，表明蛋白质中含有多个肽键。

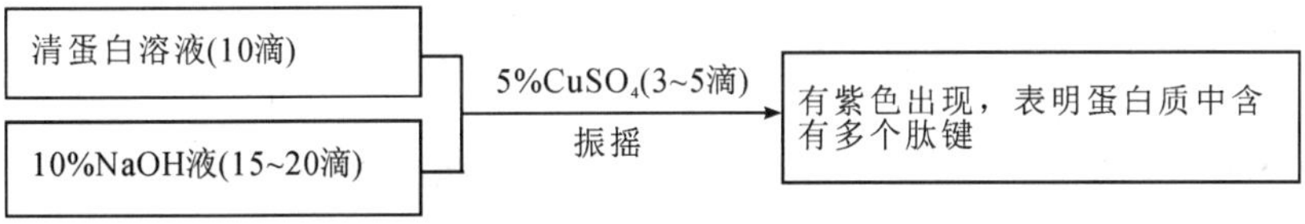


4)$Hg(NO_3)_2$实验(Millen 反应)

试管中加入清蛋白溶液 2 mL，滴入 $Hg(NO_3)_2$溶液 2～3 滴，可见白色絮状沉淀生成。反应液在沸水浴上加热，白色絮状沉淀聚集成块状并显砖红色或粉红色，表明蛋白质中含有酪氨酸和(或)色氨酸。

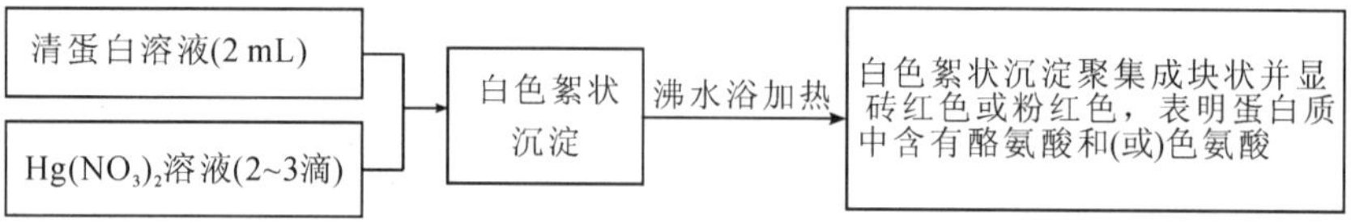


**2. 蛋白质的沉淀反应**

1)蛋白质的可逆沉淀反应

碱金属盐和镁盐在高浓度下能使许多蛋白质从溶液中沉淀出来，这种作用称为盐析作用。盐析作用的机制可能是蛋白质分子所带电荷被中和，或者是蛋白质分子被盐脱去水化层而沉淀出来。在盐析作用中，蛋白质分子内部结构无显著变化，基本保持原有性质，当除去造成沉淀的因素后，蛋白质沉淀又溶于原有溶剂中，因而称为可逆沉淀。$(NH_4)_2SO_4$具有显著的盐析作用，无论在弱酸性溶液还是中性溶液中都能使蛋白质沉淀，其他盐需要在溶液呈酸性状态下才能盐析完全。

试管中加入 2 mL 清蛋白溶液和 2 mL 饱和$(NH_4)_2SO_4$溶液，振摇，溶液变混浊或出现絮状沉淀，取混浊溶液 1 mL，加水 1～3 mL，振摇后沉淀复溶解，表明为蛋白质的可逆沉淀。

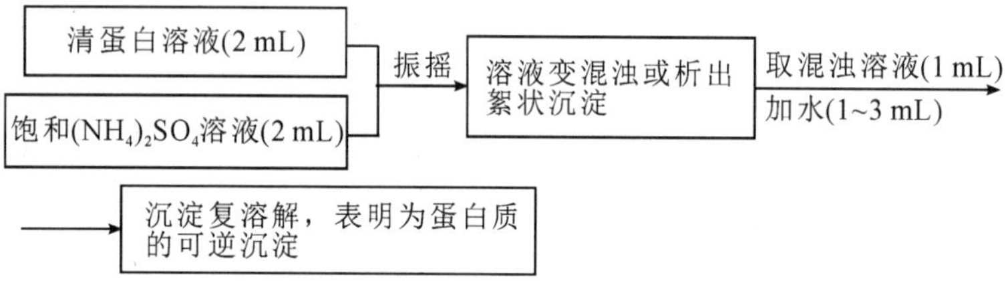


2)蛋白质的不可逆沉淀反应

蛋白质在重金属作用下发生不可逆反应，生成难溶于水的化合物，原因是蛋白质分子的内部结构，特别是空间结构被破坏，失去原有性质，当除去造成沉淀的因素后也不能再溶于原来溶剂中，称为蛋白质的不可逆沉淀。热、无机酸($H_2SO_4$、$HNO_3$、HCl 等)、有机酸(三氯乙酸、磺基水杨酸等)、振摇、超声波等因素都可造成蛋白质的不可逆沉淀。

(1)重金属沉淀蛋白质。三支试管中各加入清蛋白溶液 1 mL，分别加入饱和 $CuSO_4$、碱性 $Pb(CH_3COO)_2$和 5%$AgNO_3$溶液 2～3 滴，观察有无蛋白质沉淀析出。

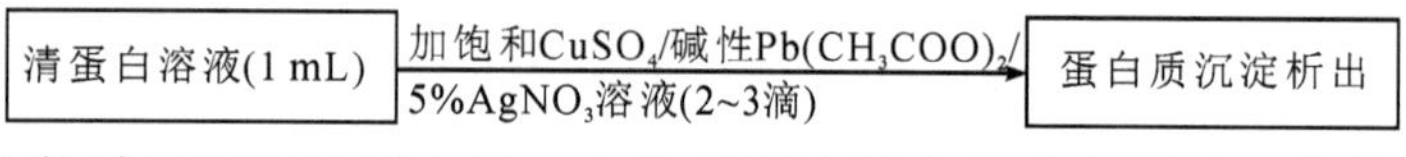


(2)生物碱试剂沉淀蛋白质。生物碱沉淀剂多为重金属盐、大分子酸及分子量较大的碘化物复盐，生物碱沉淀剂也可使蛋白质发生不可逆沉淀。

两支试管中各加入清蛋白溶液 1 mL 和 1%醋酸溶液 4～5 滴，分别加入5～10滴饱和苦味酸和饱和鞣酸溶液，观察有无蛋白质沉淀析出。

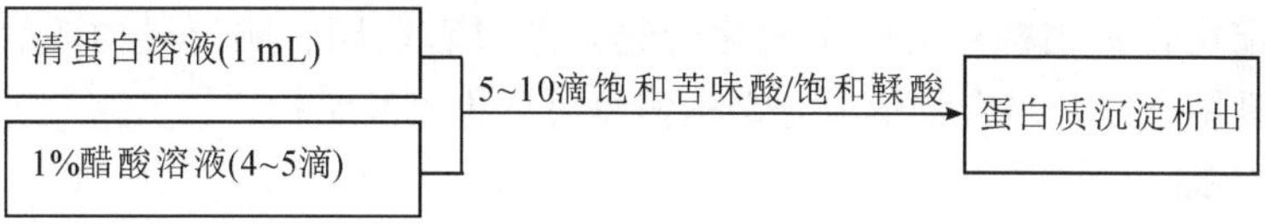


**3. 用碱分解蛋白质**

试管中加入 1～2 mL 清蛋白溶液和 4 mL 30%NaOH 溶液，煮沸 2～3min 后有沉淀析出，继续煮沸后沉淀溶解，有 $NH_3$逸出，可用湿润石蕊试纸置于试管口检验之。

取上述热溶液 1 mL，加入 10% $Pb(NO_3)_2$溶液 1 mL，煮沸，先有白色 $Pb(OH)_2$沉淀析出，后溶解。

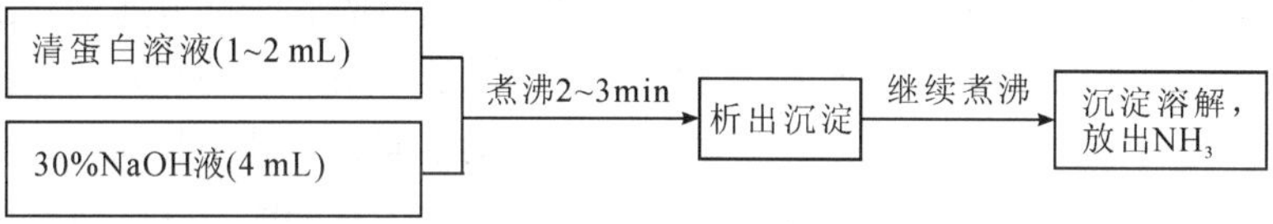


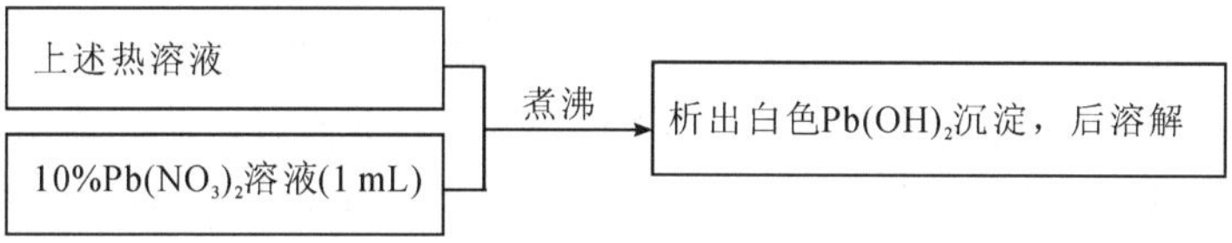


注：若蛋白质在碱作用下发生脱硫，则与 $Pb(NO_3)_2$生成 PbS，使清亮液体逐渐变为棕色，生成 PbS 较多时，溶液析出暗棕色或黑色的 PbS 沉淀。

## 3.2　近代光谱分析法应用

鉴定有机化合物结构是有机化学工作者面临的重要任务。借助化学实验的方法鉴定未知化合物的结构往往十分困难，存在样品和试剂消耗量大、步骤多、周期长等缺点。近几十年来发展起来的波谱分析方法已经成为非常重要的结构研究手段，其中以紫外光谱、红外光谱、核磁共振谱和质谱应用范围最广。除质谱外，其他三大光谱都是利用不同波长电磁波对有机分子的作用。综合分析几种波谱信息，可以准确确定有机分子结构，与经典的化学分析方法相比，波谱分析法具有微量、快速、不破坏被测试样品结构等优点，波谱分析技术的出现和发展大大促进了有机化学的发展。本部分仅对红外光谱和核磁共振谱作简略介绍。

### 3.2.1　红外光谱

红外光谱(infrared spectroscopy，IR)的研究始于 20 世纪初，自 1940 年红外光谱仪问世以来，红外光谱在有机化学研究中广泛应用。作为一种分子吸收光谱，红外光谱主要用于迅速鉴定分子中所含官能团。通过与标准谱图比较，可以确定化合物结构；对于未知化合物，通过官能团、顺反异构、取代基位置、氢键结合以及络合物形成等结构信息可以推测其结构。

**1. 基本原理**

红外光属波长大于可见光的电磁波，根据波长分为三个波长区：①近红外区：0.78～2.5 μm(12820～4000 $cm^{-1}$)；②中红外区：2.5～50 μm(4000～200 $cm^{-1}$)；③远红外区：50～1000 μm(200～10 $cm^{-1}$)。目前化学分析中常用的是中红外区，由于绝大多数有机化合物的化学键振动的基频均出现在这个区域，因此它在化合物结构和组成分析中占有非常重要的位置。

当一束具有连续波长(2.5～50 μm)的红外光照射样品时，如果样品分子中某个基团的振动频率和红外光频率一样时，分子就吸收一部分光能，这个基团就会吸收该频率的红外光而发生振动能级的跃迁，由原来的基态振动能级跃迁到激发态振动能级。不同化合物虽然分子结构不同，但其中相同的官能团或化学键在红外光谱图中有大致相同的吸收频率，称为官能团或化学键的特征吸收频率。特征吸收频率受分子具体环境的影响较小，在较狭窄的范围内出现，吸收强度较大，彼此间较少重叠，辨认较容易，这是红外吸收光谱用于测定化合物结构的重要依据。当红外单色光波长连续变化时，化合物吸收(透射比)也随之变化，两者之间的曲线就称为该物质的红外吸收光谱。图 3-1 为甲苯的红外光谱图。

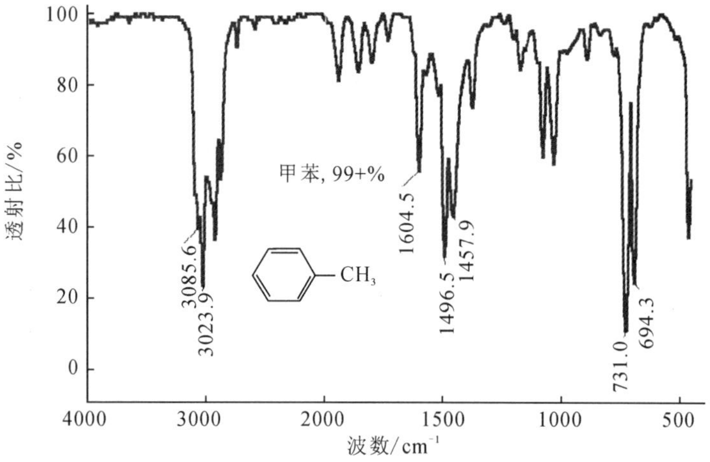


图 3-1　甲苯的红外光谱图

**2. 实验步骤**

1)样品制备

用作红外分析的化合物样品可以是液体、固体或气体，一般经过适当的处理后方可用于红外分析，样品应是单一化合物，不含游离水，且具有合适的浓度和测量厚度。

(1)固体样品。①KBr 压片法：将经干燥处理的固体样品 1～2 mg 与 100 mg KBr 混匀研细，转入模具，加压得到含有分散样品的透明 KBr 薄片，取出压片，置于固定样品架上测定。压片法得到的样品薄片厚度容易控制，样品易于保存，重现性好。凡是可粉碎的固体样品都适用，因而广泛采用。②研糊法：将 1～3 mg 固体样品研细，与 1 滴石蜡油混合均匀呈糊状，将此糊状物刮出后夹在两块盐板间即可放入仪器测试。由于石蜡油本身有特征性强吸收峰，谱图分析时应排除。③薄膜法：对于熔点低于 150 ℃且在熔融状态下不发生分解的样品，可将其熔融后涂在 KBr 窗片上，或选择适当的挥发性溶剂溶解固体样品，将溶液涂在 KBr 窗片上，溶剂挥发成膜后进行测试。此法多用于聚合物膜的制备和测定。

(2)液体样品。液体试样可直接测定，也可制成溶液后测定。

只要被测液体的沸点不太低，一般都可直接夹在两片盐板间形成液膜进行测定。此法也适用于轻糊状液体，但不适用于水或其他对盐板有溶蚀作用的液体。

溶液样品由于可选择溶剂、控制浓度和光程，往往可获得更加清晰的谱图。对溶剂选择的要求是：①对样品有较大的溶解度；②对样品无很强的溶剂效应；③对红外光透明；④对吸收池无腐蚀作用。溶剂一般选择四氯化碳、二硫化碳、氯仿、环己烷、二氯甲烷。

溶液或沸点较低的液体的红外光谱一般将其灌注于吸收池中进行测定，常用的吸收池由 NaCl 晶体制成，若被测样品对 NaCl 有溶蚀作用，应选用 AgCl 晶体制成的吸收池。

(3)气体样品。气体样品一般灌注入专门的抽真空的气槽内进行测定。吸收峰的强度可通过改变气体吸收池内的压力进行调节。

样品的红外光谱应同时注明样品制备时的条件，例如，固体样品是采用 KBr 压片法、研糊法还是液膜法；液体样品是否使用了溶剂，是何种溶剂等。

2)红外光谱测定

液体样品：苯乙酮。

固体样品：三苯甲醇。

参照红外光谱仪说明书，学习测定有机化合物红外光谱的基本操作方法；测定上述样品的红外光谱后，查阅其标准红外谱图并进行比较，对主要吸收峰进行解析。

3)红外光谱图的解析

有机化合物的红外光谱测定完成后，需要对谱图进行解析。需要指出的是，对于复杂或是未知的化合物仅依靠红外光谱数据解析结构是十分困难的，需要结合核磁共振、质谱等数据进行综合分析才能确定结构。红外光谱的解析主要用于推测样品中某些官能团是否存在，从而为化合物化学结构的确定提供重要信息，不需要对红外光谱中每一个吸收峰都作出解释，因为一般有机化合物吸收带中仅有20%属于定域振动。

红外光谱的解析具有较强的经验性和灵活性。一般注意事项如下。

(1)分区解析：红外光谱图一般分为官能团区和指纹区两个大的区域。①官能团区指4000～1350 $cm^{-1}$的区域，为官能团的特征频率区，双键、三键、苯环、羰基、氨基、羟基等基团的特征吸收峰都处于这一区域，谱图解析时首先查看这一区域内的吸收峰，从而确定样品中所含官能团的种类。②指纹区指1350～650 $cm^{-1}$的区域，此区域内吸收峰显示分子结构的细节，受分子整体结构影响较大，特异性强。这一区域内不同化合物吸收峰的位置、形状和强度都不相同，故称指纹区。其中低频区(900～650 $cm^{-1}$)对于确认芳香族化合物的取代类型十分重要。

解析红外光谱时，通常是按高频到低频的顺序进行。先在官能团区查找特征吸收峰，据此推断可能存在的官能团，初步判断化合物类别，再从指纹区谱带推断结构细节。表3-3列出了有机化合物中常见官能团的特征吸收频率和强度。

(2)注意基团所处的分子环境对其特征吸收峰出现位置的影响。判断吸收峰归属的基团，通常是根据吸收峰出现的位置参照官能团吸收频率表来确定，但基团吸收峰出现的具体位置受到周围环境的影响，往往会向左或向右移动。

(3)对一个具体吸收峰作出的结论应尽可能地从谱图的其他部分来加以佐证。

(4)某吸收带不存在时，可以推断某官能团不存在。相反，某吸收带存在时不能断定对应的官能团一定存在，还应考虑是否存在杂质等干扰因素。

**表3-3 部分官能团特征吸收频率及强度**

| 基团振动[1] | 频率范围，$\sigma/cm^{-1}$ | 强度[2] | 基团振动[1] | 频率范围，$\sigma/cm^{-1}$ | 强度[2] |
|---|---|---|---|---|---|
| $\nu$(—OH) | 3650～3000 | s | $\delta(CH_2)$，$\delta_a(CH_3)$ | 1400～1380 | m |
| $\nu$(—NH) | 3500～3300 | m | $\delta_s(CH_3)$ | 1470 | s～m |
| $\nu$(≡C—H) | 3300 | s | $\nu$(C—C)芳香类 | 1600，1580 | m～s |
| $\nu$(=C—H) | 3100～3000 | m | | 1500，1450 | m～s |
| $\nu$(—C—H) | 2960～2800 | s | $\nu_a$(C—O—C) | 1150～1060 | s |
| $\nu$(—S—H) | 2600～2550 | w | $\nu_s$(C—O—C) | 970～800 | w～o |
| $\nu$(—C≡N) | 2255～2220 | s～o | $\nu$(O—O) | 900～845 | o～w |
| $\nu$(C≡C) | 2250～2100 | w～o | $\nu$(C—芳香—S) | 1100～1080 | s～w |
| $\nu$(—C=O) | 1820～1680 | vs | $\nu$(C—脂肪—S) | 790～630 | s～m |
| $\nu$(—C=C) | 1670～1600 | w | $\nu$(C—Cl) | 800～550 | s |
| $\nu$(—C=N) | 1680～1610 | m | $\nu$(C—Br) | 700～500 | s |
| $\nu$(—C=S) | 1250～1000 | w | $\nu$(C—I) | 600～450 | s |

注：[1] $\nu_a$—反对称伸缩振动；$\nu_s$—对称伸缩振动；$\delta_s$—对称弯曲振动；$\delta_a$—反对称弯曲振动；[2] vs—很强；s—强；m—中等；w—弱；o—很弱或看不到。

## 3.2.2　核磁共振谱

核磁共振谱(nuclear magnetic resonance spectroscopy，NMR)是指处于外磁场中的物质的原子核受到相应频率的电磁波作用时，在其磁能级之间发生的共振跃迁现象。通过检测电磁波被吸收的情况可以得到核磁共振波谱，因此，就本质而言，核磁共振波谱是由物质与电磁波相互作用产生的，属于吸收光谱范畴。

1946 年 Bloch 和 Purcell 研究小组首次独立观察到核磁共振现象，1953 年 Varian 开始了商用仪器开发，并于同年制作了第一台高分辨核磁共振仪，1954 年 Proctor 等人发现了化学位移，接着又发现了自旋一自旋偶合，开拓了核磁共振在化学领域中的应用。20 世纪 70 年代前后，计算机技术的发展使脉冲傅里叶变换核磁共振方法和谱仪得以实现和推广，引起该领域的革命性进步。核磁共振技术经过几十年的发展，已成为化合物分子结构测定最强有力的工具之一，极大地推动了有机化学、生物化学乃至医学领域的发展。

根据测定对象划分，核磁共振谱可分为 H 谱($^{1}H$ NMR)、C 谱($^{13}C$ NMR)、P 谱($^{31}P$ NMR)、F 谱($^{19}F$ NMR)等，其中，H 的核磁共振发展最早，应用也最广泛，下面仅就 H 核磁共振谱进行讨论。图 3-2 为乙酸乙酯的$^{1}H$ NMR 谱图。

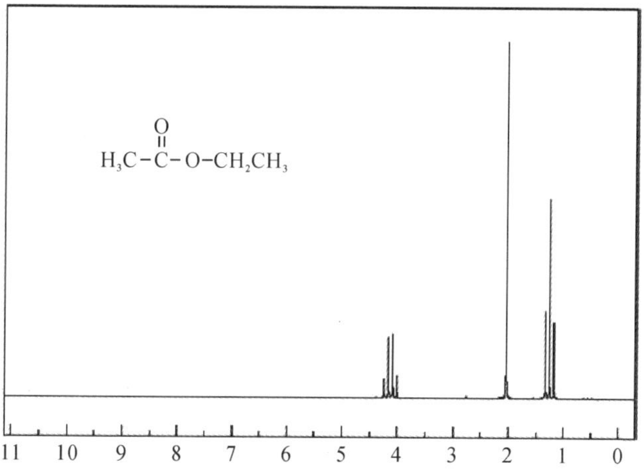


图 3-2　乙酸乙酯的$^{1}H$ NMR 谱图

### 1. 基本原理

1)核磁共振

H 原子核(即质子)具有核自旋的特性，可以看作一个球形的带电质点，质子围绕自旋轴作自旋运动时，就会产生一个微小磁场，可用核磁矩来描述，核磁矩方向与自旋轴重合。当 H 核处于外加磁场中时，其核磁矩相对于外加磁场有两种取向，这两种取向相当于两个能级，一种是与外加磁场同向的低能级，另一种是与外加磁场方向相反的高能级。原子核吸收电磁波的能量后迁移到高能级，称为“跃迁”，进入到高能级的原子核会通过适当的非辐射的途径将能量传递给周围环境再返回低能级，称为“弛豫”，由于弛豫作用，才能维持处于低能级的原子核始终处于稍过量的状态。

低能级原子核发生跃迁时所吸收的能量等于高能级与低能级间的能极差，用 $\Delta E$ 表示，与外加磁场的磁场强度 $H_0$ 间的关系可表示为：

$$\Delta E = r\frac{h}{2\pi}H_0$$

式中，$\gamma$ 为质子特征常数，$h$ 为普朗克常数，$H_0$ 为外加磁场强度。

当用能量为 $\Delta E$ 的电磁波照射处于磁场中的 H 核，H 核吸收电磁波能量，发生能级跃迁，此时核磁共振仪中产生吸收信号，并以峰谱的形式记录下来，这种由于原子核吸收能量所引起的共振现象，称为核磁共振。理论上，无论是改变外加磁场强度(扫场)还是改变辐射的电磁波频率(扫频)都可以使核磁矩取向发生翻转。

2)化学位移

(1)化学位移的产生原因。1950 年 Proctor 和 Dickinso 发现质子的磁共振频率不仅由外部磁场决定，还受到周围环境(分子结构)的影响。有机化合物质子被外层电子包围，在核外电子外磁场($H_0$)作用下产生电子环流，电子环流产生相应的感应磁场($H_{诱导}$)，感应磁场与外部磁场方向相反，因而部分削弱了外磁场效应，此时原子核实际受到的磁场强度略低于原外加磁场强度，这种核外电子对原子核的影响称为屏蔽效应(见图 3-3)。有机化合物中各种质子所处的分子环境不相同，因而电子云分布情况也不一样。核外电子云密度越高，屏蔽效应越强，发生共振所需的外磁场强度也越强。由于屏蔽效应不同导致化学环境不同的质子，其共振频率不同，核磁共振吸收信号在谱图中出现的位置也不同，这种位置的差异叫做化学位移(chemical shift)，用 $\delta$ 表示。

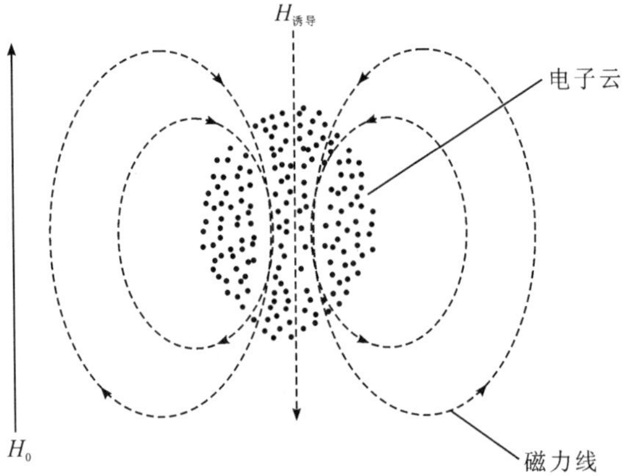


图 3-3　电子的屏蔽效应

(2)化学位移表示方法。化学位移的绝对值很小，实际工作中一般采用相对测量法，即选择适当的化合物作为标准物质，其他质子的吸收峰与标准物质的吸收峰的位置之间的差距叫做化学位移值。这个被选定的化合物称为内标，最常用的内标为四甲基硅烷(tetramethylsilane，TMS)，优点在于：①化学性质不活泼，与样品间不发生化学反应或分子间缔合；②分子结构对称，无论是H 谱还是C 谱都只产生一个吸收峰；③H 核屏蔽效应大，产生共振吸收信号比一般有机物所需磁场强度大得多，处于高场，与绝大部分样品信号不发生重叠或干扰；④沸点低(27 ℃)，易除去，有利于样品回收。规定内标物质 TMS 的出峰位置为零，在其左侧出现的峰的化学位移被规定为正值，在其右侧出现的峰的化学位移为负值。

质子磁共振频率因外磁场强度的不同而不同，因而相同样品采用不同型号的核磁共振仪得到的 H 谱其出峰位置不同，但化学位移值与所用共振仪的外加射频值的比值是一定值，不因共振仪型号不同而改变，但这一比值绝对值太小，使用不便，实际工作中将这一比值乘以 $10^6$ 作为化学位移值的单位，记为ppm(parts per million)。

一些常见基团质子的化学位移值见表 3-4。

**表 3-4　一些常见基团质子的化学位移值**

| 常见基团质子 | 化学位移 δ | 常见基团质子 | 化学位移 δ | 常见基团质子 | 化学位移 δ |
|---|---|---|---|---|---|
| $R\mathbf{CH_3}$ | 0.9 | $R-O-(CH_2)_2-\mathbf{CH_3}$ | 0.9～1.1 | | 3.6 |
| $R_2\mathbf{CH_3}$ | 1.3 | $-C=\mathbf{CH_2}$ | 5.0～5.3 | $R-O-\mathbf{H}$ | 3.0～6.0 |
| $R_3\mathbf{CH}$ | 1.5 | $-C\equiv\mathbf{CH}$ | 2.0～3.0 | $Ar-O-\mathbf{H}$ | 6.0～8.0 |
| $R\mathbf{CH_2}Cl$ | 3.5～4.0 | $Ar-\mathbf{H}$ | 6.5～8.0 | | 9.0～10.0 |
| $R\mathbf{CH_2}Br$ | 3.0～3.7 | $-C=C-\mathbf{CH_3}$ | 1.7 | | 10.5～11.5 |
| $R\mathbf{CH_2}I$ | 2.0～3.5 | $-C\equiv C-\mathbf{CH_3}$ | 1.8 | $R-\mathbf{NH_2}$ | 1.0～4.0 |
| $R-O-\mathbf{CH_3}$ | 3.2～3.5 | $Ar-\mathbf{CH_3}$ | 2.3 | $Ar-\mathbf{NH_2}$ | 3.0～4.5 |
| $R-O-CH_2-\mathbf{CH_3}$ | 1.2～1.4 | | 2.2 | $R_2N-\mathbf{CH_3}$ | 2.2 |

(3)化学位移的影响因素。影响质子化学位移的因素包括分子结构因素(质子的化学环境)和外部因素(测试条件)。分子结构因素即内部因素，包括诱导效应、共轭效应、化学键各向异性效应、范德华效应、分子内氢键效应；外部因素包括溶剂效应、分子间氢键效应等，这些因素的影响程度各不相同，质子的化学位移通常是几种因素共同作用的结果，这些影响因素使得质子化学位移的估算更加复杂，但同时也为分析化合物结构细节提供了重要信息。

3)自旋-自旋偶合

在有机化合物的高分辨率$^1$H NMR 谱中，经常可以观察到一定化学位移的质子峰裂分为数个小峰，这些裂分是由于相邻近 H 核自旋的互相干扰所致，这种分子中位置相近的质子之间自旋的相互影响称为自旋-自旋偶合(spin-spin coupling)，自旋-自旋偶合使核磁共振信号分裂为多重峰，称为自旋-自旋裂分(spin-spin splitting)，自旋-自旋裂分所形成的峰称为裂分峰，裂分峰相邻两谱线的间距称为偶合常数，用 $J$ 表示，单位为 Hz。偶合常数值反映两种非等性质子(即化学环境不相同的质子)自旋相互作用强度，其数值与核磁共振仪外加射频值无关。一般来说，就某一质子而言，只有当相邻碳上存在非等性质子时，才会发生自旋-自旋偶合，化学环境相同的等性质子间不产生自旋-自旋偶合。

质子裂分峰的数目符合 $n+1$ 规律，即当与某一质子相邻的质子数为 $n$ 时，该质子核磁共振信号裂分为 $n+1$ 重间隔相等的裂分峰，间隔即为偶合常数 $J$。这些裂分峰以质子的化学位移为中心呈对称分布，其强度也呈现由中心向两侧递减的规律变化。

自旋-自旋偶合作用通过成键电子传递，在饱和烃类化合物中，自旋偶合效应一般只能传递三个单键，这种偶合称为三键偶合，相隔三个单键以上的质子间偶合可以忽略。少数情况下会发生远程自旋-自旋偶合，即自旋偶合效应超过三个单键发生作用。当分子中存在共轭体系时，自旋-自旋偶合作用还可沿共轭体系传递。

4)峰面积

在有机化合物 $^1$H NMR 谱中，每组峰的面积与产生这组信号的质子数成正比。通过比较各组峰的峰面积，就可以确定各种不同类型质子的相对数目。近代核磁共振仪的自动积分功能可以在谱图上记录下积分曲线，峰面积一般用阶梯式积分曲线来表示，每一阶梯下积分曲线的高度与相应的质子数成正比。

5)核磁共振仪的工作原理

核磁共振仪工作原理如图 3-4 所示，射频振荡器发出一定频率的电磁波作用于样品，样品在均匀磁场中转动，扫描发生器通过扫场线圈使施加于样品的磁场强度由低到高变化，进行扫场，以满足核磁共振的条件，产生核磁共振吸收信号，经射频接收器放大后由记录仪记录下来即得到核磁共振谱图。

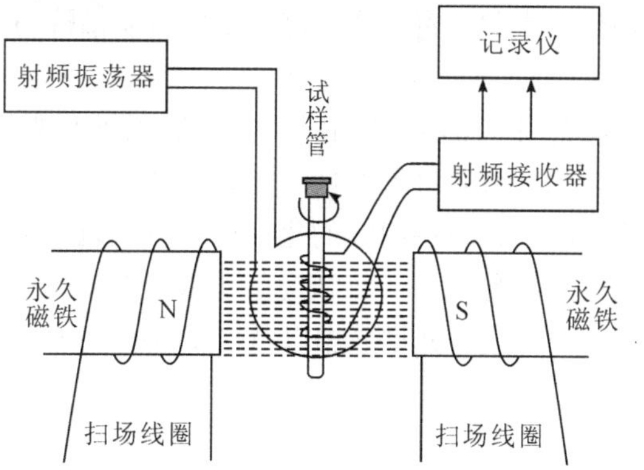


图 3-4　核磁共振仪工作示意图

**2. 实验步骤**

1)[1]H NMR 样品的制备

核磁共振的测定根据样品和仪器的实际情况，可选择不同规格的样品管，一般为配有塑料塞子的标准玻璃样品管。测试前应保证样品管清洗干净，避免烘干过程导致其变形以及反复超声造成管壁出现裂纹等。核磁共振 H 谱的样品量一般为 5～10 mg，溶剂量为 0.4～0.5 mL，液体样品黏度不大时也可直接测定。所用溶剂不能含有质子，$^1$H NMR 的理想溶剂为四氯化碳或二硫化碳，当溶剂对样品的溶解性能达不到要求时需使用氘代溶剂，常用的氘代溶剂有 $CDCl_3$、$D_2O$、$CD_3OD$、$(CD_3)_2SO$ 等，无论使用何种溶剂，对质子的化学位移都存在影响，因此需注明所用溶剂，核磁共振样品溶液的制备需考虑以下几个方面：①所选溶剂应确保能均匀溶解测试样品；②应避免溶剂峰与样品出峰位置产生重叠；③结合测试温度选择合适沸点或凝固点的溶剂。常见氘代溶剂$^1$H NMR 化学位移见表 3-5。

**表 3-5　常见氘代溶剂残留溶剂峰化学位移值(单位：ppm)**

| 氘代溶剂 | $CDCl_3$ | $D_2O$ | $CD_3OD$ | $(CD_3)_2CO$ | $(CD_3)_2SO$ | $C_6D_6$ | $CD_3CN$ | $C_5D_5N$ |
|---|---|---|---|---|---|---|---|---|
| 残留溶剂峰(δ) | 7.26 | 4.79 | 3.34 | 2.09 | 2.54 | 7.15 | 1.96 | 8.72，7.57<br>7.20 |
| 裂分峰数 | s | br. s | $CH_3$，s<br>OH，s | s | s | s | s | CH(2，6)，m<br>CH(3，5)，m<br>CH(4)，m |

2)$^1$H NMR 一级谱图的解析

$^1$H NMR 谱图提供了化合物分子结构的丰富信息：①化学位移值 δ，据此可推测各类型质子所处的化学环境；②自旋-自旋偶合情况，根据裂分峰数目可以推测相邻质子的数目，而偶合常数 $J$ 值提供了分子立体结构方面的信息；③峰面积(或积分曲线高度)，据此可推算分子中存在的每种类型 H 的相对数目。对于已知化合物$^1$H NMR 谱图的解析，主要是综合利用化学位移、偶合

常数及峰面积三种信息来归属每一个谱峰，也即落实谱峰与分子结构单元之间的关系。

解析未知化合物的$^1H$ NMR 谱图时，常按照以下步骤进行：①区别有几组峰，从而确定化合物中有几种不等性质子；②计算峰面积比，从而确定不等性质子的相对数目；③根据每一组峰的化学位移值、裂分情况、质子相对数目和峰面积推测可能的结构单元，④将结构单元组合成与谱图相符的结构式；⑤结合红外光谱、质谱、C 谱等光谱数据以及熔点或沸点等理化常数来确定未知物的结构。

## 3.3 天然产物成分的鉴别实验

天然产物中所含有的化学成分较为复杂，对于未知成分的天然产物，在提取分离有效成分前，应先了解其中可能含有哪些类型的化学成分，这就需要借助一些简便快速的定性方法，以了解其中所含成分。

### 3.3.1 苷类的鉴别：皂角

苷类，也称甙类，配糖体，是由糖或糖衍生物与非糖物质(苷元、配基或甙元)通过糖的端基碳原子连接而成的化合物，糖和苷元的连接键称为苷键。大多数苷类无色、无臭、具苦味，少数苷类有色(如黄酮苷、蒽苷、花色苷等)，少数具甜味(如甘草皂苷)。多数苷类呈中性或酸性，少数呈碱性。多数苷类可溶于水、乙醇，难溶于乙醚、石油醚、苯等极性小的有机溶剂。苷类在水或其他极性较大的溶剂中的溶解度，一般随结合的糖分子数的增加而加大，此外，苷元的性质也会影响苷的溶解度。苷类易被稀酸或酶水解生成糖与苷元，根据苷键原子不同而分为氧苷、硫苷、氮苷和碳苷，其中氧苷最为常见。天然苷类化合物一般呈左旋且无还原性，但水解后由于生成的糖为右旋，因而使混合物呈右旋，比较水解前后旋光性的变化也可用于鉴别苷类化合物的存在。此外，苷类水解后生成单糖，具还原性，这一性质也可用于中草药中苷类成分的鉴别。

**1. 检品溶液的制备**

醇浸液：取 2 g 药材碎块或粉末置于试管中，加 10 mL 乙醇，温水浴上浸渍 10 min，过滤，滤液备用。

水浸液：取 2 g 药材碎块或粉末，加 20 mL 蒸馏水，70 ℃水浴浸渍 10 min，过滤，滤液备用。

**2. 鉴别实验**

1)$\alpha$-萘酚实验(Molish 实验)

取 1 mL 醇浸液，加 1 滴 10%$\alpha$-萘酚溶液，摇匀，沿管壁缓慢加入 10 滴浓

$H_2SO_4$，不振摇，观察两液介面间是否出现紫红色环。

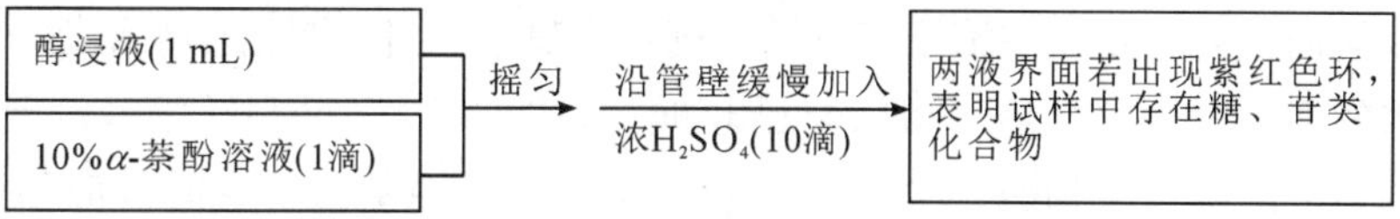


注：溶液中若存在微量滤纸纤维或中草药粉末，会产生正性反应，在过滤时应加以注意。

2)水解反应

取3 mL水浸液于试管中，加1 mL 10%HCl溶液，在沸水浴上加热，观察是否有絮状沉淀产生。

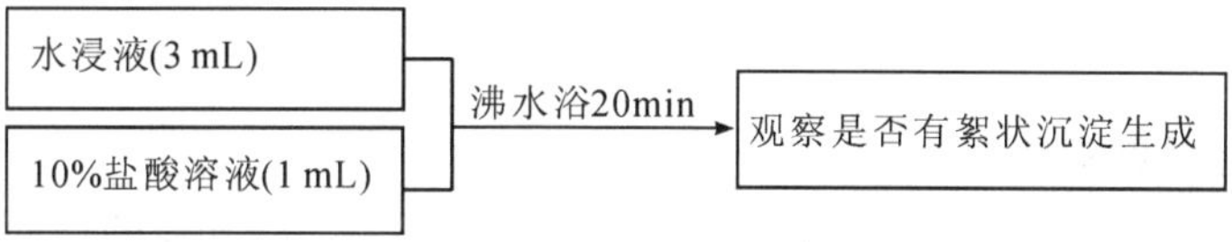


3)Fehling 实验

取2 mL水浸液，加入1 mL新配制的Fehling试剂，沸水浴上加热，如产生红色$Cu_2O$沉淀，行过滤，滤液加10%HCl溶液调成酸性，置水浴上加热10 min进行水解，如有絮状沉淀则滤除。滤液用10%NaOH中和，再加入1 mL Fehling试剂，沸水浴上加热5min，观察是否有黄色、砖红或棕色沉淀产生。

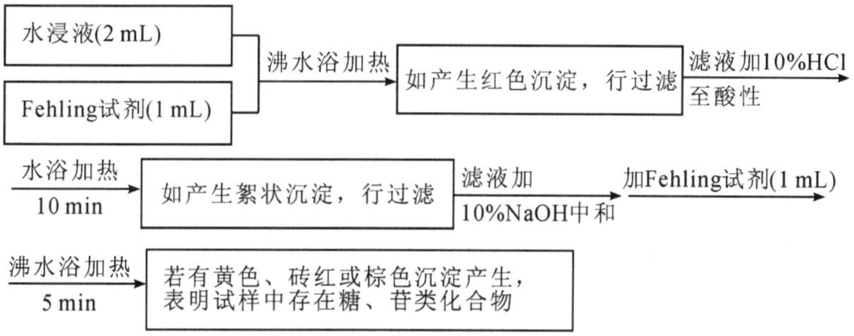


注：Fehling A和Fehling B溶液参照章节3.1.6中所述方法配成。

### 3.3.2　生物碱的鉴别：汉防己

生物碱是存在于自然界(主要为植物，但有的也存在于动物)中的一类含氮的碱性有机化合物的总称。对生物机体有毒性或强烈的生理作用。生物碱种类繁多，大多数具有复杂的环状结构，氮原子结合在环内，多数具有碱性、味苦、难溶于水，可以和酸成盐；游离生物碱一般为无色结晶型固体，少数在常温时为液体，具有一定的旋光性和吸收光谱，遇生物碱试剂发生沉淀反应。

提取原理：根据大多数生物碱或生物碱盐均能溶于乙醇的通性，利用乙醇提取总生物碱。利用季铵型生物碱易溶于水，不溶于亲脂性有机溶剂的性质，用溶剂萃取法分离脂溶性生物碱和水溶性生物碱；根据汉防己甲素和乙素和酸结合成盐而易溶于水，难溶于亲脂性试剂，在碱性条件下易溶于亲脂性试剂不溶于水的性质反复处理后，得汉防己总碱。(注：用1%NaOH溶液洗氯仿液的目的是去除酚性生物碱。汉防己乙素结构中的酚羟基由于空间效应和H键的形成，呈隐性酚羟基性质，酸性减弱，不溶于强碱溶液，在此步骤中仍留在氯仿液中)。

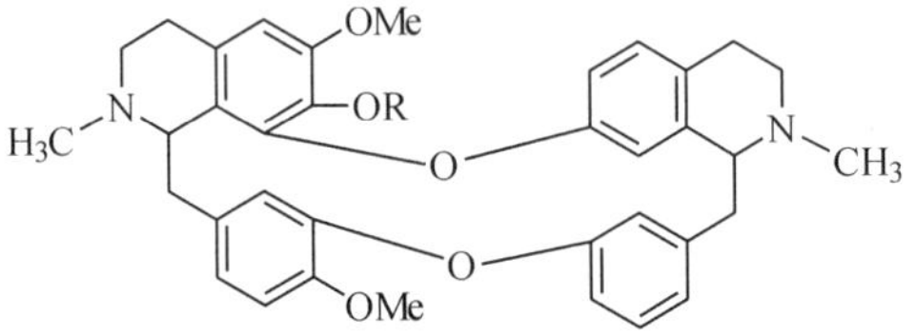


R = $CH_3$, 汉防己甲素
R = H, 汉防己乙素

**1. 检品溶液的制备**

总生物碱的提取：取100 g汉防己粉末，置于500 mL圆底烧瓶中，加300 mL 85%乙醇，水浴加热回流1 h，滤出乙醇提取液；药渣重新加入200 mL 85%乙醇同法提取1次，合并两次提取液，过滤，浓缩至无醇味，成糖浆状，得到总生物碱。

精制：将糖浆状总生物碱提取液转入烧杯中，加1%HCl调pH为2，边加边搅拌，静置后过滤，得澄清滤液。滤液加等体积氯仿，再加氨水调pH为10以上，于分液漏斗中振摇萃取，静置分层后放出氯仿层，碱液再用氯仿萃取两次，合并氯仿液。氯仿液置于分液漏斗中，先以1%NaOH溶液洗2次，再用水洗2～3次后加入约5 g无水$Na_2SO_4$干燥，放置过夜，过滤，回收氯仿至适量，得汉防己总碱提取液，备用。

将提取的汉防己总碱提取液，用1%的HCl稀释至10 mL，供鉴别实验用。

**2. 鉴别实验**

1)与碘化铋钾试剂(Dragendorff试剂)的沉淀反应

取检品溶液1 mL，加入碘化铋钾试剂数滴，振摇，观察是否有沉淀生成。

2)与碘化汞钾试剂(Mayer试剂)的沉淀反应

取检品溶液1 mL，加入碘化汞钾试剂数滴，振摇，观察是否有沉淀生成。

3)与 $I_2$-KI 试剂(Wagner 试剂)的沉淀反应

取检品溶液 1 mL，加入 $I_2$-KI 试剂数滴，振摇，观察是否有沉淀生成。

4)与硅钨酸试剂的沉淀反应

取检品溶液 1 mL，加入硅钨酸试剂数滴，振摇，观察是否有沉淀生成。

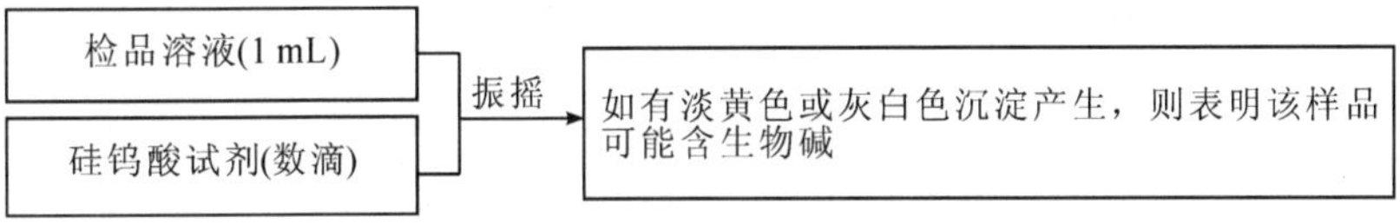


## 3.3.3　挥发油的鉴别

挥发油是具有挥发性、可随水蒸气蒸馏而又与水不混溶的油状液体的总称。挥发油所含化学成分比较复杂，主要是单萜、倍半萜及其含氧化合物，其他成分包括小分子芳香族化合物(苯丙素酚类)和小分子脂肪族化合物(烷、烯、脂、酸类)等。挥发油大多为无色或微黄色液体，呈中性或酸性，常温下自行挥发不留痕迹，冷却时主要成分有可能析出结晶，析出物通常称为“脑”。多数挥发油具有香气或其他特异气味，有辛辣烧灼感。挥发油易溶于各种有机溶剂，难溶于水，在低浓度乙醇中溶解度小，多数具有光学活性。

**1. 挥发性实验**

样品：松节油、薄荷油、丁香油、桂皮油(下同)。

取滤纸屑一小块，滴加挥发油 1 滴，放置 2 h(或微热)后观察滤纸上有无清晰的油迹，用菜油作对照。

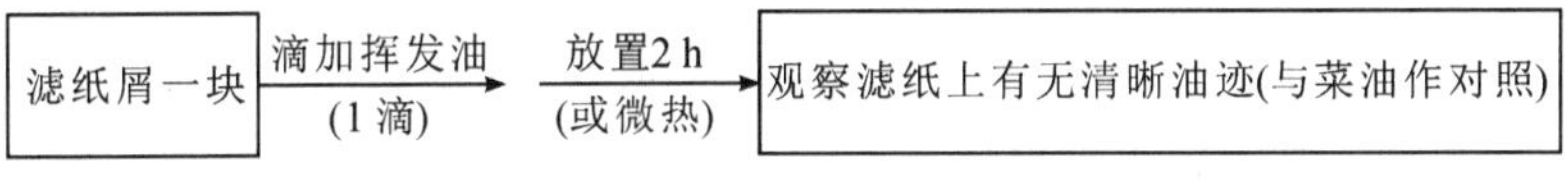


**2. $FeCl_3$ 实验(检酚类)**

取挥发油 1 滴，溶于 1 mL 乙醇中，加入 1% $FeCl_3$ 醇溶液 1～2 滴，如显蓝紫色或绿色，表明有酚类。

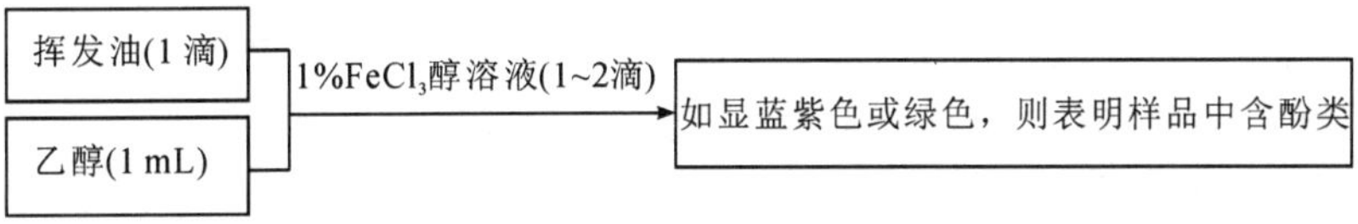


**3. 苯肼实验(检酮、醛类)**

取挥发油 1 滴，溶于 1 mL 无醛乙醇中，加入 2,4-二硝苯肼试液 0.5～1 mL，振摇，如析出黄-橙红色沉淀，则样品中含有醛酮化合物。

挥发油的无醛乙醇溶液(1 滴) + 2,4-二硝基苯肼试液(0.5~1 mL) —振摇→ 如析出黄-橙红色沉淀，表明试样含有醛酮化合物

注：振摇后如无反应，可放置 15 min 后再观察。

**4. 荧光素实验**

取挥发油 1 滴，溶于 1 mL 乙醇中，将 1 滴该挥发油乙醇液滴在滤纸上，喷洒 0.05%荧光素水溶液，然后趁湿将纸片暴露在 5%$Br_2$-$CCl_4$蒸气中，若挥发油中含有含双键的萜类，则试样斑点应呈黄色。

滤纸屑一块 —滴加样品乙醇液(1 滴)→ —喷洒0.05%荧光素水溶液→ —趁湿将纸片暴露于5%$Br_2$-$CCl_4$蒸气中→

若斑点呈黄色，则表明样品含有含双键的萜类(如挥发油)

注：滤纸片置于 5%$Br_2$-$CCl_4$蒸气中，无样品附着部分很快变为浅红色。

**5. 香草醛-浓 $H_2SO_4$ 实验**

取挥发油 1 滴，溶于 1 mL 乙醇中，将 1 滴该挥发油乙醇液滴在滤纸上，滴加新配制的 0.5%香草醛-浓 $H_2SO_4$ 乙酸液，样品斑点呈黄色、棕色、红色或蓝色。

滤纸屑一块 —滴加样品乙醇液(1 滴)→ —滴加新配0.5%香草醛-浓$H_2SO_4$乙醇液→ 样品斑点呈黄色、棕色、红色或蓝色

## 3.3.4 鞣质类化合物的鉴别

鞣质又称单宁，是存在于植物体内的一类结构比较复杂的多元酚类化合物，为黄色或棕黄色无定形松散粉末；在空气中颜色逐渐变深；有强吸湿性；不溶于乙醚、苯、氯仿，易溶于水、乙醇、丙酮；水溶液味涩。鞣质能与蛋白质结合形成不溶于水的沉淀，按其结构差异可分为水解鞣质、缩合鞣质和复合鞣质三种类型，其中，水解鞣质分子中具有酯键和苷键，在酸、碱、酶作用下可水解为小分子酚酸类化合物和糖或多元醇；缩合鞣质也称为黄烷类鞣质，用酸、碱、酶处理或久置均不能水解，但可缩合为不溶于水的高分子产物，缩合鞣质与空气接触，特别是在酶的影响下，很易氧化，脱水缩合形成暗棕色或红棕色的鞣红沉淀；复合鞣质是由可水解鞣质部分与黄烷醇缩合而成的一类鞣质，兼有可水解鞣质与缩合鞣质的性质。

**1. 检品溶液的制备**

取五倍子(含水解鞣质)、儿茶(含缩合鞣质)、没食子酸(鞣质水解产生伪鞣质)0.1 g 分别置试管中，加 10 mL 蒸馏水，煮沸，过滤，滤液供以下实验。

**2. 鉴别实验**

1) $FeCl_3$实验

取鞣质样品溶液（五倍子浸液或儿茶浸液）及伪鞣质样品溶液（没食子酸浸液）各1～2mL，分别加入1%$FeCl_3$试液数滴，鞣质产生绿色或蓝黑色反应或沉淀，伪鞣质产生蓝色反应或沉淀。

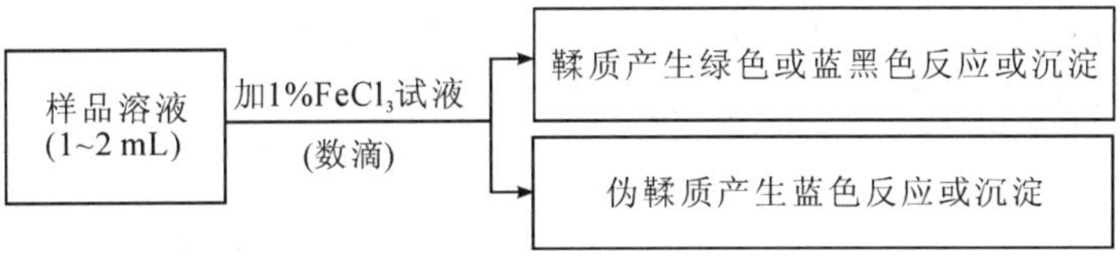


2) 蛋白沉淀实验

取鞣质及伪鞣质样品溶液各1～2 mL，分别加入明胶溶液数滴，鞣质立刻产生沉淀。

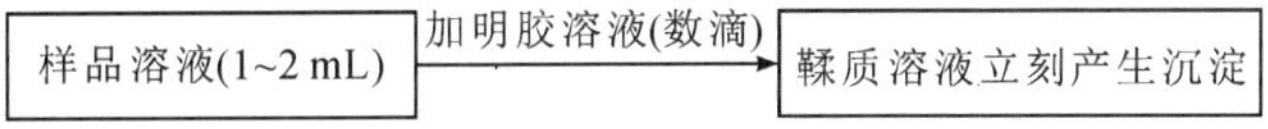


3) 生物碱实验

取鞣质及伪鞣质样品溶液各1～2 mL，分别加入0.1%咖啡碱水溶液，鞣质产生沉淀，伪鞣质不产生沉淀。

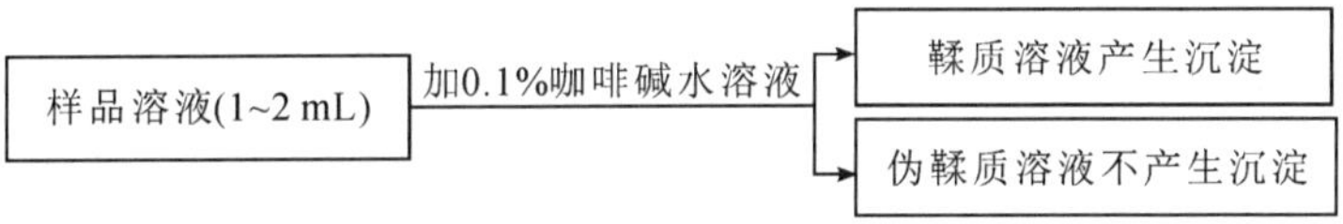


4) 可水解鞣质和缩合鞣质的区别鉴定

(1)鞣红反应。取五倍子样品溶液和儿茶样品液各1～2 mL，分别加0.5 mL稀HCl，煮沸30 min，放冷，水解鞣质不发生沉淀，缩合鞣质有红色沉淀产生。

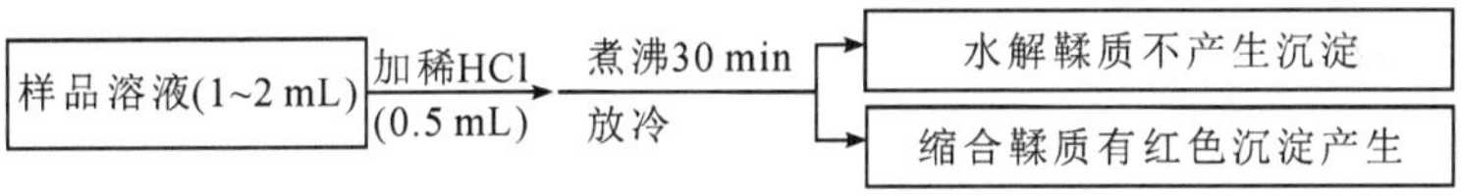


(2)$FeCl_3$反应。取五倍子样品液及儿茶样品液各1～2 mL，分别加入1% $FeCl_3$试液数滴，水解鞣质显蓝色或黑蓝色，缩合鞣质显黑绿色。

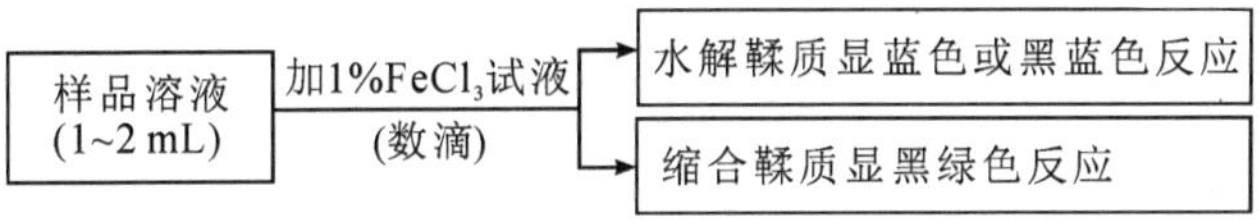


(3)$Br_2$水反应。取五倍子样品液及儿茶样品液各1～2 mL，分别加入$Br_2$水数滴，水解鞣质不产生沉淀，缩合鞣质产生沉淀。

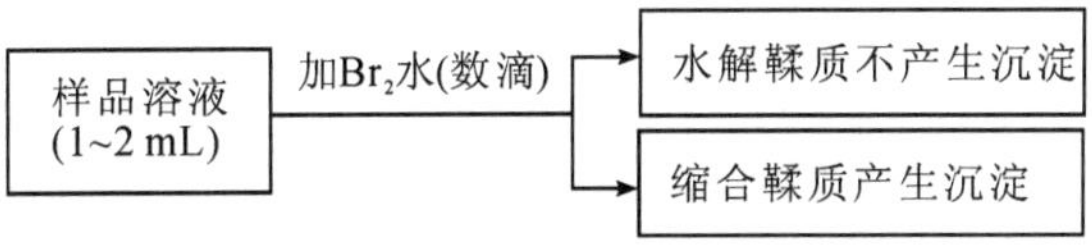


(4)石灰水反应。取五倍子样品液及儿茶样品液各1～2 mL，分别加入新

制石灰水数滴，水解鞣质产生青灰色沉淀，缩合鞣质产生棕色沉淀。

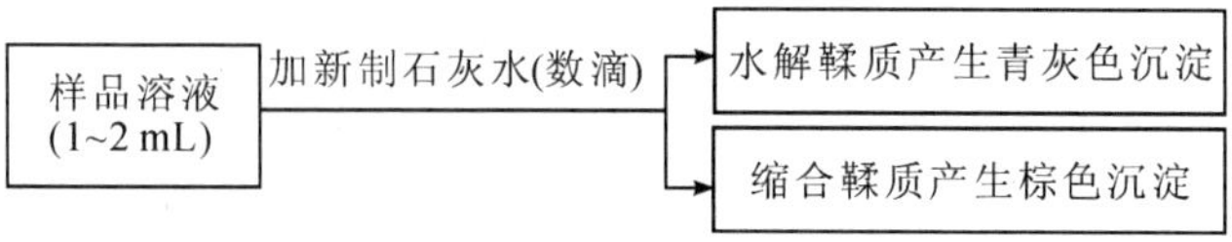


(5)醋酸溶液中与 $Pb(CH_3COO)_2$ 反应。取五倍子样品液及儿茶样品液各1～2 mL，分别加醋酸数滴，摇匀后再分别滴加 $Pb(CH_3COO)_2$ 溶液数滴，水解鞣质产生絮状沉淀，缩合鞣质无沉淀产生。

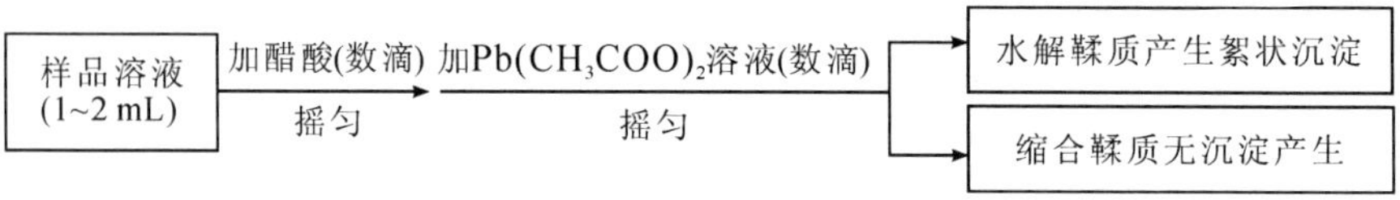

# 第 4 章　合成实验

## 4.1　基础合成实验

### 4.1.1　乙酸乙酯的制备及提纯

**1. 实验目的**

(1)学习酯化反应的原理和酯的制备方法。

(2)掌握蒸馏和分液漏斗的操作方法。

**2. 反应原理**

路易斯酸法：$CH_3COOH + C_2H_5OH \xrightarrow[70\sim80\ ℃]{FeCl_3} CH_3COOC_2H_5 + H_2O$

布朗斯特酸法：$CH_3COOH + C_2H_5OH \xrightarrow[\Delta]{H^+} CH_3COOC_2H_5 + H_2O$

副反应：$C_2H_5OH \xrightarrow{H^+} C_2H_5OC_2H_5 + H_2O$

**3. 实验装置图**

乙酸乙酯的制备及提纯装置如图 4-1 所示。

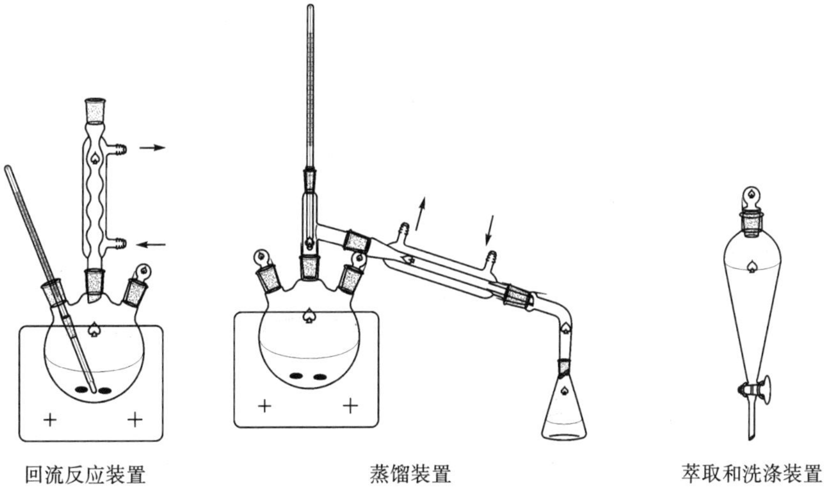


图 4-1　乙酸乙酯的制备及提纯所需装置示意图

**4. 实验步骤**

1)合成粗产品

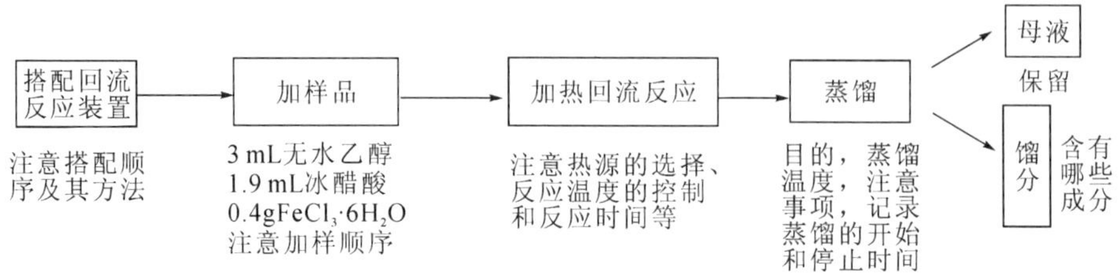


2)产品纯化

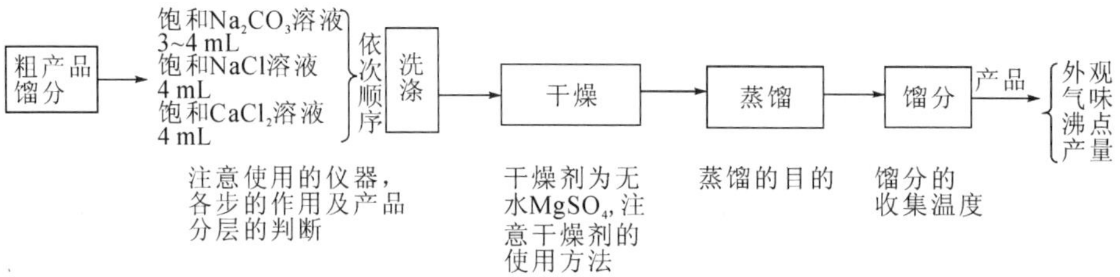


在 25 mL 圆底烧瓶中加入 3 mL 无水乙醇和 1.9 mL 冰醋酸，再加入 $FeCl_3 \cdot 6H_2O$ 0.4 g，混匀后，加入 2～3 粒沸石，然后装上冷凝管。小火加热反应瓶，保持缓慢回流 60 min。待瓶内反应物冷却后，将回流反应装置改为蒸馏装置。加热蒸出生成的乙酸乙酯，直到残留液体积约为 1 mL 为止。

在馏出液中慢慢加入饱和 $Na_2CO_3$ 溶液，并不断搅拌，直至没有 $CO_2$ 气体放出，然后将混合液转入分液漏斗中，分去下层水层；有机层用 5 mL 饱和食盐水洗涤，再用 5 mL 饱和 $CaCl_2$ 洗涤，最后一次用水洗涤，分去下层液体。将有机层倒入干燥的锥形瓶中，用无水 $MgSO_4$ 干燥。将干燥后的有机层进行蒸馏，收集 73～78 ℃的馏分，即为乙酸乙酯产品，收率约为 50％ 。

**5. 思考题**

(1)酯化反应有哪些特点?

(2)采用路易斯酸催化和布朗斯特酸催化酯化反应各有什么异同?

(3)采取哪些措施可以提高主产物的生成率?

## 4.1.2　乙酸异戊酯的制备及提纯

**1. 实验目的**

(1)学习酯化反应的原理和酯的制备方法。

(2)掌握乙酸异戊酯的实验室制备方法。

(3)掌握粗产物的分离纯化技术。

**2. 实验原理**

主反应:

$$CH_3COOH + \begin{matrix}H_3C\\H_3C\end{matrix}\!\!>CHCH_2CH_2OH \underset{110\sim120\ ℃}{\overset{H^+}{\rightleftharpoons}} CH_3COOCH_2CH_2HC\!\!<\begin{matrix}CH_3\\CH_3\end{matrix} + H_2O$$

可能的副反应：

$$2\ \begin{matrix}H_3C\\H_3C\end{matrix}\!\!>CHCH_2CH_2OH \underset{135\ ℃}{\overset{H^+}{\rightleftharpoons}} \begin{matrix}H_3C\\H_3C\end{matrix}\!\!>CHCH_2CH_2OCH_2CH_2HC\!\!<\begin{matrix}CH_3\\CH_3\end{matrix} + H_2O$$

**3. 实验装置图**

乙酸异戊酯的制备如图 4-1 所示。

**4. 实验步骤**

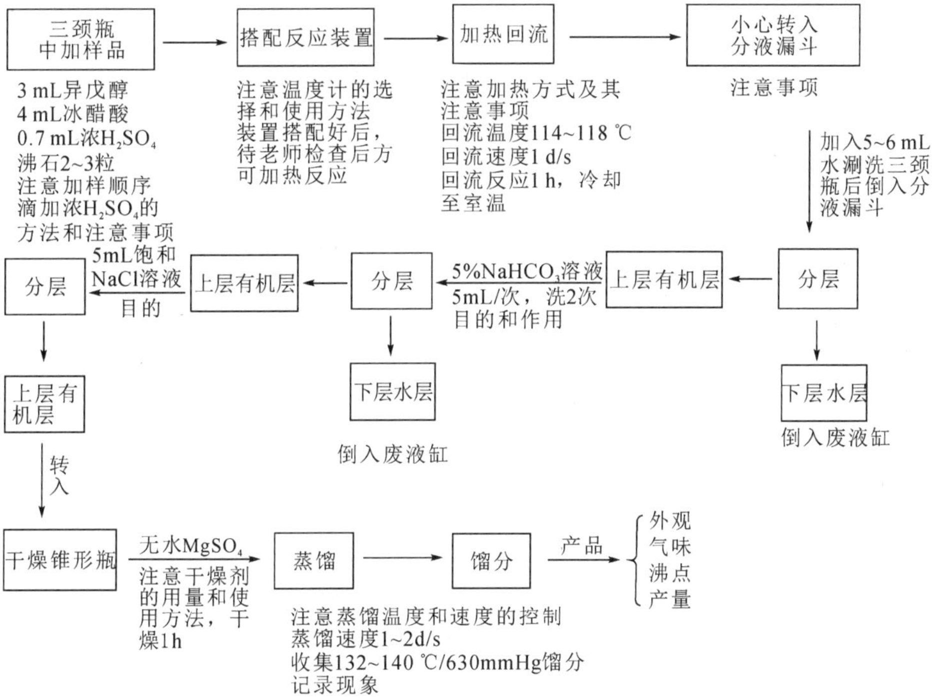


在 25 mL 三颈烧瓶中加入 3 mL 异戊醇和 4 mL 冰醋酸，再小心加入 0.7 mL 浓 $H_2SO_4$，混匀后，加入 2～3 粒沸石，然后按照实验装置图搭配反应装置。加热反应瓶至反应温度保持在 114～118 ℃，保持回流 60 min。

待瓶内反应物冷却后，将反应液转移到分液漏斗中，加入 5 mL 水涮洗三颈瓶后转移至分液漏斗中，静置后分去水层。有机层用 5%$NaHCO_3$ 溶液洗涤两次，每次 5 mL；再用 5 mL 饱和 NaCl 溶液洗涤，分去下层液体，有机层倒入干燥的锥形瓶中，用无水 $MgSO_4$ 干燥。将干燥后的有机层进行蒸馏，收集 132～140 ℃/630 mmHg 馏分，即为乙酸异戊酯产品，产品带有香蕉气味。

**5. 注意事项**

反应过程中使用到了电磁搅拌器，请务必了解电磁搅拌器的使用方法、注意事项和维护保养方法。

**6. 思考题**

(1)酯化反应有哪些特点？采取哪些措施可以提高主产物的生成率？

(2)反应中有无异戊烯生成，为什么？

(3)反应完成后的粗产品中，除产品外，还有哪些原料？应如何除去？

(4)制备乙酸异戊酯用了过量的乙酸，为什么过量的乙酸比异戊醇容易除去？

## 4.1.3 甲基橙的制备

**1. 实验目的**

(1)通过甲基橙的制备，学习重氮化反应和偶合反应的实验操作。

(2)巩固复习洗涤、重结晶、抽滤等基本实验操作。

**2. 实验原理**

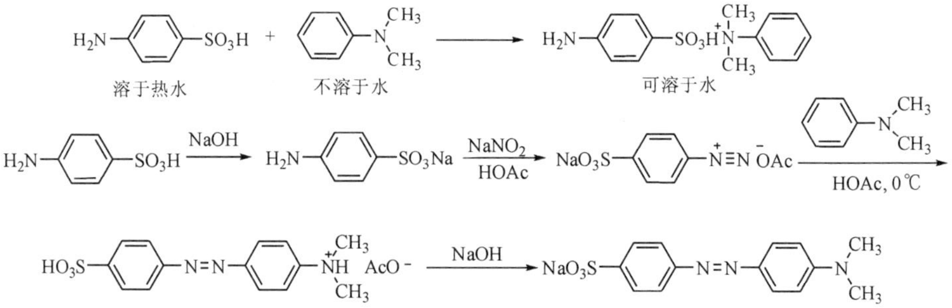


**3. 实验操作步骤**

1)粗产品制备

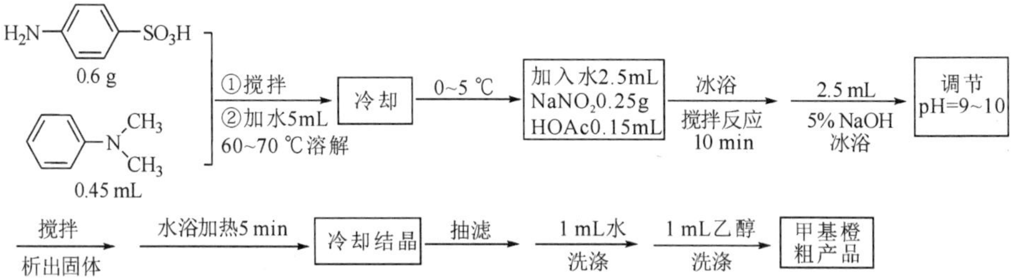


2)粗产品精制

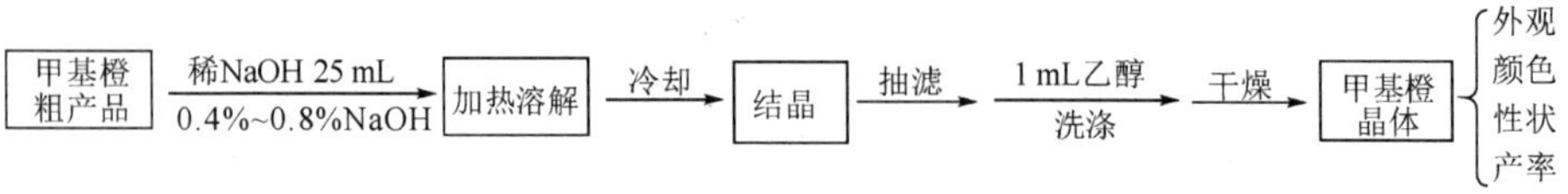


在 50 mL 烧杯中，加入 0.6 g 对氨基苯磺酸晶体和 0.5 mL *N*，*N*—二甲基苯胺，加 5 mL 水，搅拌下，在 60～70 ℃热水浴中使之溶解。冷到室温后，放入冰浴中，保持温度在 0～5 ℃，加入 2 mL 水，0.25 g 亚硝酸钠和 0.15 mL

乙酸，在冰浴下，搅拌反应 10 min。在冰浴冷却下，加入 5%NaOH 溶液 5 mL，调节 pH= 9～10，析出橙色晶体。将反应物用水浴加热 5 min，使粗的甲基橙溶解后，稍冷，置于冰浴中冷却，待甲基橙全部重新结晶后，抽滤收集结晶。得甲基橙粗产品。

若要得到较纯的产品，可将甲基橙粗产品移到装 25 mL0.4%～0.8% NaOH 稀溶液的烧杯中，加热使其全部溶解，冷却到室温下后再放到冰浴中充分结晶，抽滤，产品用少量乙醇洗涤，产品干燥后，称量，计算收率。

**4. 注意事项**

(1)二甲基苯胺有毒，应在通风橱中取用，避免与皮肤接触。

(2)重氮盐多数不稳定，温度高易分解，制备重氮盐时注意保持低温。

(3)注意复习重结晶、抽滤、洗涤等基本实验操作。

**5. 思考题**

(1)什么是重氮化反应？什么是偶联反应？他们对各自反应条件有哪些特殊要求？

(2)实验中，$NaNO_2$不能过量太多，为什么？多了应该怎样处理？

(3)二甲基苯胺与重氮盐偶合为什么总是发生在氨基的对位？

## 4.1.4　1-溴丁烷的制备及提纯

**1. 实验目的**

(1)学习以 NaBr、浓 HCl 和正丁醇制备正溴丁烷的方法。

(2)掌握带有吸收有害气体装置的回流、加热等操作方法。

**2. 实验原理**

主反应：

$$NaBr + H_2SO_4 \longrightarrow HBr + NaHSO_4$$

$$n\text{-}C_4H_9OH + HBr \longrightarrow n\text{-}C_4H_9Br + H_2O$$

可能副反应：

$$n\text{-}C_4H_9OH \xrightarrow[\text{加热}]{\text{浓 } H_2SO_4} n\text{-}CH_3CH_2CH{=}CH_2 \uparrow H_2O$$

$$2n\text{-}C_4H_9OH \xrightarrow[\text{加热}]{\text{浓 } H_2SO_4} (n\text{-}C_4H_9)_2O + H_2O$$

$$NaBr + \text{浓 } H_2SO_4 \longrightarrow Br_2 + SO_2\uparrow + H_2O + NaHSO_3$$

**3. 实验装置图**

溴丁烷的制备及提纯装置如图 4-2 所示。

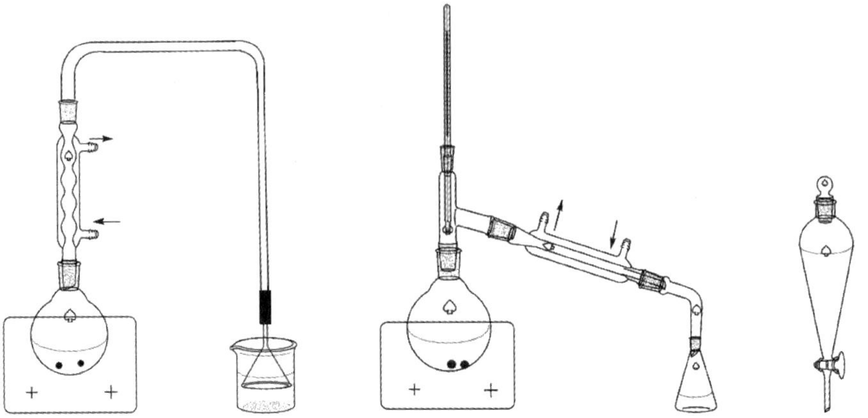

图 4-2 1-溴丁烷制备所需装置示意图

### 4. 实验操作步骤

1)粗产品的制备

投料 → 搭配反应装置 → 加热回流 → 蒸馏 → 残液（趁热倒出）／粗产品（含有哪些成分）

- 投料：4 mL水，6 mL浓$H_2SO_4$，4 mL正丁烷，6 gNaBr 注意加样顺序，滴加浓$H_2SO_4$的方法和注意事项
- 搭配反应装置：①注意气体吸收装置的正确安装；②磁力搅拌子的使用
- 加热回流：①注意温度的控制，保持微沸；②回流30 min以上
- 蒸馏：目的，蒸馏温度，注意事项，记录蒸馏的开始和停止时间，如何判断产物已经蒸完
- 残液：趁热倒出
- 粗产品：含有哪些成分

2)粗产品的精制

粗产品 —转入分液漏斗→ 洗涤分液 → 干燥 → 蒸馏 → 正溴丁烷

- 洗涤分液：①$H_2O$洗涤 ②浓$H_2SO_4$洗涤 ③饱和NaCl洗涤 ④饱和$NaHCO_3$洗涤 ⑤$H_2O$洗涤 注意等体积洗涤，判断正溴丁烷在哪一层
- 干燥：①无水$CaCl_2$干燥，注意加入方法及用量；②干燥时间和判断方法
- 蒸馏：收集91~96 ℃/630 mmHg馏分 ①蒸馏目的为何？②对装置有何特殊要求？③蒸馏终点如何判断
- 正溴丁烷：外观、沸程、产率

在 50 mL 圆底烧瓶中，加入 4 mL 水，慢慢地加入 6 mL 浓 $H_2SO_4$，混匀并冷却至室温。加入正丁醇 4 mL。混合后加入 6 g 研细的 NaBr，充分振摇，加入几粒沸石，装上回流冷凝管，按照反应装置图搭配装置。在冷凝管上端接一吸收 HBr 气体的装置，用 5% 的 NaOH 作为吸收剂。用电加热套小火加热回流 30 min，注意一定要充分搅拌，防止 NaBr 结块。冷却后，改作蒸馏装置，加热蒸出所有的正溴丁烷。

将馏出液小心转入分液漏斗，用 5 mL 水洗涤，小心地将粗产品转入到另一干燥的分液漏斗中，用 2 mL 浓 $H_2SO_4$洗涤，尽量分去 $H_2SO_4$ 层，有机层依次分别用饱和 NaCl 溶液、饱和 $NaHCO_3$溶液和水各 5 mL 洗涤，注意产物分层。产物移入干燥的小锥形瓶中，加入无水 $CaCl_2$ 干燥，间歇摇动，直至液体透明。将干燥的产物小心地转移到蒸馏烧瓶中。加热蒸馏，收集 91～96 ℃/630 mmHg 的馏分即为产物正溴丁烷。

**5. 思考题**

(1)实验中采用 1∶1的 $H_2SO_4$有何好处?

(2)怎样选择气体吸收装置中的吸收剂?

(3)粗产品洗涤后发现是黄色的，什么原因？如何处理?

## 4.1.5　对氨基苯磺酸的制备

**1. 实验目的**

(1)掌握磺化反应的原理和操作。

(1)了解氨基的简单检测方法。

**2. 实验原理**

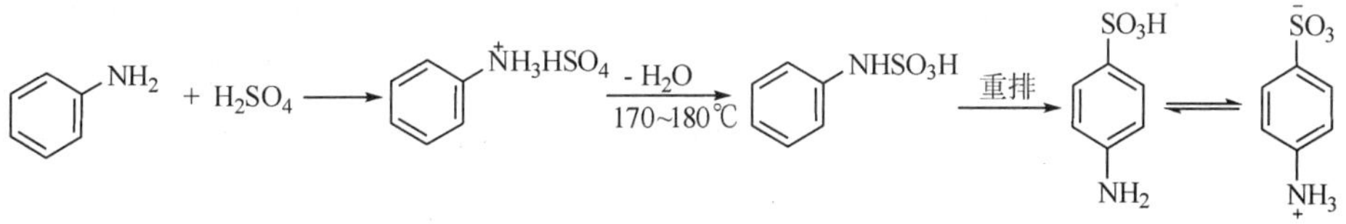

**3. 实验装置**

对氨基苯磺酸的制备反应中所需的回流反应装置如图 4-3 所示。

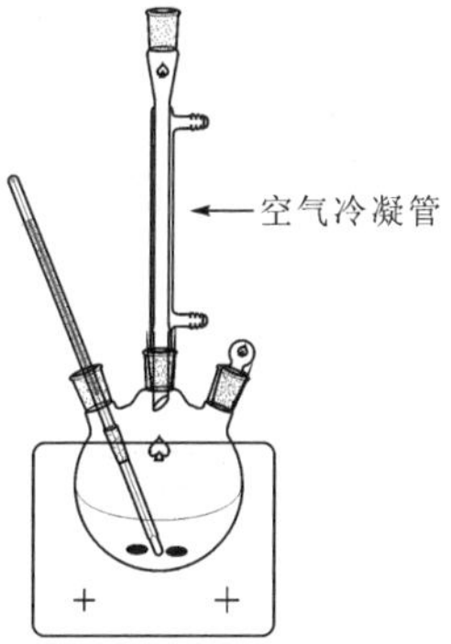


图 4-3　回流反应装置图

**4. 实验操作步骤**

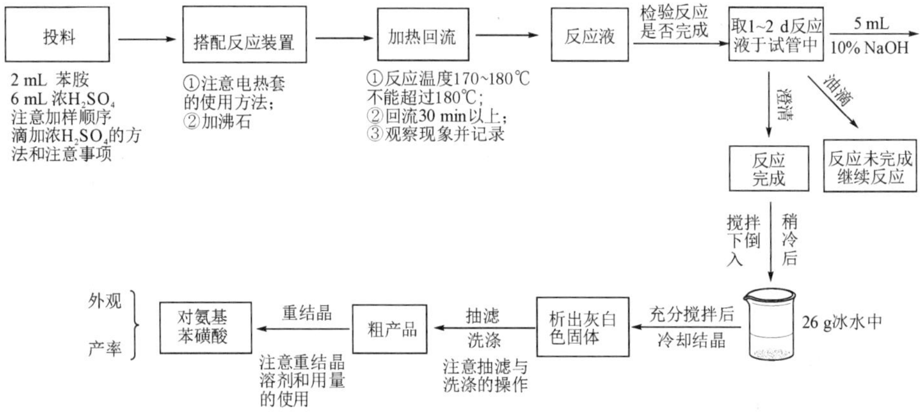


在 25 mL 三颈烧瓶中加入 2 mL 新蒸馏的苯胺，装上空气冷凝管，滴加 6 mL浓 $H_2SO_4$。用电加热套加热，控制反应温度保持在 170～180 ℃反应约 2 h,检查反应完全后停止加热，放冷至室温。将混合物在不断搅拌下倒入盛有 25 mL 冰水的烧杯中，析出灰白色对氨基苯磺酸，抽滤，水洗，热水重结晶得产物。

**5. 思考题**

(1)苯胺为什么要用新蒸的?

(2)为什么浓 $H_2SO_4$ 加入到苯胺中要在冷却搅拌下加入?

(3)不检验反应是否完成就进行下一步处理可以吗? 为什么?

(4)固体产品与液体产品的纯化方法有什么区别?

## 4.1.6　乙酰苯胺的制备及提纯

**1. 实验目的**

(1)了解酰化反应的原理和酰化试剂的使用方法。

(2)掌握易氧化基团的保护及其间接合成方法。

**2. 实验原理**

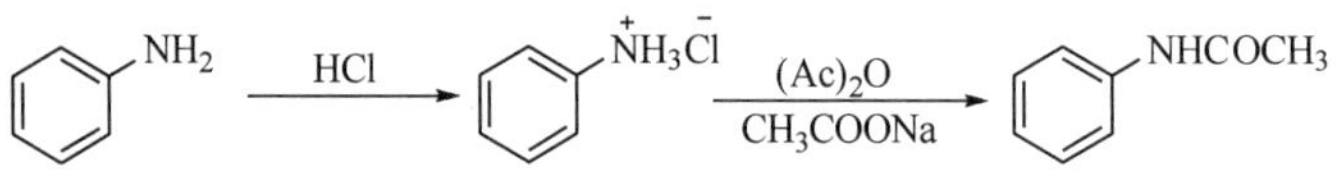

**3. 实验操作步骤**

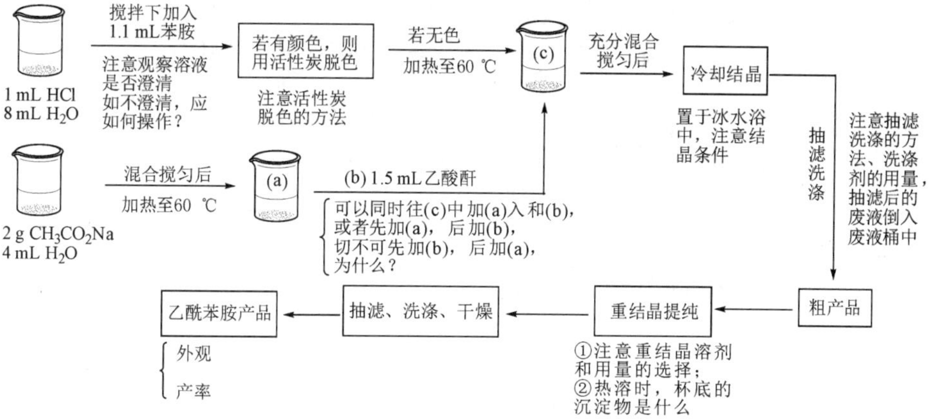


在烧杯(1)中加入 1 mL 浓 HCl 和 8 mL 水，搅拌下加入 1. 1 mL 新蒸的苯胺，搅拌至溶液澄清，于水浴上保持 60 ℃。另一烧杯(2)中加入 2 g 结晶乙酸钠和 4 mL 水，固体溶解后加热至 60 ℃。把烧杯(2)中的溶液加入到烧杯(1)中，随后再加入 1. 5 mL 新蒸的乙酸酐，充分搅拌后冷却到室温，再放置到冰水中冷却结晶 15min，抽滤，用冰水洗涤后得乙酰苯胺粗产品。热水重结晶后得乙酰苯胺晶体，产率约 61%～68%。

**4. 思考题**

(1)什么是酰化反应？常用的酰化试剂各有什么特点？使用时应注意什么？

(2)乙酰化反应在有机合成中有何意义？

(3)用乙酸酐进行乙酰化时，加入 HCl 和乙酸钠的作用是什么？

(4)苯胺、乙酸酐使用前需要重新蒸馏，为什么？

(5)苯胺、乙酸酐在取用时有哪些注意事项？

(6)反应时加入水量的多少对反应结果有何影响？

## 4.1.7　己二酸的制备、提纯及熔点测定

**1. 实验目的**

(1)通过己二酸的制备，了解用 $HNO_3$ 作为氧化剂的氧化反应的反应原理、方法和操作。

(2)掌握有毒气体的处理方法，巩固浓缩、过滤、重结晶等操作技能。

## 2. 实验原理

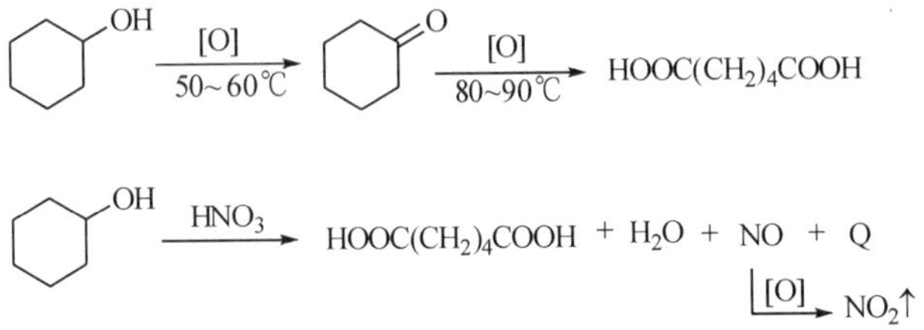


## 3. 实验装置

己二酸的制备装置如图 4-4 所示。

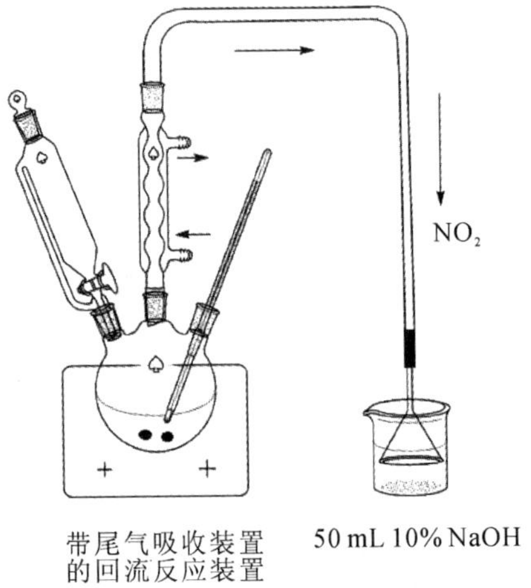


图 4-4　己二酸制备装置示意图

## 4. 实验步骤

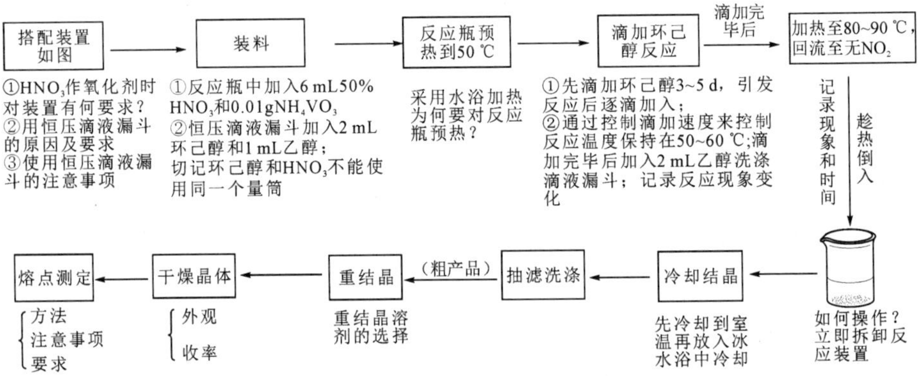


在装有回流冷凝管、温度计和滴液漏斗的 50 mL 三颈烧瓶中，加入 6 mL 50%的 $HNO_3$ 及少许钒酸铵(约 0.01g)，滴液漏斗中加入 2 mL 环己醇和1 mL 无水乙醇，在冷凝管上接一气体吸收装置，用碱液吸收反应过程中产生的 $NO_2$ 气体。三颈烧瓶用水浴预热到 50 ℃左右，移去水浴，自滴液漏斗中先滴 2～3 滴环己醇，同时加以摇动，至反应开始放出 $NO_2$ 气体，然后逐滴加入其

余部分的环己醇，调节滴加速度，使瓶内温度维持在 50～60 ℃(在滴加时经常加以摇动)。温度过高时，可用冷水浴冷却；温度过低时，则可用水浴加热，滴加完毕约需 10 min，环己醇滴加完毕后往滴液漏斗中加入 2 mL 无水乙醇，震荡洗涤后加入到反应体系中，加完后再继续振荡，并用 80～90℃的热水浴加热 10 min，至几乎无红棕色气体放出为止。然后将此热液倒入 50 mL 的烧杯中，冷却后析出己二酸，抽滤，用少量冰水洗涤，干燥，得粗产物。粗制的己二酸可以在水中重结晶。纯己二酸为白色棱状晶体，收率约 58%。

**5. 思考题**

(1)控制好环己醇的滴加速度是保证本实验顺利进行的关键，太快或太慢有何结果？如何操作好？

(2)解释偏钒酸铵在反应中的作用。为何反应中不用浓 $HNO_3$ 作氧化剂？

(3)总结把握己二酸质量的操作关键及影响因素。

## 4.1.8　肉桂酸制备及纯化

**1. 实验目的**

(1)通过肉桂酸的制备，了解 Perkin 反应的原理和操作方法。

(2)掌握水蒸气蒸馏、过滤、重结晶等操作技能。

**2. 实验原理**

利用 Perkin 反应，将芳香醛与酸酐混合后在相应的羧酸盐存在下加热，制得 $\alpha,\beta$-不饱和羧酸。

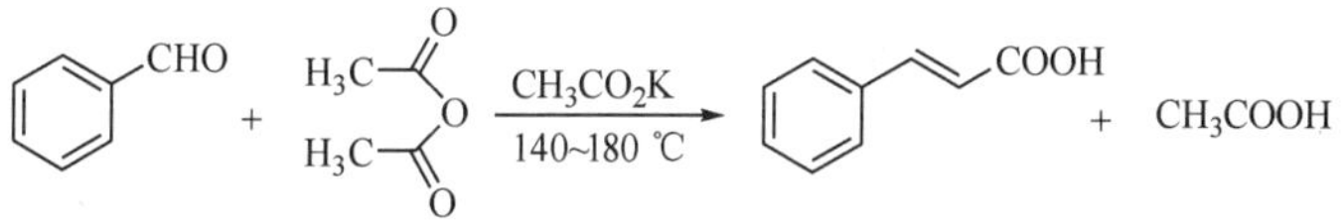


用 $K_2CO_3$ 代替反应中的醋酸钾，可缩短反应时间和提高反应收率。

**3. 实验装置**

肉桂酸的制备所需实验装置图与图 4-3 一致。

**4. 实验操作**

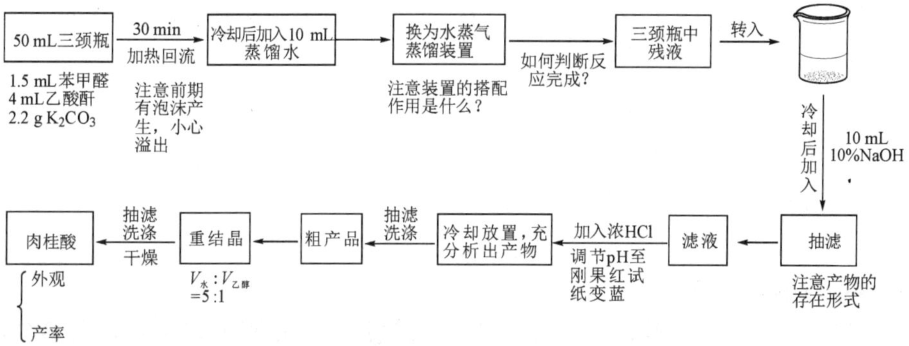

在 100 mL 三颈烧瓶中放入 1.5 mL(0.015 mol)新蒸馏过的苯甲醛、4 mL(0.036 mol)新蒸馏过的醋酸酐以及研细的 2.2 g(0.016 mol)无水 $K_2CO_3$。在石棉网上加热回流 30 min。由于有 $CO_2$ 放出，初期有泡沫产生。待反应冷却后，加入 10 mL 温水，改为水蒸气蒸馏装置蒸馏出未反应完的苯甲醛。再将烧瓶冷却，加入 10 mL 10% NaOH 溶液，以保证所有的肉桂酸成钠盐而溶解。抽滤，将滤液倒入 100 mL 烧杯中，冷却至室温，在搅拌下用浓 HCl 酸化至刚果红试纸变蓝。冷却，抽滤，用少量水洗涤沉淀，抽干。粗产品在空气中晾干，产量约 1.5 g(产率约 68%)。粗产品可用 $V_{水}:V_{乙醇}=5:1$ 重结晶。

**5. 注意事项**

本实验要获得高的收率，实验前必须对苯甲醛和乙酸酐进行处理(重新蒸馏)，$KCO_3$必须干燥除水研细后密封保存。

**6. 思考题**

(1)苯甲醛和丙酸酐在无水 $KCO_3$的存在下相互作用后得到什么产物？

(2)具有何种结构的醛才能发生 Perkin 反应？

(3)用水蒸气蒸馏除去什么？为什么水蒸气蒸馏法能纯化产品？

## 4.1.9 环己酮的制备

1. 实验目的

(1)掌握氧化法制备环己酮的原理和方法。

(2)掌握搅拌、萃取、盐析和干燥等实验操作及空气冷凝管的应用。

(3)掌握简易水蒸气蒸馏的方法。

**2. 实验原理**

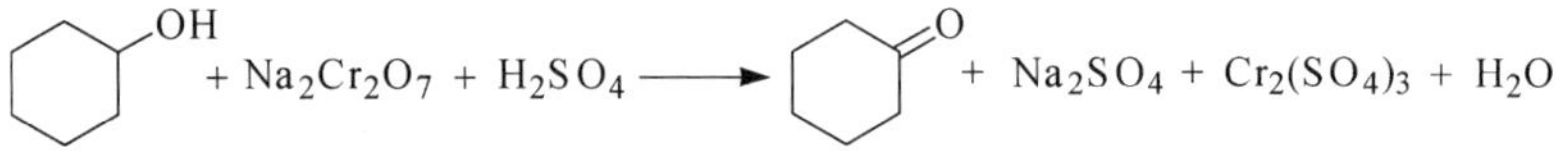


六价铬是将伯醇、仲醇氧化成醛酮的最重要和最常用的试剂，氧化反应可在酸性、碱性或中性条件下进行。铬酸是重铬酸盐与 40%～50% $H_2SO_4$ 的混合物。本实验采用酸性氧化，溶剂可用：水、醋酸、二甲基亚砜(DMSO)、二甲基甲酰胺(DMF)或它们组成的混合溶剂。本实验采用乙醚－水混合溶剂。

反应式：

$$Na_2Cr_2O_7 + 2H_2SO_4 \longrightarrow 2NaHSO_4 + H_2Cr_2O_7$$

$$H_2Cr_2O_7 + H_2O \longrightarrow 2H_2CrO_4$$

$$\underset{(R_2CHOH)}{3RCH_2OH} + 2H_2CrO_4 + 3H_2SO_4 \longrightarrow \underset{(R_2C=O)}{3RCH=O} + Cr_2(SO_4)_3 + H_2O$$

**3. 实验仪器及药品**

仪器：磁力搅拌器，150 mL 烧瓶，分液漏斗，锥形瓶，烧杯，电热套，折光仪。

药品：环己醇，$Na_2Cr_2O_7$，浓 $H_2SO_4$，乙醚，无水 $MgSO_4$，草酸，精制食盐。

主要试剂及产品的物理常数(文献值)见表 4-1，其中环己醇与环己酮的红外光谱图见图 4-5。

**表 4-1　环己醇与环己酮的物理常数**

| 名称 | 分子量 | 性状 | 折光率 | 比重 | 沸点/℃ | 溶解度/(g/100 mL 溶剂) |
|---|---|---|---|---|---|---|
| 环己醇 | 100.16 | 液体 | 1.465 | 0.962 | 161.1 | 3.6 |
| 环己酮 | 98.14 | 液体 | 1.4507 | 0.947 | 155.7 | 2.4 |

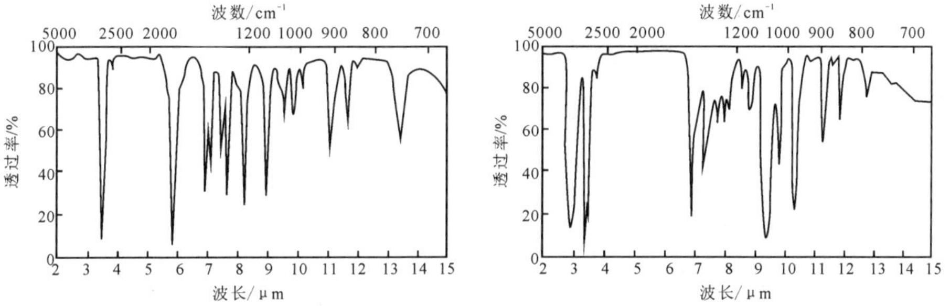


环己酮的红外光谱　　环己醇的红外光谱

图 4-5　环己醇与环己酮的红外光谱图

**4. 实验装置**

环己酮的制备需要用到回流装置，提纯需要用到蒸馏装置。

**5. 实验步骤**

(1)铬酸溶液配制：将 10.5g $Na_2Cr_2O_7 \cdot 2H_2O$ 溶于 60 mL 水中，在搅拌下慢慢加入 9 mL 98%浓 $H_2SO_4$，得一橙红色溶液，冷却至 0℃以下备用。

(2)粗产物的制备：安装装置，于三颈瓶中加入 5.3 mL(0.05mol)环己醇和 25 mL 乙醚，摇匀且冷却至 0℃。开动搅拌，将冷却至 0 ℃的 50 mL 铬酸溶液从恒压漏斗中滴入三颈瓶中。加完后保持反应温度在 55～60 ℃，继续搅拌 20 min 后，加入 1.0 g 草酸，使反应完全，反应液呈墨绿色。

(3)分离：将反应混合物用 NaCl 饱和，转移到分液漏斗中分出醚层，水层用乙醚萃取两次(每一次 12.5 mL)，将 3 次的醚层合并，用 12.5 mL 5% $Na_2CO_3$溶液洗涤 1 次，然后用 4×12.5 mL 水洗涤。用无水 $Na_2SO_4$干燥，过滤到烧瓶中。

(4)提纯：用 50～55 ℃蒸去乙醚。改为空气冷凝蒸馏装置，再加热蒸馏，收集 152～155 ℃馏分。

(5)称重、计算产率。测折光率。

纯环己酮为无色透明液体，沸点 155.7 ℃，相对密度 $d_4^{20}$ 0.948，折光率

$n_D^{20}$ 1.4507。

**6. 注意事项**

(1)浓 $H_2SO_4$ 的滴加要缓慢，注意冷却。

(2)铬酸氧化醇是一个放热反应，实验中必须严格控制反应温度以防反应过于剧烈。反应中控制好温度，温度过低反应困难，过高则副反应增多。

(3)在第一次分层时，由于上下两层都带深棕色，不易看清其界线，可加少量乙醚或水，则易看清。

(4)乙醚容易燃烧，必须远离火源。

(5)铬酸溶液具有较强的腐蚀性，操作时多加小心，不要溅到衣物或皮肤上。

(6)环己酮和水可形成恒沸物(90℃，约含环己酮 38.4%)，使其沸点下降，用无水 $Na_2SO_4$ 干燥时一定要干燥完全。

**7. 思考题**

(1)本实验的氧化剂能否改用 $HNO_3$ 或 $KMnO_4$，为什么？

(2)蒸馏产物时为何要使用空气冷凝管？

(3)盐析的作用是什么？

(4)能否用铬酸氧化法把 2-丁醇和 2-甲基-2-丙醇区别开来？说明原因，并写出有关反应式。

## 4.1.10 正丁醚的制备

**1. 实验目的**

(1)掌握醇分子间脱水制备醚的反应原理和实验方法。

(2)学习共沸脱水的原理和分水器的实验操作。

**2. 实验原理**

主反应：$2C_4H_9OH \xrightarrow{H_2SO_4} C_4H_9-O-C_4H_9+H_2O$

副反应：$2C_4H_9OH \xrightarrow{H_2SO_4} C_2H_5CH=CH_2+H_2O$

本实验主反应为可逆反应，为了提高产率，利用正丁醇能与生成的正丁醚及水形成共沸物的特性，可把生成的水从反应体系中分离出来。

**3. 药品和仪器**

药品：正丁醇，正丁醚，浓 $H_2SO_4$，5%NaOH 溶液，无水 $CaCl_2$，饱和 $CaCl_2$ 溶液。

仪器：100 mL 三口瓶，球形冷凝管，分水器，温度计，125 mL 分液漏斗，50 mL 蒸馏瓶。

**4. 实验装置**

本实验的装置如图 4-6 所示。

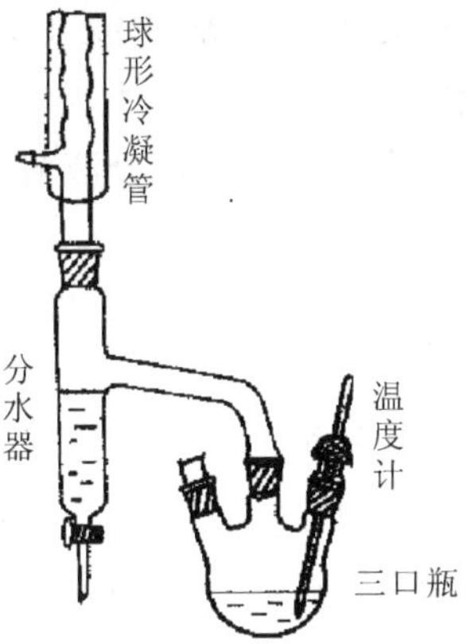


反应装置图

图 4-6　正丁醚的制备示意图

**5. 实验操作**

在 100 mL 三口烧瓶中，加入 31 mL 正丁醇、4.5 mL 浓 $H_2SO_4$和几粒沸石，摇匀后，一口装上温度计，温度计插入液面以下，另一口装上分水器，分水器的上端接回流冷凝管。先在分水器内放置 4 mL 水，另一口用塞子塞紧。然后将三口瓶放在石棉网上小火加热至微沸，进行分水。反应中产生的水经冷凝后收集在分水器的下层，上层有机相积至分水器支管时，即可返回烧瓶。大约经 1.5 h 后，三口瓶中反应液温度可达 134～136 ℃。当分水器全部被水充满时停止反应。若继续加热，则反应液变黑并有较多副产物烯生成。

将反应液冷却到室温后倒入盛有 50 mL 水的分液漏斗中，充分振摇，静置后弃去下层液体。上层粗产物依次用 25 mL 水、15 mL 5％NaOH 溶液、15 mL水和 15 mL 饱和 $CaCl_2$溶液洗涤，用 1～2 g 无水 $CaCl_2$干燥。干燥后的产物倾入 50 mL 梨形瓶中蒸馏，收集 140～144 ℃馏分，产量 7～8 g。

纯正丁醚的沸点 142.4 ℃，$n_D^{20}$ 1.3992。

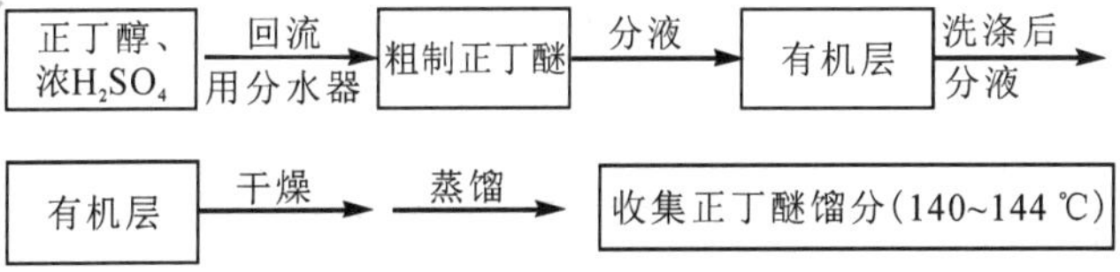


**6. 实验注意事项**

(1)本实验根据理论计算失水体积为 3 mL，但实际分出水的体积略大于计算量，故分水器放满水后先放掉约 4.0 mL 水。

(2)制备正丁醚的适宜温度是 130～140 ℃，但开始回流时，这个温度很难达到，因为正丁醚可与水形成共沸物(沸点 94.1 ℃，含水 33.4％)；另外，正丁醚与水及正丁醇形成三元共沸物(沸点 90.6 ℃，含水 29.9％，正丁醇

34.6%)，正丁醇也可与水形成共沸物(沸点 93 ℃，含水 44.5%)，故应在 100～115 ℃反应半小时之后才可达到 130 ℃以上。

(3)在碱洗过程中，不要太剧烈地摇动分液漏斗，否则生成乳浊液，分离困难。

(4)正丁醇溶在饱和 $CaCl_2$ 溶液中，而正丁醚微溶。

**7. 思考题**

(1)如何得知反应已经反应完全?

(2)反应物冷却后为什么要倒入 50 mL 水中? 各步洗涤的目的何在?

(3)能否用本实验方法由乙醇和 2-丁醇制备乙基仲丁基醚? 你认为用什么方法比较好?

## 4.1.11　乙酰乙酸乙酯的制备

**1. 实验目的**

(1)学习制备乙酰乙酸乙酯的原理和方法，加深对 Claisen 酯缩合反应原理的理解和认识。

(2)熟悉在酯缩合反应中金属钠的应用和操作。

(3)复习无水操作和液体干燥。

(4)了解减压蒸馏的原理和应用范围，认识减压蒸馏的主要仪器设备，并初步掌握减压蒸馏仪器的安装和操作方法。

**2. 实验原理**

含有 $\alpha$-H 的酯在碱性催化剂存在下，能和另一分子酯发生缩合反应生成 $\beta$-酮酸酯，这类反应称为 Claisen 酯缩合反应。乙酰乙酸乙酯就是通过这个反应制备的。

反应式:

$$2CH_3CO_2Et \xrightarrow{C_2H_5ONa} CH_3\overset{\overset{O}{\|}}{C}CH_2COOEt + C_2H_5OH$$

反应机理:

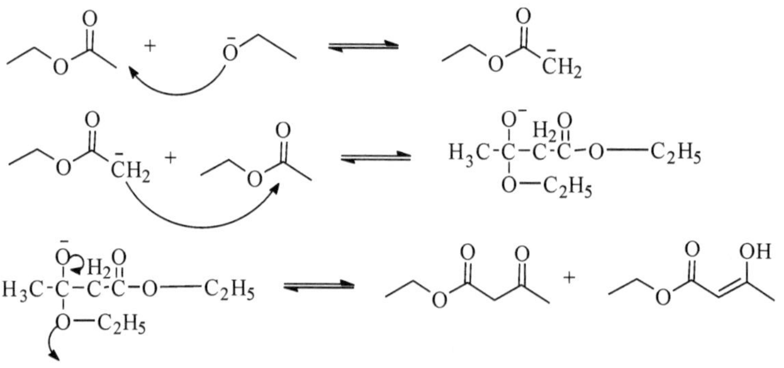

其催化剂是乙醇钠。因为金属钠和残留在乙酸乙酯中少量乙醇(少于3%)作用后就有乙醇钠生成。乙酰乙酸乙酯的生成是经过如下一系列平衡反应。随着反应的进行，也不断地生成了醇，所以反应就能不断地进行下去，直至金属钠消耗。乙酸乙酯中总是含有少量乙醇副产物，所以此对反应有利。但如果作原料的酯中乙醇的含量过大时，对反应也是不利的。因为Claisen酯缩合反应是可逆的，β-酮酯在醇和醇钠的作用下可分解为两分子酯，使产率降低。

**3. 实验部分**

1)实验仪器

圆底烧瓶，分液漏斗，球形冷凝管，直形冷凝管，干燥管，减压蒸馏装置，烧杯，锥形瓶，量筒，滴管，玻璃棒，电热套等。

2)实验药品

乙酸乙酯，Na，二甲苯，HOAc(50%)，饱和NaCl，无水$Na_2SO_4$，$CaCl_2$。

主要反应试剂及产物的物理常数见表4-2。

**表4-2　主要试剂及产物的物理常数**

| 名称 | 分子质量 | 颜色晶形 | 熔点/℃ | 沸点/℃ | $d_4^{20}$ | $n_D^{20}$ | 溶解度 | | |
|---|---|---|---|---|---|---|---|---|---|
| | | | | | | | $H_2O$ | 乙醇 | 乙醚 |
| 二甲苯 | 106.17 | 无色液体 | −25.18 | 144.4 | 0.8802 | 1.5055 | 不溶 | ∞ | ∞ |
| 乙酸乙酯 | 88.12 | 无色液体 | −83.6 | 77.1 | 0.9003 | 1.3723 | $8.5^{13}$ | ∞ | ∞ |
| 金属钠 | 22.99 | 银白色固体 | 97.82 | 881.4 | 0.968 | | — | — | — |
| 乙酰乙酸乙酯 | 130.15 | 无色液体 | <−80 | 180.4 | 1.0282 | 1.4194 | $13^{17}$ | ∞ | ∞ |

3)操作步骤

(1)安装回流反应装置(图4-7)。

(2)制钠珠：将金属Na 0.9 g(39.1 mmol)迅速切成薄片，放入50 mL的圆底烧瓶中，并加入10 mL经过干燥的二甲苯，小火加热回流使熔融，拆去冷凝管，用橡皮塞塞住瓶口，用力振摇即得细粒状钠珠。稍冷后将二甲苯倒入回收瓶。

(3)加酯回流：迅速放入10 mL(9 g，102.2 mmol)乙酸乙酯，反应开始。若速度较慢可使反应温热。回流至钠基本消失，得橘红色溶液，有时有黄白色沉淀析出(均为烯醇盐)。

(4)酸化：加入50%醋酸至反应液呈弱酸性(pH=5～6)，固体未溶完可加少量水溶完。

(5)分液：反应液转入分液漏斗，加等体积饱和NaCl溶液，振摇，静置，分液。水层(下层)用8 mL乙酸乙酯萃取，萃取液和有机层合并，倒入锥形瓶中，并用适量的无水 $Na_2SO_4$ 干燥。

(6)蒸馏：将已充分干燥的有机混合液水浴加热，蒸馏出未反应的乙酸乙酯，停止蒸馏，冷却。

(7)将蒸馏得到的剩余物移至 10 mL 圆底瓶中进行减压蒸馏，收集馏分。

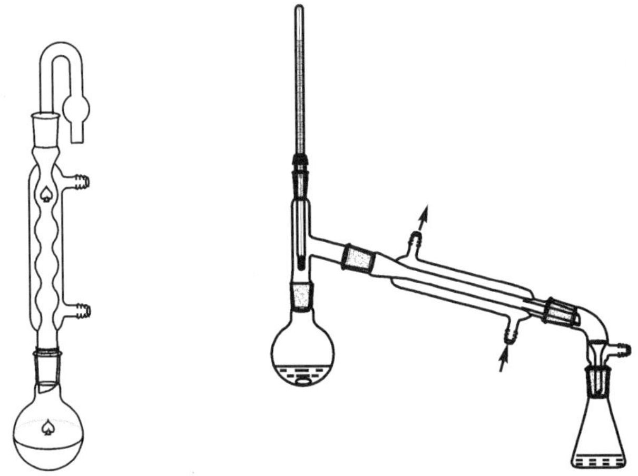

(1) 回流反应装置　　　　(2) 蒸馏装置

图 4-7　乙酰乙酸乙酯制备实验装置图

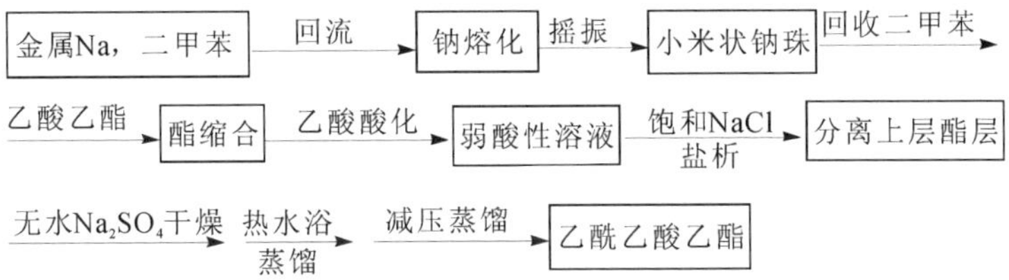


4)实验注意事项

(1)仪器干燥，严格无水。金属钠遇水即燃烧爆炸，故使用时应严格防止钠接触水或皮肤。钠的称量和切片要快，以免氧化或被空气中的水气侵蚀。多余的钠片应及时放入装有烃溶剂(通常二甲苯)的瓶中。

(2)本实验的关键：所用仪器必须是干燥的，所用的乙酸乙酯必须是无水的。水的存在使金属钠易与水反应，放出 $H_2$ 及大量的热，从而导致燃烧和爆炸。NaOH 的存在易使乙酸乙酯水解成乙酸钠，更重要的是水的存在使金属钠消耗，难以形成碳负离子中间体，导致实验失败。

(3)摇钠为本实验关键步骤，因为钠珠的大小决定着反应的快慢。钠珠越细越好，应呈小米状细粒。否则，应重新熔融再摇。钠珠的制作过程中一定不能停，且要来回振摇，使瓶内温度下降不至于使钠珠结块。

(4)醋酸不能多加，否则会造成乙酰乙酸乙酯的溶解损失。用醋酸中和时，若有少量固体未溶，可加少许水溶解，避免加入过多的酸。

(5)体系压力(mmHg)＝ 外界大气压力(mmHg)— 水银柱高度差(mmHg)[开口式压力计]。

(6)在系统充分抽空后通冷凝水，再加热蒸馏。一旦减压蒸馏开始，就应密切注意蒸馏情况，调整体系内压，记录压力和相应的沸点值，根据要求，收集不同馏分。

(7)蒸馏完毕，移去热源，慢慢旋开螺旋夹(防止倒吸)，并打开二通活塞，平衡内外压力，使测压计的水银柱慢慢地恢复原状(若打开得太快，水银柱很快上升，有冲破测压计的可能)，然后关闭油泵和冷却水。

(8)液体样品不得超过容器的 1/2。

(9)减压蒸馏前先抽真空，真空稳定后再慢慢升温。

(10)装仪器时，首先要求检查磨口仪器是否有裂纹。安装仪器时每一个磨口都必须配合好，同时为了提高气密性，要求在磨口上涂凡士林。

**4. 结果与讨论**

1)实验步骤及现象

制钠珠：加热后钠成熔融状态，趁热摇匀后得到小钠珠。

回流、酸化：金属钠逐渐消失，溶液呈红棕色透明液体。加入酸后先有黄白色固体生成，继续加酸后固体消失，溶液呈黄棕色。

分液、干燥：分液干燥后得到黄棕色液体。

减压蒸馏：气压为 8.2 kPa、温度为 31 ℃时，有前馏分蒸出；气压为 4.6 kPa、温度为 83 ℃时，有馏分蒸出，此时开始收集产物。收集到的产物为淡黄色透明液体。

2)实验思考

(1)为什么使用二甲苯作溶剂，而不用苯或甲苯?

(2)为什么要做钠珠?

(3)为什么用醋酸酸化，而不用稀盐酸或稀硫酸酸化?

(4)加入饱和食盐水的目的是什么?

(5)中和过程开始析出的少量固体是什么?

(6)乙酰乙酸乙酯沸点并不高，为什么要用减压蒸馏的方式?

(7)在怎样的情况下才用减压蒸馏?

(8)使用油泵减压时，有哪些吸收和保护装置?其作用是什么?

(9)在进行减压蒸馏时，为什么必须用热浴加热，而不能直接用火加热?为什么进行减压蒸馏时须先抽气才能加热?

(10)当减压蒸完所要的化合物后，应如何停止减压蒸馏?为什么?

## 4.1.12 苯乙酮的制备

### 1. 实验目的

（1）学习傅-克酰基化制备芳酮的原理和方法。

（2）初步掌握无水操作、吸收、搅拌、回流、滴加等基本操作。

### 2. 实验原理

Friedel-Crafts 酰基化反应是制备芳酮的重要方法之一，酰氯、酸酐是常用的酰基化试剂，无水 $FeCl_3$，$BF_3$，$ZnCl_2$ 和 $AlCl_3$ 等路易斯酸作催化剂，分子内的酰基化反应还可以用多聚磷酸(PPA)作催化剂，酰基化反应常用过量的芳烃、二硫化碳、硝基苯、二氯甲烷等作为反应的溶剂。

用苯和乙酐制备苯乙酮的反应方程式如下：

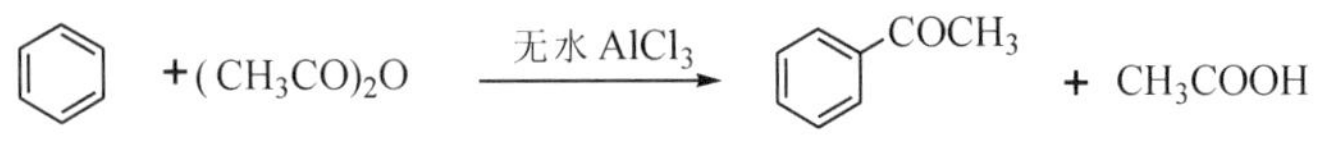


反应机理：

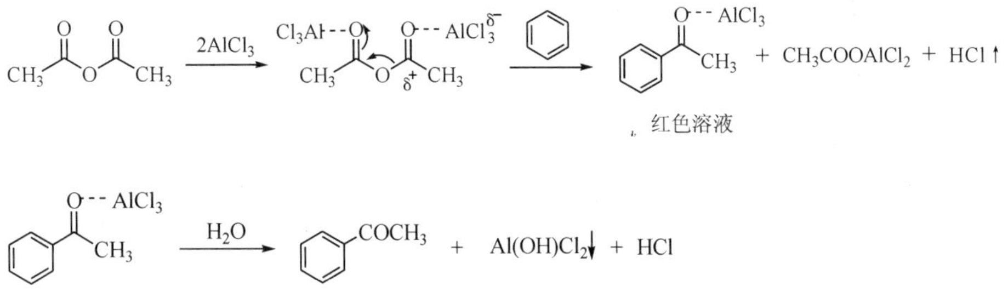


$$CH_3COOAlCl_2 \xrightarrow{H_2O} CH_3COOH + Al(OH)Cl_2\downarrow$$

$$Al(OH)Cl_2 \xrightarrow{HCl} Al^{3+} + 3Cl^- + H_2O$$

### 3. 实验药品及主要仪器

1）药品

乙酐，无水苯，无水 $AlCl_3$，无水 $CaCl_2$，5%NaOH，浓 HCl，无水 $MgSO_4$。

2）仪器

升降台，木板，隔热垫，电炉，水浴锅，机械搅拌器，四氟搅拌套塞(19#)，玻璃搅拌，三口烧瓶(100 mL、19#×3)，恒压滴液漏斗(14#×2)，大小头(口 14#+塞 19#)，空心塞(14#)，球形冷凝管(19#)，直形干燥管(19#×2)，分液漏斗，圆底烧瓶(100 mL、19#)，蒸馏头(19#)，螺帽接头(19#)，温度计(300℃)，直形冷凝管(19#)，空气冷凝管(19#)，真空接引管(19#)，锥形瓶(50 mL、19#)，量筒(100 mL)，三角漏斗，冰。

**4. 实验装置**

苯乙酮的制备装置如图 4-8 所示。

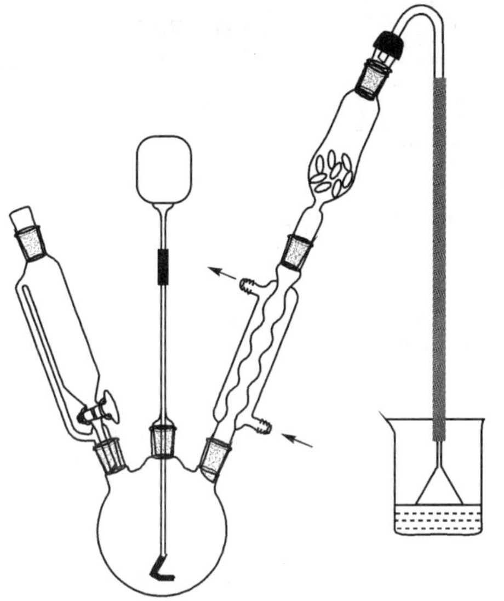

(1)搅拌、滴加、回流、尾气吸收装置

(2)萃取、洗涤装置

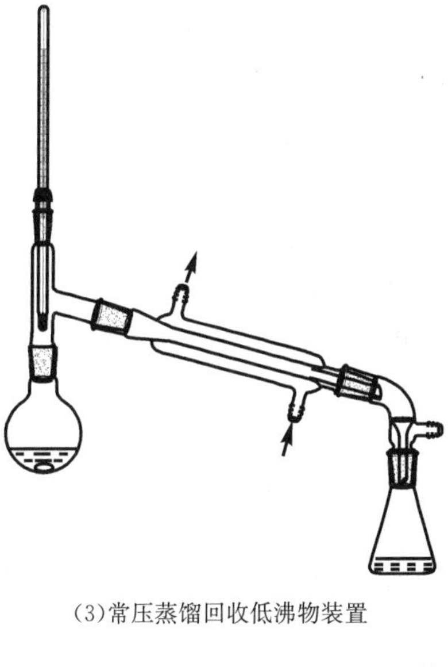

(3)常压蒸馏回收低沸物装置

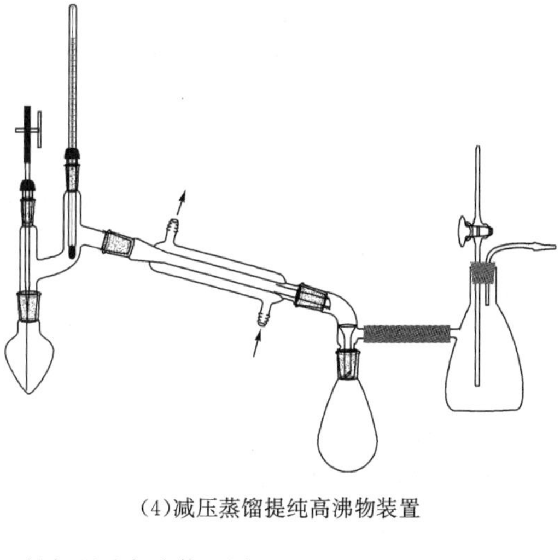

(4)减压蒸馏提纯高沸物装置

图 4-8　苯乙酮制备所需实验装置图

**5. 操作步骤**

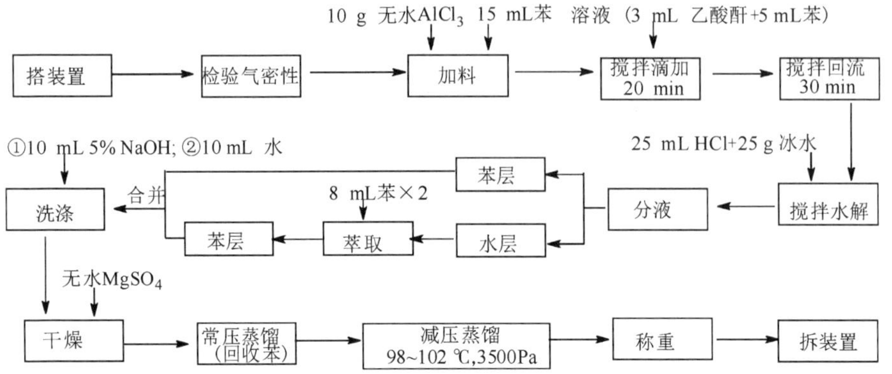


**6. 操作要点及注意事项**

(1) 搭装置：保持反应体系无水是实验成败的关键，所有仪器一定要烘干(除三角漏斗和烧杯)。仪器的选用，搭配顺序，各仪器位置的高度控制要合理。搅拌器转动要灵活。

(2) 检验气密性：搅拌套塞既要保证搅拌棒转动灵活又不能漏气，可在玻棒上抹一点硅油脂。尾气吸收装置中三角漏斗的高度要固定。

(3) 加料：所有药品以及取用药品的量筒等仪器都要干燥。$AlCl_3$要研碎，但易吸水，所以加料速度要快，若大部分变黄则表明已水解，不可用。

(4) 搅拌滴加：用同一干燥的量筒先取乙酐，再取苯倒入干燥的滴液漏斗中，常温下滴加。乙酸酐的滴加速度要慢，滴得太快温度不易控制。

(5) 搅拌回流：可选择水浴或电热套加热回流，但水浴时要防止水蒸气通过接口处进入反应体系，尤其是搅拌器套塞要密封，尽量将水浴锅盖盖上。注意温度的控制、回流气圈的高度、回流时间的控制(至无 HCl 气体产生)。

(6) 搅拌水解：用酸水解前就要降温，降温时要防止尾气管倒吸碱液。水解至固体物全部溶解。

(7) 分液：注意上下层的取舍。

(8) 萃取：萃取剂为苯，分两次进行，振荡要充分，但要防止冲料，分液漏斗更不能漏，注意减轻环境的污染，所有苯层合并。

(9) 洗涤：去除酸性杂质，最后水层尽量分净，苯层倒入干燥的 100 mL 锥形瓶中干燥。

(10) 干燥：干燥剂选择的依据，干燥剂的类型，干燥剂的颗粒大小，干燥剂的用量，液体有机物干燥的时间，干燥的判断标准，干燥后的处理，干燥剂不能倒入蒸馏烧瓶。

(11) 常压蒸馏：回收苯，用 19 # 仪器，所有仪器要干燥，应该水浴加热，如用电炉要防止苯蒸气接触明火。蒸馏结束后将残留液转入 25 mL 梨形烧瓶中。

(12) 减压蒸馏：用 14 # 仪器，所有仪器要干燥，接口处要涂硅油脂。注意操作规程(先抽真空，再加热，结束时，先降温再放空，最后关泵)。如用常压蒸馏提纯，冷凝管要选用空气冷凝管。

**7. 实验讨论**

(1)实验过程中，颜色是如何变化的？试用化学方程式表示。

(2)在烷基化和酰基化反应中，$AlCl_3$的用量有何不同？为什么？本实验为什么要用过量的苯和 $AlCl_3$？

(3)反应完成后为什么要加入浓盐酸和冰水的混合物来分解产物？

(4)为什么硝基苯可作为反应的溶剂？芳环上有 OH、$NH_2$ 等基团存在时对反应不利，甚至不发生反应，为什么？

## 4.1.13　β-二羰基化合物双负离子的 γ-位烷基化

**1. 实验目的**

(1)学习并掌握有机合成中的无水、无氧实验操作技术。

(2)学习并掌握 β-二羰基化合物的 γ-烷基化的反应原理、实验操作。

(3)学习并掌握有机合成反应进度的监测、反应的终止、后处理及产物的分离提纯等基本操作，尤其是薄层层析(TLC)、柱层析在有机合成中的应用。

**2. 反应原理**

β-二羰基化合物(特别是 β-酮酸酯)是有机合成中的重要原料，其 α-位、γ-位质子在碱的作用下极易离去形成碳负离子，该碳负离子具有很好的亲核性，可发生亲核取代和加成反应，是有机合成中形成 C—C 键的重要合成块。在一般条件下(如：乙醇作溶剂，$K_2CO_3$ 作碱，加热回流)，形成 1，3-二酮或 β-酮酸酯的 α-负碳离子，烷基化反应在双重活化的 α-亚甲基或次甲基上发生；而不在“外侧”的 γ-位甲基或亚甲基上发生反应。但是，可以有选择性地在 γ-位发生烷基化反应，而且该反应有着良好的收率，在有机合成中应用广泛。

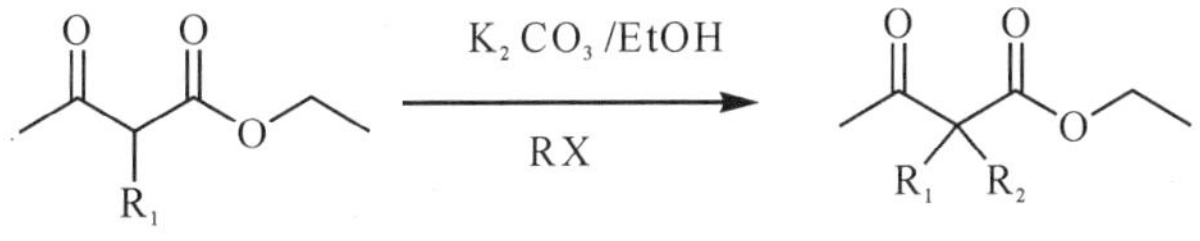


$R_1$=H, 或烷基；$R_2$=烷基

β-二羰基化合物 γ-位烷基化反应由加拿大不列颠哥伦比亚大学的化学家 Weiler 于 1970 年发展起来，并在 1974 年进行了系统的研究。Weiler 将 1 当量乙酰乙酸甲酯与 2 当量的 LDA 或者依次与 1 当量 NaH/1 当量 *n*-BuLi 作用，首先是乙酰乙酸甲酯的 α-位氢被夺去，然后 γ-位氢再被夺去形成乙酰乙酸甲酯双负离子；最后与 1 当量卤代烷反应生成 γ-位取代烷基化产物(D)。卤代烷优先与共振稳定性较小而活性较大的 γ-位碳负离子发生反应，而不与活性较小的 α-位碳负离子发生反应。

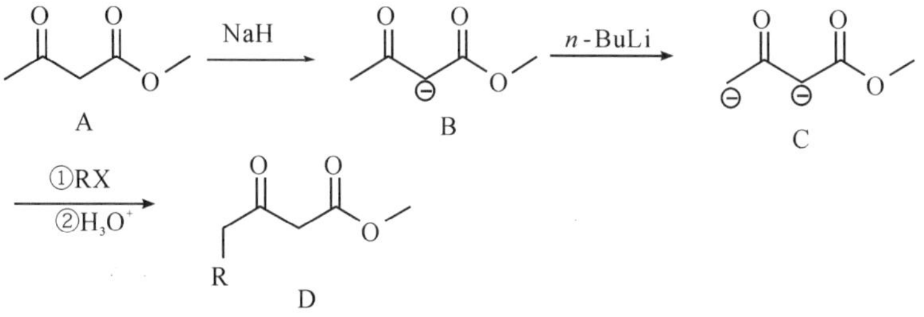


β-羰基化合物的双负离子需要在无水非质子溶剂(如：乙醚、THF)中制备，但在小极性的乙醚中会遇到双负离子溶解性差的问题，而在 THF 中一般不会遇到该问题。

**3. 实验部分**

本实验要合成的目标化合物为 E，是合成五元碳环的关键原料。

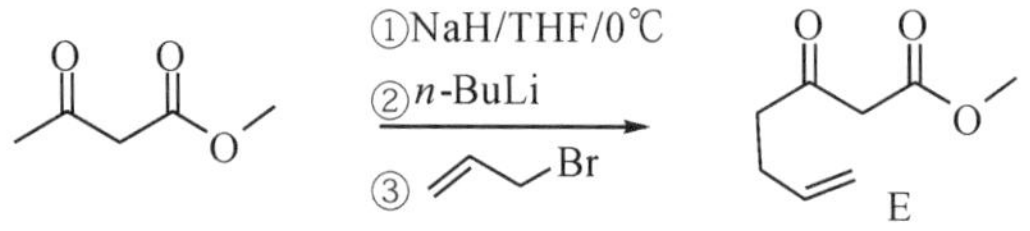


(1)原料：乙酰乙酸甲酯，NaH，*n*-BuLi，烯丙基溴，THF。

(2)操作：在干燥的 100 mL 圆底烧瓶中称入 NaH(11 mmol)，放入搅拌子，用橡胶帽将烧瓶口封好，并用 $N_2$保护。加入新蒸的无水 THF(25 mL)，冰水浴冷却，开动电磁搅拌。用注射器慢慢加入乙酰乙酸甲酯(10 mmol)，加完，继续搅拌 15 min，得到一无色溶液。用注射器滴加入 *n*-BuLi(10.5 mmol)，加完，得到黄色至橙色的双负离子溶液，继续于 0 ℃搅拌 15～20 min 后再使用。

将烯丙基溴(11 mmol)溶于 2 mL 无水 THF，用注射器滴加到所制得的双负离子 C 的溶液中，加完，允许反应温度慢慢升至室温。加入烷基化试剂后，双负离子颜色渐渐消退。室温搅拌反应 0.5～1 h 后，加入 10 mL 水终止反应。

反应结束，小心地往反应混合物中加入 1 mol/L 的 HCl，调节溶液 pH 至中性。然后用乙醚提取 3 次，合并醚层，再用盐水洗 1 次，无水 $MgSO_4$干燥。TLC 检测反应情况，并根据 TLC 条件确定柱层析条件。最后进行柱层析，分离得到目标产物。

**4. 实验注意事项**

(1)本实验所用 NaH 不需用无水石油醚洗涤，以除去 NaH 所含的矿物油。但应了解 NaH 的洗涤方法。

(2)乙酰乙酸甲酯加入时会产生大量 $H_2$，因此，加入速度不能太快。

(3)*n*-BuLi 是怕水、怕空气试剂，必须在 $N_2$保护下，用注射器量取。

(4)注意应用 TLC 监测反应进度，以确定反应时间。

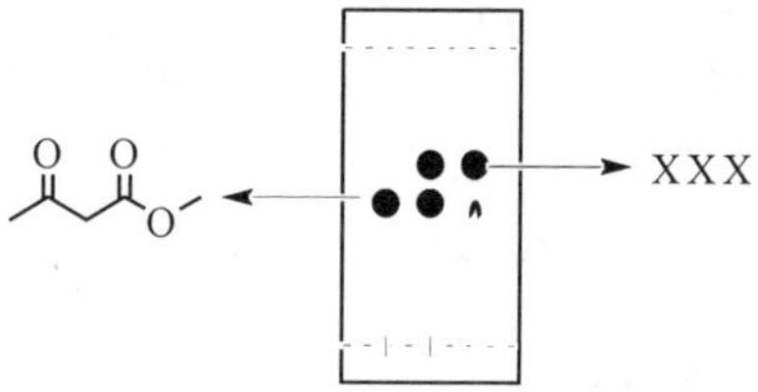


(5)由于β-酮酸酯在少量酸或碱的存在下加热不稳定，故萃取物必须洗至中性。否则，收率将会下降。

**5. 思考题**

(1)为什么能用 2 当量的 LDA 一次形成乙酰乙酸甲酯双负离子，而不能用 2 当量的 NaH 或 2 当量的 *n*-BuLi 一次形成？

(2)请解释乙酰乙酸甲酯的γ-位负离子比α-位负离子亲核性强的原因。

## 4.1.14　呋喃甲醇和呋喃甲酸的制备

**1. 实验目的**

(1)学习呋喃甲醛在浓碱条件下进行坎尼扎罗反应制得相应的醇和酸的原理和方法。

(2)了解芳香杂环衍生物的性质。

**2. 实验原理**

在浓的强碱作用下，不含α-活泼氢的醛类可以发生分子间自身氧化还原反应，一分子醛被氧化成酸，而另一分子醛则被还原为醇，此反应称为坎尼查罗反应。反应实质是羰基的亲核加成。反应涉及羟基负离子对一分子不含α-H 的醛的亲核加成，加成物的负氢向另一分子醛的转移和酸碱交换反应，其反应机理表示如下：

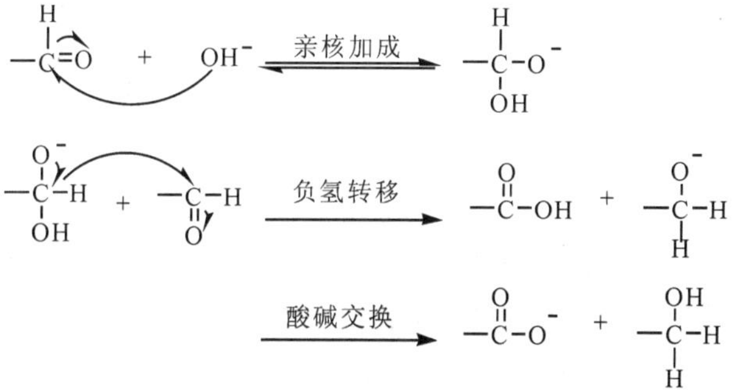


在坎尼查罗反应中，通常使用 50% 的浓碱，其中碱的物质的量比醛的物质的量多一倍以上，否则反应不完全，未反应的醛与生成的醇混在一起，通过一般蒸馏很难分离。

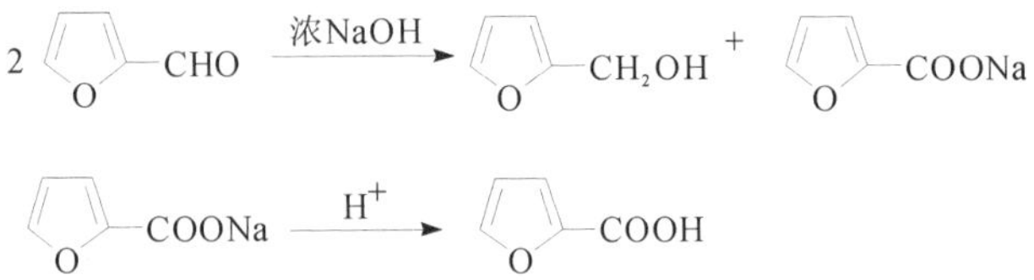


### 3. 主要试剂及产品的物理常数

本实验的主要试剂有呋喃甲醛、NaOH、乙醚、HCl 溶液、无水 $MgSO_4$、刚果红试纸，另外，下述表格中列出了参考文献中呋喃甲醛、呋喃甲酸及呋喃甲醇的物理常数。

| 名称 | 分子量 | 性状 | 折光率 | 比重 | 熔点/℃ | 沸点/℃ | 溶解度/(g/100mL 溶剂) |
|---|---|---|---|---|---|---|---|
| 呋喃甲醛 | 96.09 | 无色液体 | 1.4990 | 1.1594 | | 161.7 | |
| 呋喃甲酸 | 102.08 | 白色晶体 | | | 129～130 | 230～232 | |
| 呋喃甲醇 | 98.10 | 无色透明液体 | 1.4860 | 1.135 | ～29 | 170 | |

### 4. 基本操作训练

呋喃甲醇和呋喃甲酸制备如图 4-9 所示。

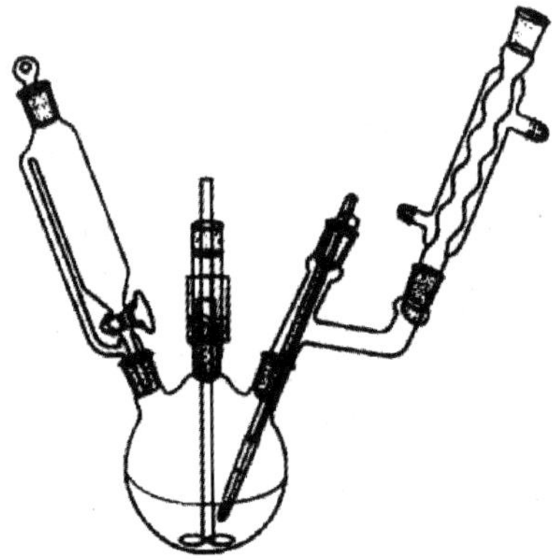

图 4-9　呋喃甲醇和呋喃甲酸制备装置示意图

1)操作步骤

(1)在 50 mL 烧杯中加入 3.28 mL(3.8 g，0.04 mol)呋喃甲醛，并用冰水冷却；另取 1.6 g NaOH 溶于 2.4 mL 水中，冷却。在搅拌下滴加 NaOH 水溶液于呋喃甲醛中。滴加过程必须保持反应混合物温度在 8～12 ℃，加完后，保持此温度继续搅拌 40 min，得一黄色浆状物。

(2)在搅拌下向反应混合物加入适量水(约 5 mL)使其恰好完全溶解得暗红色溶液，将溶液转入分液漏斗中，用乙醚萃取(3 mL ×4)，合并乙醚萃取液，用无水 $MgSO_4$ 干燥后，先在水浴中蒸去乙醚，然后在石棉网上加热蒸馏，收集 169～172 ℃馏分，产量约 1.2～1.4 g，纯粹呋喃甲醇为无色透明液体，沸点 171 ℃。

(3)在乙醚提取后的水溶液中慢慢滴加浓 HCl，搅拌，滴至刚果红试剂变蓝(约 1mL)，冷却，结晶，抽滤，产物用少量冷水洗涤，抽干后，收集粗产物，然后用水重结晶，得白色针状呋喃甲酸，产量约 1.5 g，熔点 130～132 ℃。

2)实验流程

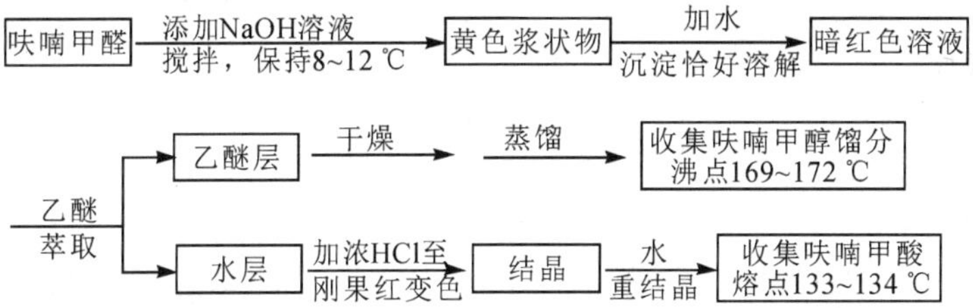


**5. 实验关键及注意事项**

(1)反应温度若高于 12 ℃，则反应难以控制，致使反应物变成深红色；若温度过低，则反应过慢，可能积累一些 NaOH。一旦发生反应，则过于猛烈，增加副反应，影响产量及纯度。由于氧化还原是在两相间进行的，因此必须充分搅拌。

(2)呋喃甲醇也可用减压蒸馏收集 88 ℃/4.666 kPa 的馏分。

(3)酸要加够，以保证 pH=3 左右，使呋喃甲酸充分游离出来，这是影响呋喃甲酸收率的关键。

(4)蒸馏回收乙醚，注意安全。

(5)将实验所得产品呋喃甲醇、呋喃甲酸的性状、外观与文献值对照。

**6. 思考题**

(1)乙醚萃取后的水溶液用 HCl 酸化，为什么要用刚果红试纸？如不用刚果红试纸，怎样知道酸化是否恰当？

(2)本实验根据什么原理来分离呋喃甲酸和呋喃甲醇？

# 4.2　药物制备实验

## 4.2.1　阿司匹林的合成及提纯

**1. 实验目的**

通过本实验了解阿司匹林(乙酰水杨酸)的制备原理和方法。

**2. 实验原理**

阿司匹林(乙酰水杨酸)是由水杨酸(邻羟基苯甲酸)与乙酸酐发生酯化反应后制得的。

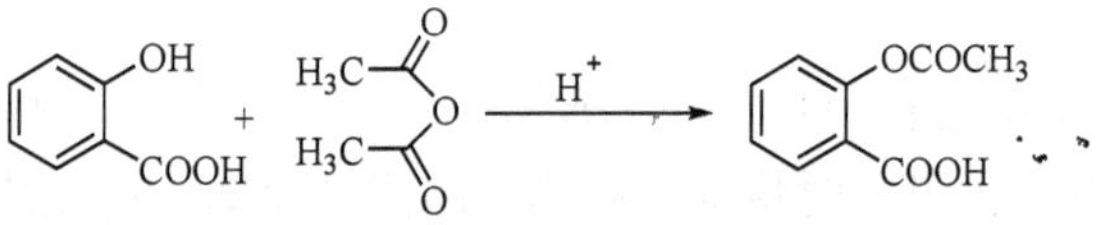

副反应：

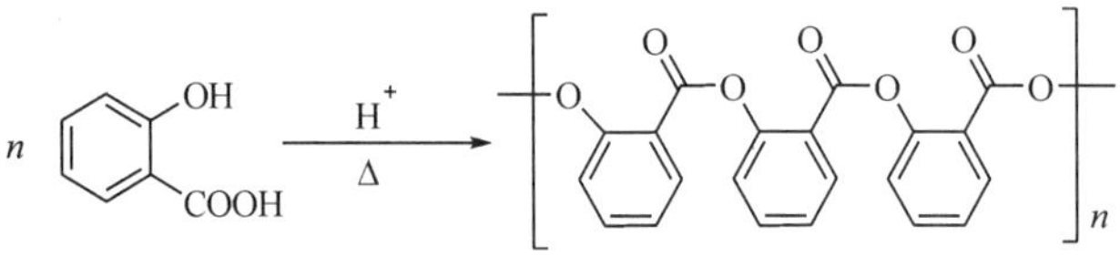


## 3. 实验操作

1)粗产品制备

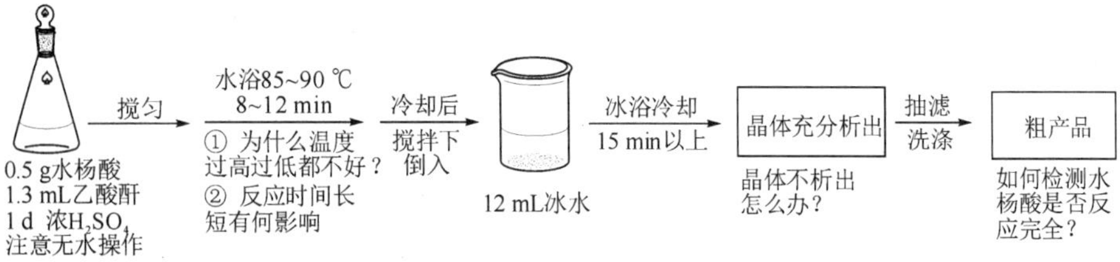


2)粗产品纯化

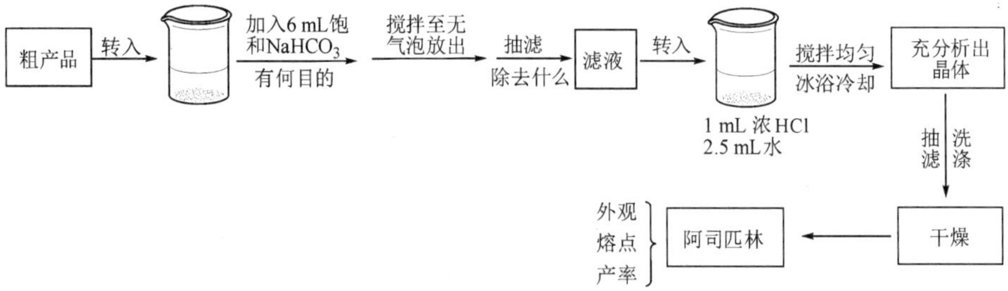


3)实验步骤

在25 mL锥形瓶中加入1.5 mL乙酸酐、0.5 g水杨酸和1滴浓$H_2SO_4$，摇动锥形瓶使水杨酸全部溶解，在水浴85～90 ℃上加热8～12 min，冷却到室温后，再放置到冰浴中使其充分结晶析出。抽滤并用少量冰水洗涤晶体，滤干后所得粗产物转移到50 mL烧杯中，加入6 mL饱和$NaHCO_3$溶液，搅拌至无$CO_2$气泡产生。抽滤，滤液倒入盛有酸液(1 mL浓HCl＋2.5 mL水)的50 mL烧杯中，搅拌后用冰水冷却结晶。抽滤并用少量水洗涤结晶。经干燥得产品阿司匹林，熔点133～135 ℃。

## 4. 注意事项

(1)乙酸酐遇水分解，取用时应迅速并且注意密封，乙酰化反应所用的仪器、量具必须干燥，同时注意不要让水蒸气进入锥形瓶。

(2)取浓$H_2SO_4$时注意安全。

(3)乙酰化反应温度不宜过高，否则将增加副产物(乙酰水杨酸酯、乙酰水杨酸水杨酸酯)的生成。

(4)倘若在冷却过程中阿司匹林没有从反应液中析出，可用玻璃棒轻轻摩擦锥形瓶的内壁，也可同时将锥形瓶放入冰浴中冷却，促使结晶生成。

**5. 思考题**

(1)制备阿司匹林时，加入浓 $H_2SO_4$的目的是什么?

(2)反应中会有哪些副产物?

(3)实验中反应温度高低和时间长短对反应有何影响?

## 4.2.2　苯妥英钠的制备

**1. 实验目的**

(1)学习由安息香为原料制备药物苯妥英钠的实验原理和方法。

(2)熟悉搅拌、回流、重结晶等基础操作。

**2. 实验原理**

苯妥英钠为抗癫痫药，适于治疗癫痫发作，也可用于三叉神经痛，及某些类型的心律不齐。苯妥英钠化学名为 5，5—二苯基乙内酰脲，化学结构式为：

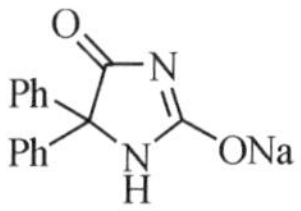

苯妥英钠为白色粉末，无臭、味苦。微有吸湿性，易溶于水，能溶于乙醇，几乎不溶于乙醚和氯仿。

安息香可以被温和的氧化剂三价铁离子氧化生成二苯乙二酮($\alpha$-二酮)，铁盐本身被还原成亚铁态，二苯乙二酮在碱性条件下与尿素反应生成苯妥英钠，合成路线如下：

1)安息香缩合及氧化

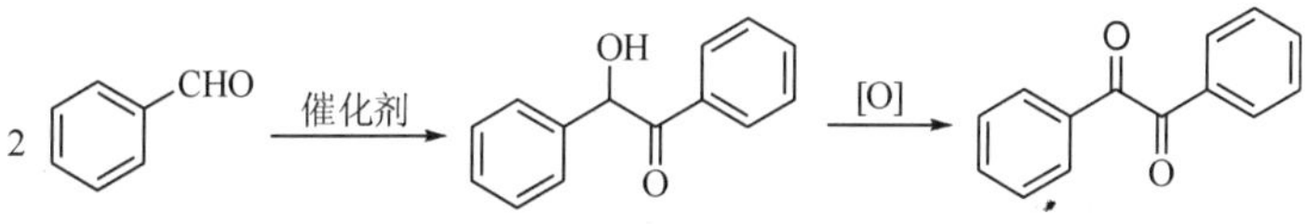

2)二苯羟乙酸重排及缩合反应(苯妥英的制备)

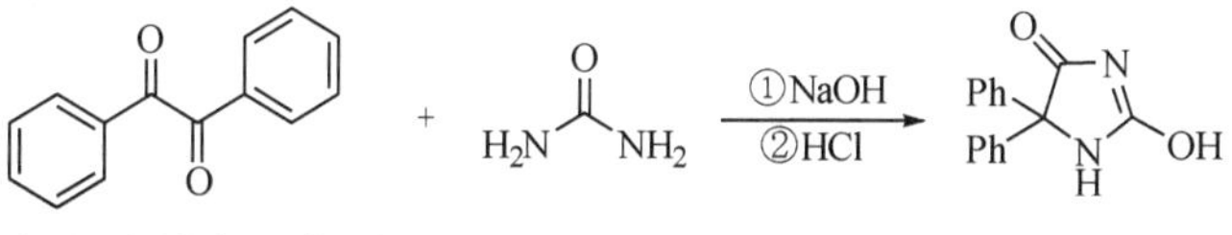

3)苯妥英钠的制备及提纯

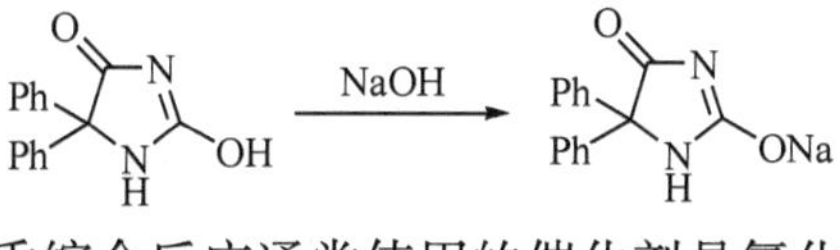

特别注意：安息香缩合反应通常使用的催化剂是氰化物，但是氰化物有剧毒，可以使用维生素 $B_1$代替。

### 3. 实验操作

1)安息香缩合及氧化

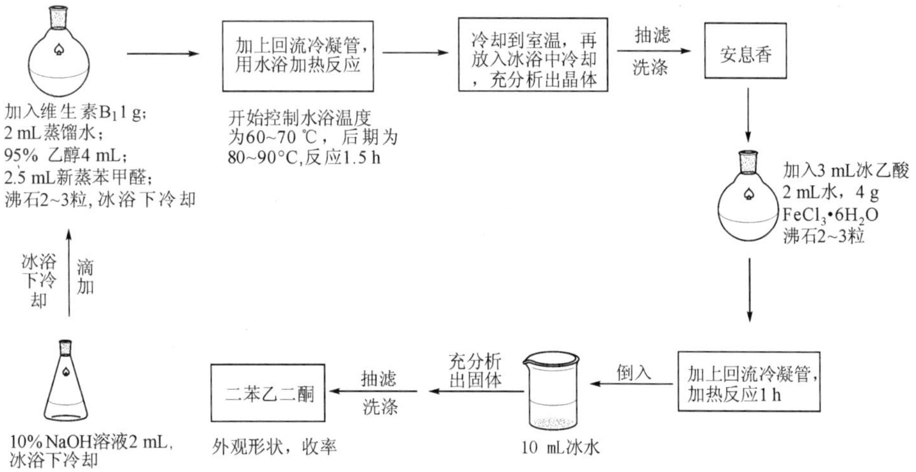


2)苯妥英的制备

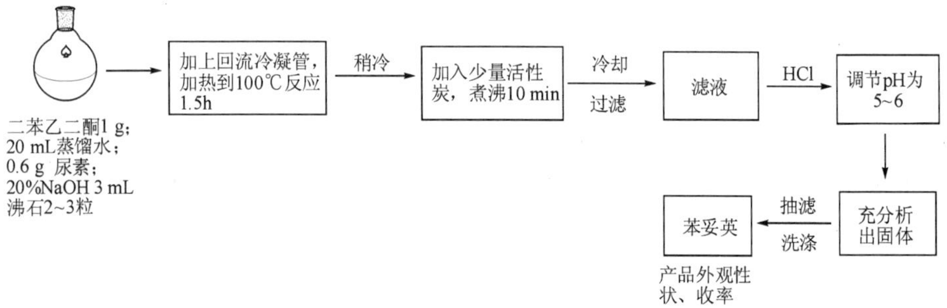


3)苯妥英钠的制备

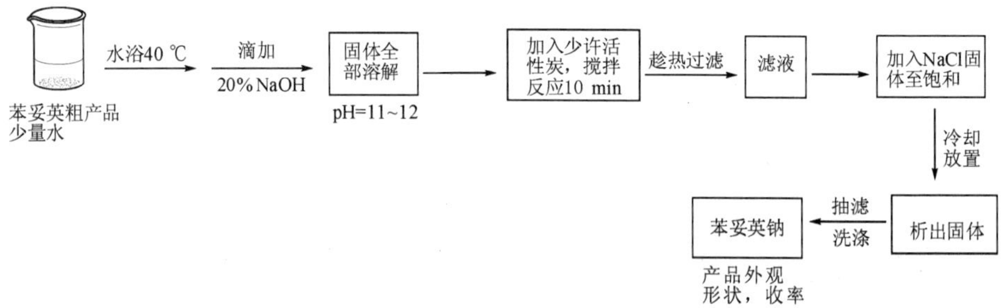


4)实验步骤

(1)安息香缩合及二苯乙二酮的制备：在100 mL三口瓶中加入1 g盐酸硫胺(Vit. $B_1$)和2 mL水，溶解后加入95%乙醇4 mL，再取新蒸苯甲醛2.5 mL加入上述反应瓶中，冰浴搅拌下滴加10%NaOH溶液2 mL。加上回流冷凝管，水浴加热(前期60～70 ℃，后期80～90 ℃)反应1.5 h。冷却至室温，再移至冰水浴中充分冷却结晶，抽滤，用少量冰水洗涤。干燥后得粗品安息香。

测定熔点为 136～137 ℃。

将粗产物转移至 150 mL 三口瓶中，加入 3 mL 冰乙酸、2 mL 水及 4 g $FeCl_3 \cdot 6H_2O$，沸石 2～3 粒，装上回流冷凝管，加热至沸腾，反应 1 h。停止加热，稍冷后倒入 10 mL 冰水中，有黄色固体析出。抽滤，并用冰水洗涤固体 2～3 次，得粗产品二苯乙二酮。

(2)苯妥英的制备：在装有温度计、球型冷凝器的 100 mL 三颈瓶中，加入二苯乙二酮 1 g，尿素 0.6 g，20% NaOH 3 mL，50%乙醇 5 mL，20 mL 蒸馏水，2～3 粒沸石，加热到 100 ℃回流反应 1.5 h。反应完毕，加入少量活性炭，煮沸 10 min，放冷，抽滤。滤液用 10% HCl 调至 pH＝5～6，放置析出结晶，抽滤，结晶用少量水洗，得苯妥英粗品。

(3)苯妥英钠的制备与提纯：将苯妥英粗品放置在 100 mL 烧杯中，按粗品与水为 1∶4之比加入水，水浴加热至 40 ℃，加入 20% NaOH 至全溶，调至 pH＝11～12，加活性炭少许，在搅拌下加热 5～10 min，趁热抽滤，滤液加 NaCl 至饱和。放冷，析出结晶，抽滤，少量冰水洗涤，真空干燥得苯妥英钠。

苯妥英钠粗品可用 70%的乙醇重结晶，用少量活性炭进行脱色，可得白色晶体。

**4. 注意事项**

(1)$FeCl_3 \cdot 6H_2O$ 的固体很硬，称量时要尽量捣碎，才能装入三颈瓶中。

(2)二苯乙二酮初始冷却结晶时，应用玻璃棒搅动，防止结成大块，以免包进杂质。

(3)加入活性炭脱色时，不要在沸腾时加入，这样容易暴沸导致冲料。正确方法：溶液稍冷却，加入少量活性炭(用量为被提纯物质的 1%～5%)煮沸 5～10 min，热过滤，取滤液。

(4)苯妥英钠为白色粉末，微有吸湿性，在空气中渐渐吸收 $CO_2$ 析出苯妥英，所以需要用真空干燥。

(5)制备钠盐时，水量稍多，可使收率受到明显影响，要严格按比例加水。

(6)苯妥英钠可溶于水及乙醇，洗涤时要少用溶剂，洗涤后要尽量抽干。

**5. 思考题**

(1)$FeCl_3$催化安息香氧化的机理是什么？安息香氧化成邻二酮时，还可以用哪些方法？

(2)苯妥英钠为什么要真空干燥？

(3)还有哪些方法合成苯妥英钠？本实验的原理是什么？

## 4.2.3 藜芦醛的制备

### 1. 实验目的

(1)掌握实验室制备藜芦醛的方法原理和操作。

(2)掌握酚羟基上甲基化的基本方法和原理。

### 2. 实验原理

藜芦醛又称甲基香兰素、甲基香草醛，其化学名称为3，4－二甲氧基苯甲醛，它是一种重要的合成香料，也是一种重要的医药中间体。实验室以香兰素为原料，与甲基化试剂硫酸二甲酯在碱性条件下醚化制得。

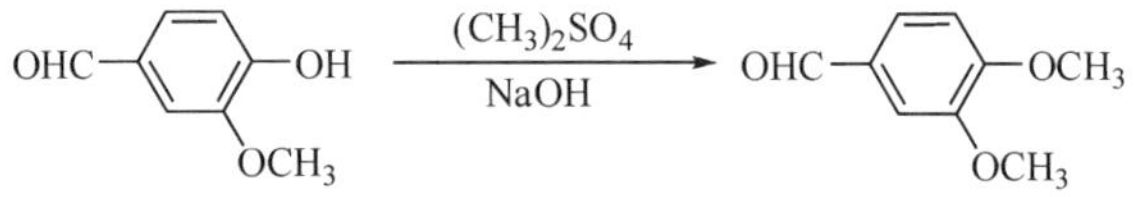


### 3. 实验装置

藜芦醛的制备装置如图4-10所示。

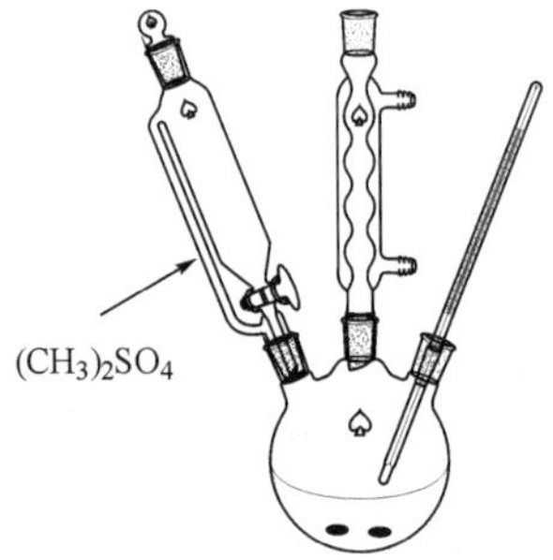


图 4-10 藜芦醛制备装置示意图

### 4. 实验操作

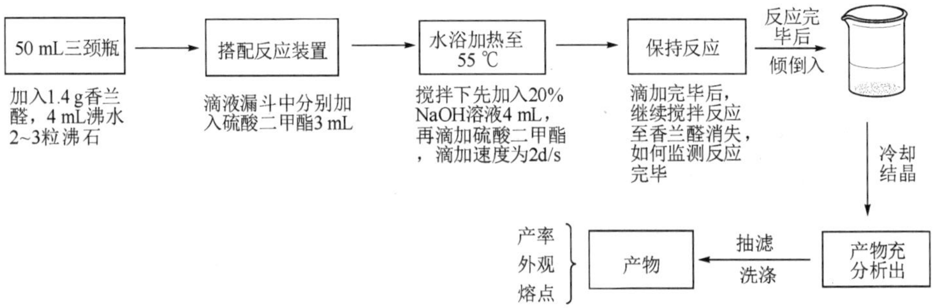


于50 mL三颈烧瓶中加入1.4 g香兰醛、4 mL沸水，2～3粒沸石，按照实验装置图搭配反应装置，于恒压滴液漏斗中加入$(CH_3)_2SO_4$ 3 mL，待水浴升温至50～60 ℃，搅拌下先加入4 mL 20% NaOH，再以2s/滴的速度匀速滴入$(CH_3)_2SO_4$，在滴加过程中注意监测溶液的pH，使溶液的pH保持为弱碱性，控制在9～10，直至$(CH_3)_2SO_4$滴完。经TLC检测香兰醛反应完全后，

冷却，抽滤，少量冰水洗至中性，真空干燥得白色固体，测熔点并计算收率。

**5. 实验注意事项**

(1)硫酸二甲酯为剧毒试剂，取用时应在通风柜里进行，注意安全，操作严谨规范。硫酸二甲酯的质量对收率影响很大，使用前应重新蒸馏。

(2)反应温度升到 55 ℃时，先加入 20％NaOH 溶液，加完后稍搅拌几分钟后再滴加硫酸二甲酯；反应过程中应随时用 pH 试纸检测反应体系的 pH，保持 pH 在 9～10。

(3)使用 TLC 检测反应进行情况，至香兰醛原料点消失为反应终点，反应时间约为 30～40 min。

(4)反应完毕后应迅速把反应液倒入烧杯中，三颈瓶中残液可用少量热水洗涤后倒入烧杯中。

(5)冷却结晶时先冷却到室温再放入冰水浴中冷却，让产物晶体充分析出，抽滤时用少量冰水洗涤。

**6. 思考题**

(1)实验室常用的羟基甲基化试剂有哪些？是怎样的反应机理？

(2)通过对反应机理的了解简述 NaOH 碱液对反应收率的影响。

# 第 5 章　天然产物化学成分的提取、分离和鉴定

## 5.1　从茶叶中提取咖啡因

### 5.1.1　实验目的

(1)学习从天然产物中提取茶成分的方法。

(2)熟悉升华的原理及操作。

(3)了解索氏提取器的原理及提取法。

### 5.1.2　实验原理

茶叶中含有多种生物碱，其中咖啡因(caffeine)含量约 1%～5%，另外还含有丹宁酸(或称鞣酸)，含量约为 11%～12%，色素、纤维素、蛋白质等约占 0.6%。

咖啡因属于杂环化合物嘌呤的衍生物，化学名称为 1，3，7－三甲基－2，6－二氧嘌呤，其结构式与茶碱、可可碱类似。

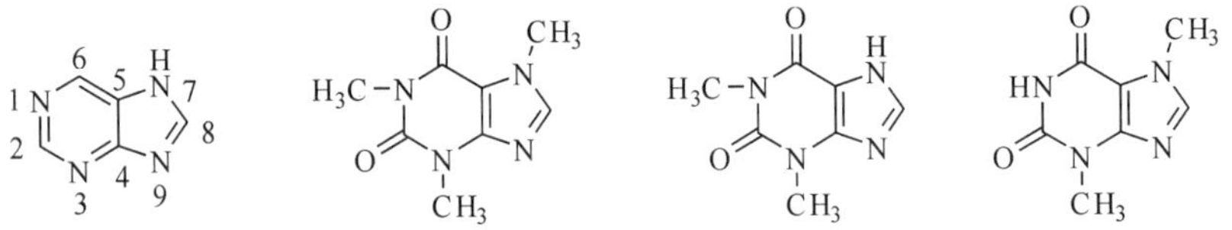

嘌呤　咖啡因　茶碱　可可碱

咖啡因又称咖啡碱，具弱碱性。含结晶水的咖啡因是无色针状结晶，味苦，易溶于氯仿(12.5%)、水(2%)、乙醇(2%)及热苯(5%)等溶剂中。100 ℃时失去结晶水开始升华，120 ℃升华显著，178 ℃以上升华加快。无水咖啡因熔点为 234.5 ℃。咖啡因具有刺激心脏、兴奋大脑神经和利尿等作用，主要用作中枢神经兴奋药，也是复方阿司匹林药物的组分之一。工业上，咖啡因主要通过人工合成得到。

提取茶叶中的咖啡因，往往采用适当的溶剂(氯仿、乙醇等)在索氏提取器中连续抽提，然后浓缩溶剂，即得粗咖啡因。粗咖啡因还含有其他一些生物碱和杂质，可通过升华进行进一步的纯化。

咖啡因可通过熔点测定或光谱法进行鉴别，此外，可利用咖啡因的碱性与酸反应制备其衍生物，如咖啡因水杨酸盐的熔点为 138 ℃，也可用于进一步验证其结构。

## 5.1.3　主要仪器与试剂

仪器：研钵，索氏提取器，布氏漏斗，抽滤瓶，表面皿，圆底烧瓶，常压玻璃漏斗，电炉。

试剂：茶叶，乙醇，生石灰。

## 5.1.4　主要实验装置

咖啡因的提取需用到图 5-1 中的装置。

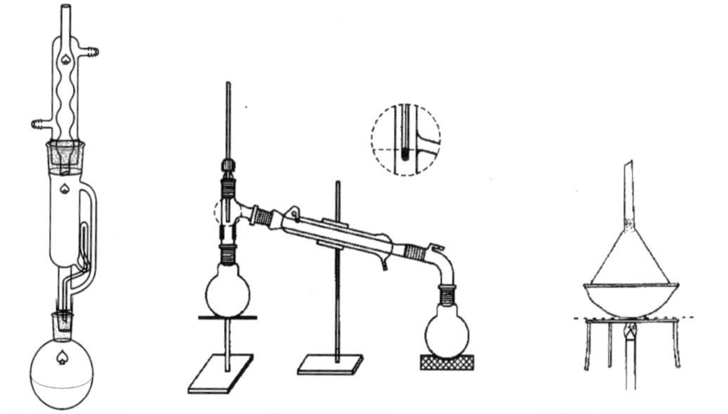

索氏提取装置　　普通蒸馏装置　　升华少量物质的装置

图 5-1　咖啡因提取所需装置

## 5.1.5　实验步骤

### 1. 咖啡因的提取

如图 5-1 所示，搭好索氏提取装置，将滤纸套筒小心地放入提取筒中[1]。称取碎茶叶 2 g，研钵研细后装入滤纸筒[2]。圆底烧瓶中加入 95%乙醇 25～35 mL。水浴加热，提取 5～8 次后冷凝液接近无色时，待其刚刚虹吸下去即可停止加热。圆底烧瓶中提取液稍冷后经普通蒸馏回收其中的乙醇，剩余约 5～6 mL液体时停止蒸馏[3]，将浓缩液趁热转移至蒸发皿中，置于石棉网上加热，浓缩至 2～3 mL 残余液体时停止，得咖啡因粗提物。

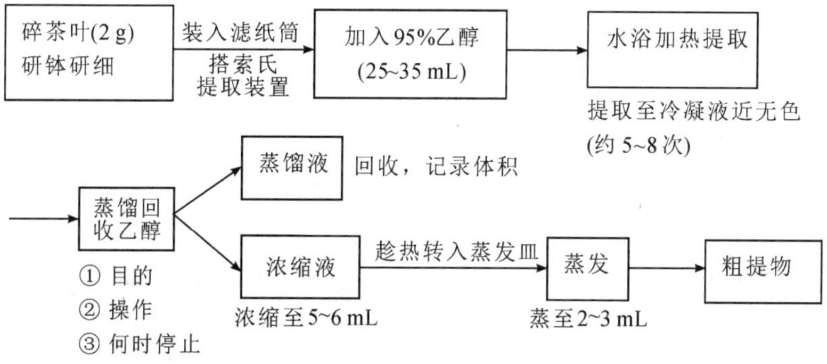

**2. 升华**

咖啡因粗提物中拌入 1～2 g 生石灰[4]，使成糊状，置石棉网上加热焙炒，其间注意不断搅拌，将块状物研细，炒至水分除尽，粉末疏松无团块的状态。将蒸发皿外沿的粉末擦净，避免升华时污染产物。选取适合口径的玻璃漏斗，将其罩在盖有滤纸(滤纸上刺有许多小孔且孔刺向上)的蒸发皿上，漏斗颈部塞上一团疏松棉花[5]，用沙浴小心加热升华[6]。适当控制温度(约 220 ℃左右)，尽量使升华速度慢一些[7]，当滤纸小孔上有白色毛状结晶出现，并产生棕色烟雾时，停止加热，即升华完毕。自然冷却至 100 ℃左右，小心取下漏斗，揭开滤纸，用刮刀将附在滤纸上下两面的咖啡因小心刮下。残渣经搅拌后用较大火再加热片刻，使升华完全。合并两次收集得到的咖啡因，称重，测定熔点。

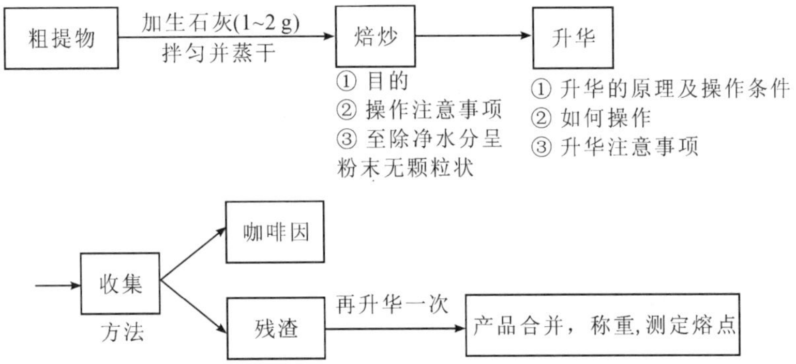


**3. 注释**

[1] 滤纸套筒大小以既能紧贴器壁，又能方便取放为宜，高度不得超过虹吸管。

[2] 滤纸筒包茶叶末要严实，防止茶叶末漏出滤纸套筒堵塞虹吸管；保证回流液均匀浸润被萃取物。

[3] 瓶中乙醇浓缩至 5～6 mL 为宜，以防因残液过于黏稠，造成转移损失。

[4] 拌入生石灰要均匀，生石灰作用：①吸水；②中和部分酸性杂质(如鞣酸)。

[5] 棉花用于防止咖啡因蒸气从漏斗颈逸出。

[6] 沙浴加热前将准备好的蒸发皿埋入沙中，但蒸发皿底部不能接触到铁盘。温度计稍微倾斜，水银球紧靠蒸发皿底部，埋入沙中的深度与蒸发皿相同。开始加热可以稍快，接近 150 ℃改慢火加热，应使温度缓慢上升。

[7] 在萃取回流充分的情况下，升华操作是实验成败的关键。升华过程中，应始终用小火间接加热，如温度太高，会使产物发黄(分解)。

### 5.1.6 思考题

(1)实验中用到生石灰，起什么作用?

(2)升华前，如果水分不除掉，大火加热会出现什么情况?

(3)升华装置中，为什么要在蒸发皿上覆盖刺有小孔的滤纸?漏斗颈为什么塞棉花?

## 5.2 菠菜色素的提取和分离

### 5.2.1 实验目的

(1)了解菠菜中主要色素的基本性质。

(2)通过绿色植物色素的提取和分离，了解天然化学成分的分离提纯方法。

(3)通过柱色谱和薄层色谱分离操作，加深了解微量有机物色谱分离鉴定的原理。

### 5.2.2 实验原理

绿色植物中含有多种天然色素，如叶绿素(绿)、胡萝卜素(橙)和叶黄素(黄)等。

叶绿素存在两种结构相似的形式，分别为叶绿素 a($C_{55}H_{72}O_5N_4Mg$)和叶绿素 b($C_{55}H_{70}O_6N_4Mg$)，其差别为同一位置上取代基(R)不同，叶绿素 a 中取代基为甲基，叶绿素 b 中为醛基。叶绿素是吡咯衍生物与金属镁的络合物，是植物进行光合作用必需的催化剂。植物中叶绿素 a 的含量约为叶绿素 b 的 3 倍，尽管叶绿素分子中含有一些极性基团，但大的烃基结构使它易溶于醚、石油醚等一些非极性的溶剂。

胡萝卜素($C_{40}H_{56}$)是具有长链结构的共轭多烯，有三种异构体，分别为 $\alpha$-胡萝卜素、$\beta$-胡萝卜素和 $\gamma$-胡萝卜素，其中 $\beta$-胡萝卜素含量最多，是一种重要的人体生理功能活性物质。$\beta$-胡萝卜素有维生素 A 源之称，在生物体内受酶催化氧化即转化为维生素 A。$\beta$-胡萝卜素可通过化学合成、植物提取和微生物发酵 3 种方法生产。

叶黄素($C_{40}H_{56}O_2$)是胡萝卜素的羟基衍生物，它在绿叶中的含量通常是胡萝卜素的两倍。与胡萝卜素相比，叶黄素较易溶于醇而在石油醚中溶解度较小。

本实验从菠菜中提取叶绿素、胡萝卜素和叶黄素，并通过薄层层析和柱层析进行分离。

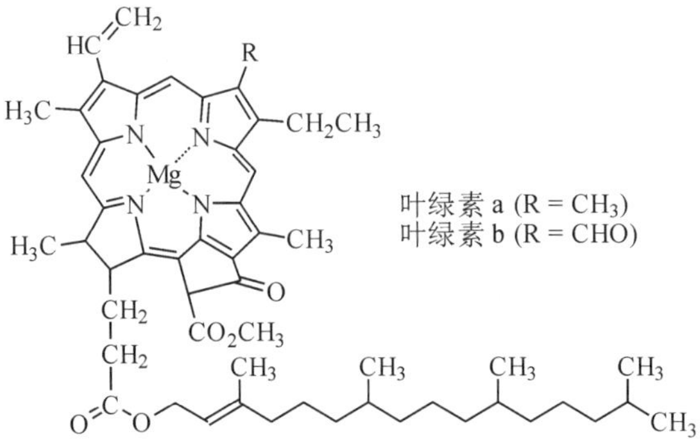

叶绿素 a (R = $CH_3$)
叶绿素 b (R = CHO)

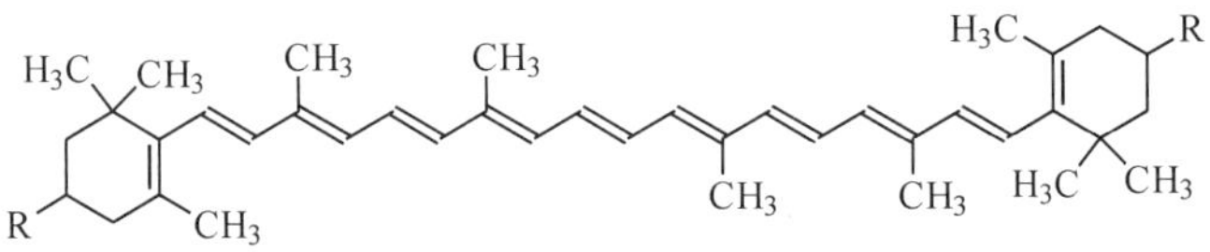

β-胡萝卜素 (R = H)　　叶黄素 (R = OH)

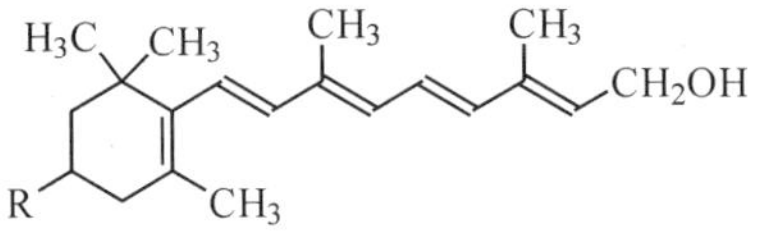

维生素A

## 5.2.3　主要仪器与试剂

仪器：研钵，布氏漏斗，圆底烧瓶，锥形瓶，分液漏斗，直形冷凝管，层析缸，层析柱。

试剂：硅胶 G，中性氧化铝，乙醇，丁醇，石油醚（60～90 ℃），丙酮，新鲜菠菜叶。

## 5.2.4　主要实验装置

菠菜色素的提取和分离实验需用到图 5-2 中的装置。

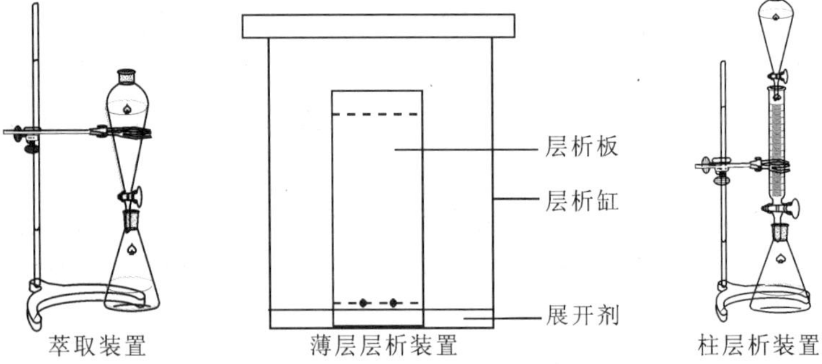


图 5-2　提取植物色素的实验装置图

### 5.2.5　实验步骤

**1. 萃取——从菠菜中提取植物色素**

称取洗净的新鲜菠菜叶 15 g，用剪刀剪碎，置于 100 mL 的锥形瓶中，加入 25 mL 乙醇，浸泡 1 h[1]。用纱布过滤，滤渣加入 15 mL 乙醇，再浸泡提取一次[2]。将两次浸泡所得的萃取液合并，滤渣用 15 mL 石油醚分两次萃取，石油醚层合并入上述乙醇萃取液，转入分液漏斗，用 8 mL 饱和 NaCl 溶液洗涤一次[3]，上层萃取液转入另一干燥的锥形瓶，下层溶液再加入 15 mL 石油醚分两次萃取，上层合并入锥形瓶，下层溶液倒入指定回收瓶。锥形瓶中的萃取液用无水 $Na_2SO_4$ 干燥，过滤，滤液转入圆底烧瓶，水浴上减压蒸馏，浓缩至体积约为 1 mL 时停止加热，冷却后得到菠菜色素浓缩液。

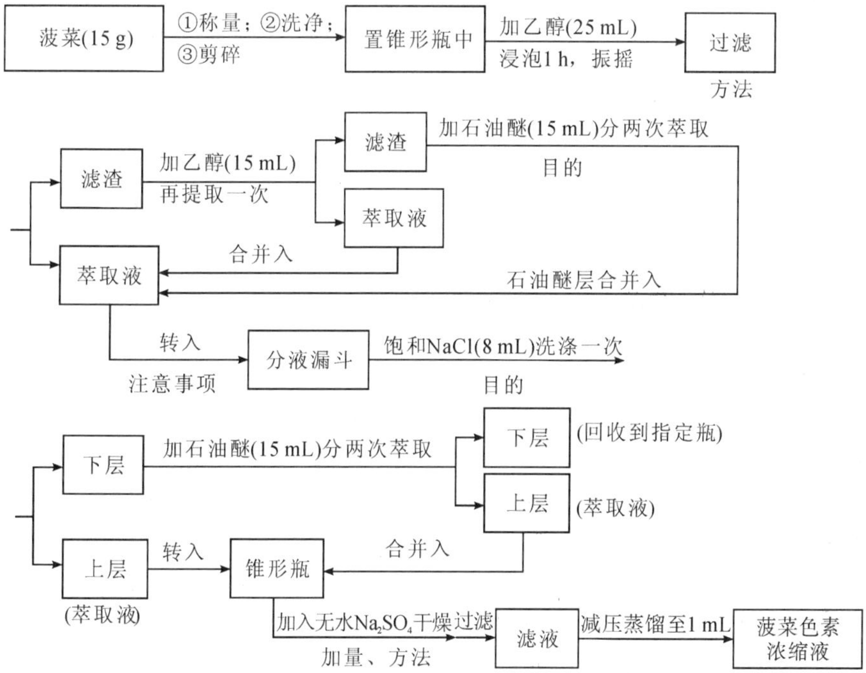


**2. 分离检测**

1) *薄层层析*

取两块显微载玻片，用硅胶 G 加 0.5%羧甲基纤维素钠调制后制板，晾干后在 105～110 ℃活化 30 min，备用。

取活化后的薄层层析板，在距离薄层板一端约 1 cm 处用铅笔轻划一条水平线作为起始线，用内径小于 1 mm 的毛细管吸取菠菜色素浓缩液，小心地在薄层板上点样，若样品浓度较低，可待溶剂挥发后在同一样点上重复点样 2～3 次，要求斑点直径 1～2 mm。若同一块板上有两个或以上的样品点时，样点间隔应不小于 1 cm。

展开槽中加入展开剂 5～5.5 mL(展开剂配比：第一次展开用 $V_{石油醚}/V_{丙酮}$ = 4∶1.5；第二次展开用 $V_{石油醚}/V_{丙酮}$ = 3∶2)，使展开剂高度约为 0.3～0.5 cm，密闭后静置片刻，待展开槽内溶剂蒸气达到饱和后，将薄层板点样端向下[4]放入展开槽，盖好盖子进行展开。展开剂在吸附剂的毛细作用下不断上升，当前沿距离薄层板顶端约 1 cm 时取出薄层板，注意及时标记展开剂前沿位置。在空气中晾干溶剂，观察各个斑点的颜色、形状，用铅笔标记位置，测量距离，计算各个斑点的 $R_f$ 值。

点样 → 展开 → 显色 → 记录

**点样**
① 划线(为什么)
② 1 mm毛细管点样(方法)
③ 要求：间隔1 cm，斑点直径 1~2 mm，重复2~3 次
④ 样品为菠菜石油醚提取浓缩液

**展开**
① 展开剂用量
② 展开剂极性要求：$V_{石油醚}/V_{丙酮}$ = 4:1.5(第1次)；3:2(第2次)
③ 何时放入薄层板
④ 何时结束
⑤ 展开结束后及时标记溶剂前沿

**显色**
① 直接观察
② 碘蒸气
③ 紫外光下观察(365 nm，254 nm)
④ 显色剂(通用、专用)

**记录**
① 斑点形状、颜色和 $R_f$ 值
② 应观察到至少4个组分的斑点

2) *柱层析*

取活化的中性 $Al_2O_3$(150 目)6 g，加石油醚调成糊状，用湿法装柱，使固定相的填充高度约为 3/4 柱高。打开层析柱底端旋塞，控制流出速度约 1 滴/s。取适量石油醚从层析柱顶端沿内壁缓缓倒入，并用洗耳球轻轻敲击柱身，使固定相填充紧密并保持顶端平整[5]。待层析柱内多余的石油醚流出[6]，关闭底端旋塞，用吸管取 1 mL 菠菜色素浓缩液，沿层析柱内壁缓缓转移至固定相表面，注意加样时不能使样品液悬空落下，以免破坏固定相平整的表面。加样完毕后，打开旋塞，使石油醚从底端流出，当样品液的液面和固定相表面刚平齐时，沿层析柱内壁加入洗脱剂洗脱。

本实验采用梯度洗脱：首先用洗脱剂 I($V_{石油醚}/V_{丙酮}$ = 9∶1)约 25 mL 洗脱第一色带；再用洗脱剂 II($V_{石油醚}/V_{丙酮}$ = 7∶3)约 15 mL 洗脱第二色带[7]；最后用洗脱剂 III($V_{丁醇}/V_{乙醇}/V_{水}$ = 3∶1∶1)约 5 mL 洗脱剩余色带。用三个接收瓶分别收集各段洗脱液，记录颜色、体积，当剩余色带接收完后停止洗脱。

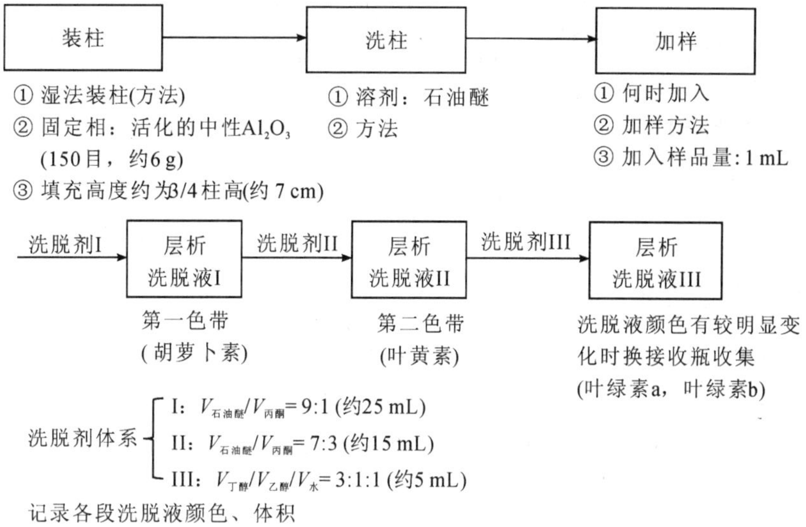


**3. 注释**

［1］浸泡过程中每 15 min 振摇一次，使浸出的菠菜色素均匀溶于乙醇液。

［2］第二次提取时可将浸泡时长缩短至 30 min。

［3］加饱和 NaCl 溶液的作用：①盐析作用，使菠菜色素从乙醇液中转入石油醚层；②除去提取液中的微量水分。

［4］注意样点不能浸泡在展开剂中。

［5］如果固定相有裂缝或气泡，会产生不规则的色带。

［6］石油醚液面刚刚到达固定相表面时关闭旋塞。

［7］叶黄素易溶于醇而在石油醚中溶解度较小，新鲜菠菜叶的提取液中叶黄素含量本身很少，加上提取、洗涤造成的损失，最后剩余量更少，因此柱色谱中不易分离出黄色带。薄层层析若样点浓度很低时，可能观察不到黄色斑点。

## 5.2.6　思考题

(1)为什么不直接用石油醚萃取而要先用乙醇萃取，之后才用石油醚萃取？

(2)为什么可以用 $R_f$ 值来鉴定化合物？

(3)比较不同展开剂系统的展开效果有何不同，并作出解释。

(4)在混合物的薄层色谱中，如何判定各组分在薄板上的位置？比较叶绿素、叶黄素和胡萝卜素三种色素的极性，为什么胡萝卜素在层析柱中移动最快？

(5)展开剂的高度若超过点样线，对薄层色谱结果有何影响？

(6)为何采用梯度洗脱法分离菠菜中的色素成分？能不能用等度洗脱的办法？

# 5.3 从烟叶中提取烟碱

## 5.3.1 实验目的

(1)了解生物碱提取的基本原理。

(2)掌握从烟叶中提取烟碱的基本操作(萃取、分离及衍生物制备)。

## 5.3.2 实验原理

烟碱又名尼古丁，是烟草生物碱(包括 12 种以上单一成分)的主要成分，于 1928 年首次被分离。烟碱分子结构中含有吡啶和吡咯两种含氮杂环，天然烟碱为左旋体。烟碱在商业上用作杀虫剂以及兽医药剂中寄生虫的驱除剂。烟碱剧毒，致死剂量为 40 mg，一只香烟的烟雾中可能有 6 mg 烟碱，其中吸入人体量约为 0.2 mg。

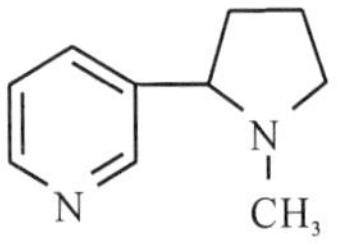

烟碱

烟碱为无色或灰黄色油状液体，无臭，味极辛辣，光照即分解，转变为棕色并有特殊的烟臭。沸点：247 ℃(745 mmHg)，沸腾时部分发生分解。烟碱溶于水，在 60 ℃以下与水结合成水合物，易溶于酒精、乙醚等有机溶剂，能随水蒸气挥发而不分解。由于分子中具有两个碱性氮原子，故一般能与 2 当量酸生成盐。

自然界中，烟碱多与柠檬酸或苹果酸成盐而存在于植物体内，在烟叶中含量为 2%～3%。本实验用强碱溶液(5%NaOH)萃取烟叶，使烟碱游离，再用乙醚将其从碱液中萃取出来，并通过衍生物制备进行精制。由于烟碱为液体，从 2 g 烟叶中离析出的量很少，不易纯化和操作，因此在乙醚萃取液中加入苦味酸，使萃取出的烟碱成为二苦味酸盐后成晶体析出，并通过测定衍生物的熔点加以鉴定(纯二苦味酸烟碱盐的熔点为 222～223 ℃)。

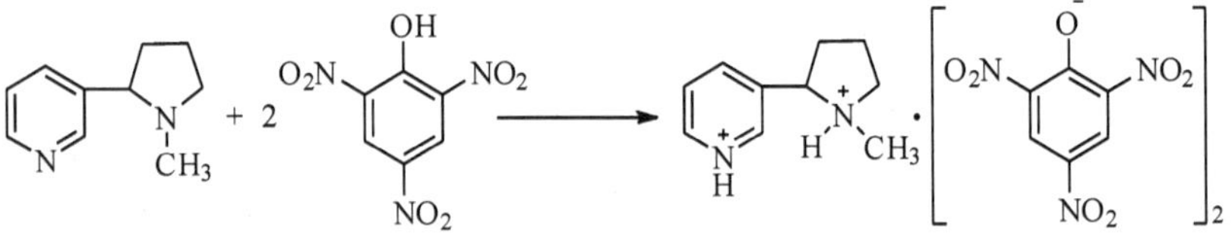

## 5.3.3 主要仪器与试剂

仪器：烧杯，锥形瓶，布氏漏斗，抽滤瓶，圆底烧瓶，分液漏斗。

试剂：干燥烟叶，5%NaOH 溶液，乙醚，饱和苦味酸甲醇溶液，甲醇。

### 5.3.4　主要实验装置

烟碱的提取实验需要用到图 5-1 中的普通蒸馏装置及 5-3 中的减压过滤装置。

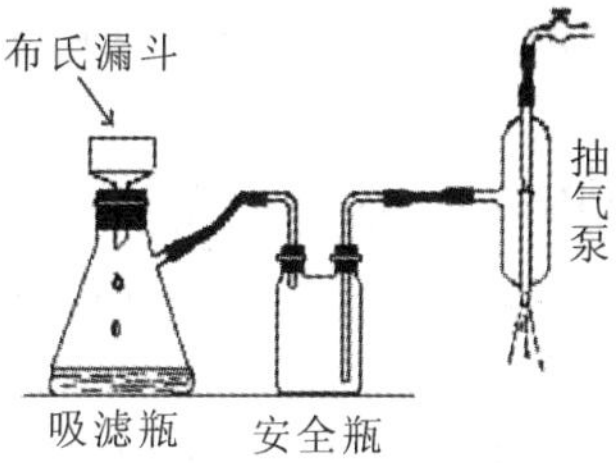


图 5-3　提取烟碱的减压过滤装置

### 5.3.5　实验步骤

#### 1. 烟碱的提取

称取干燥烟叶 2 g，研细，置于 25 mL 烧杯中，加入 5%NaOH 溶液 2 mL，用玻璃棒搅拌 10 min，用尼龙滤布挤压过滤[1,2]，滤渣用 4 mL 水洗涤，再次挤压过滤，将水洗液与碱提取液合并后转移到 25 mL 分液漏斗中，用 15 mL 乙醚分 3 次萃取[3]，上层醚层合并倒入 25 mL 圆底烧瓶中，经普通蒸馏回收乙醚[4]，至残留物约 1 mL 时停止加热，冷却后加入 2 滴水和 1 mL 甲醇，振摇，使残渣溶解，用塞有棉花的短颈漏斗过滤，滤液中加入饱和苦味酸甲醇溶液 2 mL，冰水浴冷却，使浅黄色二苦味酸烟碱盐粗品充分析出，用玻砂漏斗过滤，干燥，称重，计算产率，测定熔点。

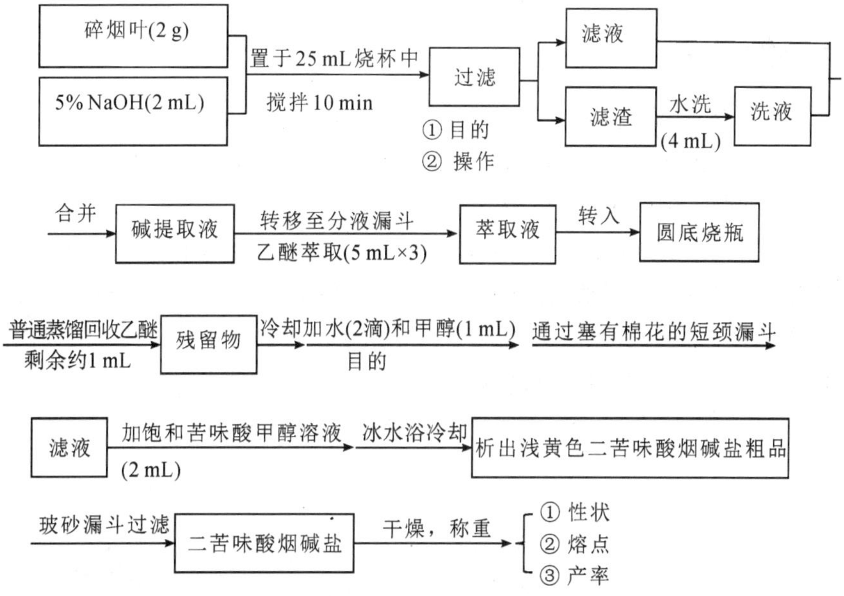

**2. 注释**

[1] 滤纸在碱液中会因溶胀而失去作用，此处宜采用尼龙滤布挤压过滤。烟碱剧毒，操作时务必小心，若皮肤上不慎沾上烟碱提取液，应及时用水冲洗后再用肥皂擦洗。

[2] 滤渣中包裹有部分碱提取液，用干净的玻璃塞挤压烟叶滤饼以挤出残留碱提取液。

[3] 乙醚作为萃取溶剂用分液漏斗进行萃取时，注意不要剧烈振摇。以免产生乳化现象导致分层困难，萃取过程中应不时放气以减低乙醚蒸气在漏斗内的压力。

[4] 乙醚易燃。蒸馏乙醚时应采用水浴加热，注意通风。

### 5.3.6 思考题

(1)烟叶中烟碱的提取产率主要受哪些实验因素的影响?

(2)为什么采用 5%NaOH 碱液作为烟碱提取液?

## 5.4 红辣椒中提取红色素

### 5.4.1 实验目的

(1)了解分离天然化合物的技术与方法。

(2)了解红辣椒所含色素的种类，掌握红色素的分离方法。

(3)复习并掌握薄层色谱和柱色谱分离的一般步骤。

### 5.4.2 实验原理

红辣椒中含有多种色素，已知的有辣椒红素、辣椒玉红素、$\beta$-胡萝卜素、玉米黄质等。辣椒红素(又名辣椒红、椒红素、辣红素)是一种存在于成熟红辣椒果实中的四萜类橙红色色素，属类胡萝卜素类色素。辣椒红是辣椒的主要显色物质，主要以脂肪酸酯的形式存在。辣椒显深红色主要是由于含有辣椒红素脂肪酸酯和少量辣椒玉红素(显黄色则是由于含有 $\beta$-胡萝卜素)。辣椒红为深红色黏稠状液体、膏状或粉末，着色力强，不溶于水，易溶于油脂和乙醇，耐酸碱性较好，广泛用于食品和医药行业。

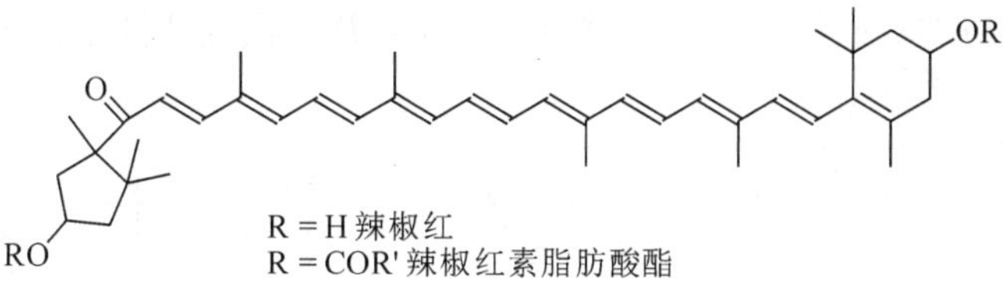


R = H 辣椒红
R = COR' 辣椒红素脂肪酸酯

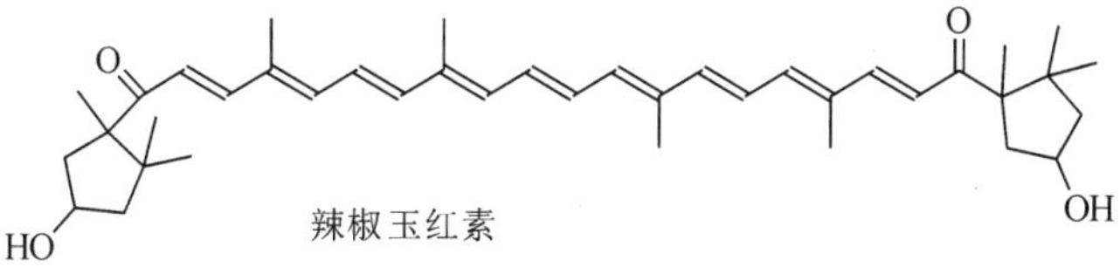


辣椒玉红素

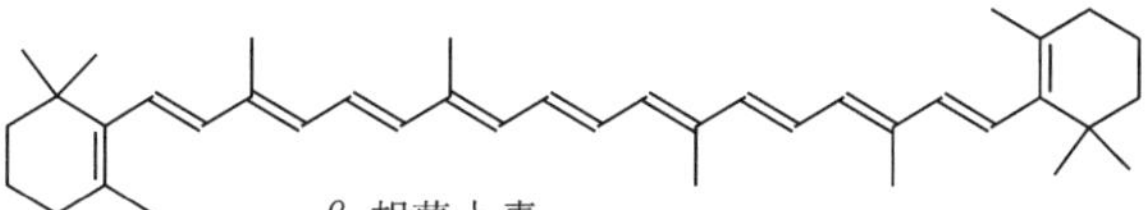

$\beta$-胡萝卜素

本实验用二氯甲烷为萃取溶剂，从红辣椒中提取出色素，浓缩后先用薄层层析法进行初步分析，再经柱层析法分离出红色素。

## 5.4.3　主要仪器与试剂

仪器：研钵，25 mL 圆底烧瓶，球型冷凝管，布氏漏斗，抽滤瓶，层析缸，层析柱。

试剂：红辣椒，硅胶 G，二氯甲烷，石油醚(30～60 ℃)。

## 5.4.4　主要实验装置

提取辣椒色素需要用到图 5-1 中的普通蒸馏装置及图 5-4 中的加热提取装置。

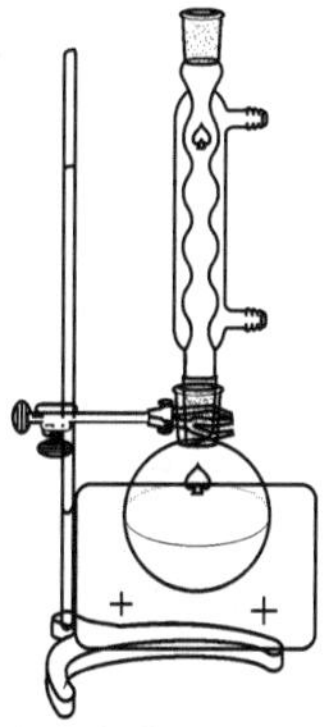

图 5-4　辣椒色素的加热提取装置

## 5.4.5　实验步骤

### 1. 红辣椒中色素的提取

称取干红辣椒 1 g，洗净，剪碎研细后置 25 mL 圆底烧瓶中，加二氯甲烷

10 mL，水浴加热回流 20 min，冷却至室温，用布氏漏斗抽滤，所得滤液用水浴加热浓缩至约 1 mL。

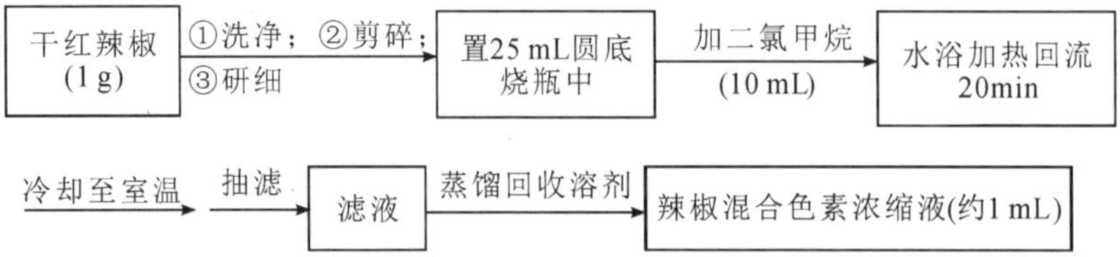


**2. 分离检测**

1)*薄层层析*

取两块显微载玻片，用硅胶 G 加 0.5%羧甲基纤维素钠调制后制板，晾干后在 105～110 ℃活化 30 min，备用。

用平口毛细管吸取制得的辣椒混合色素浓缩液，按照实验 5.2 中薄层层析环节所述方法在硅胶薄层板上点样，用 $V_{石油醚}/V_{二氯甲烷}=1:3$ 的展开剂展开[1]。记录各斑点的大小、颜色和 $R_f$ 值。

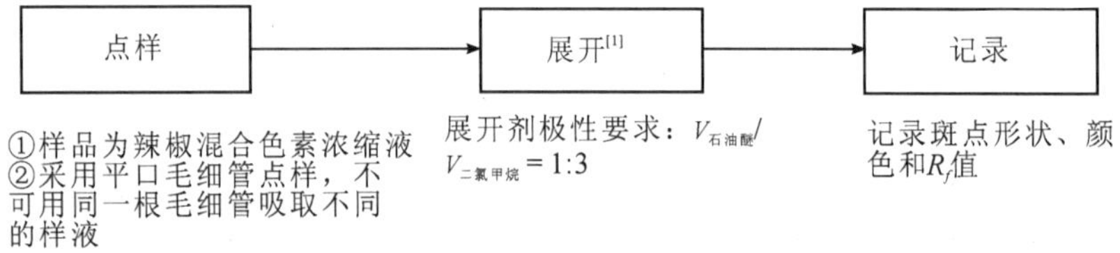


2)*柱层析*

选择内径约 1 cm，长约 20 cm 的层析柱，称取 10 g 硅胶(100～200 目)，按照实验 5.2 中柱层析环节所述方法用湿法装柱，石油醚洗柱。用滴管汲取制得的辣椒混合色素浓缩液 1 mL 加于柱顶，用 $V_{石油醚}/V_{二氯甲烷}=3:8$ 的洗脱剂洗脱[2]。分别接收流出的三个色带，记录各段洗脱液颜色、体积，第三个色带接收完后停止洗脱。

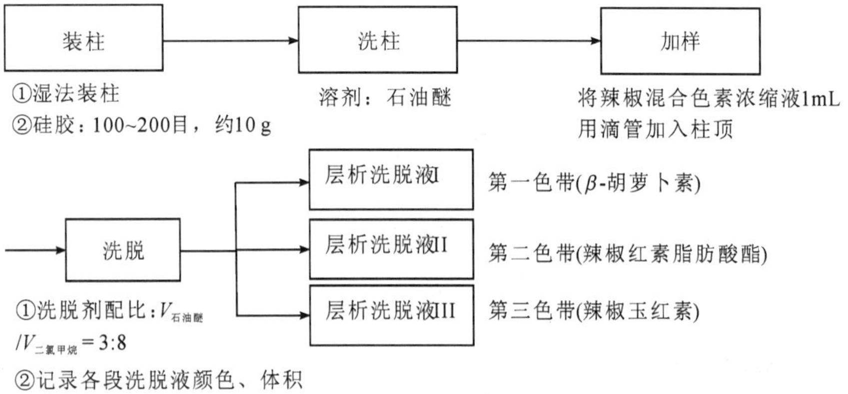


**3. 柱效和色带的薄层检测**

取三块硅胶薄层板，每块板上点两个样点，其一为辣椒混合色素浓缩液，其二分别为层析洗脱液Ⅰ～Ⅲ，用 $V_{石油醚}/V_{二氯甲烷}=1:3$ 的展开剂展开，比较各色带的 $R_f$ 值，指出各色带分别为何种化合物。观察各色带样点展开后是否有新斑点产生。

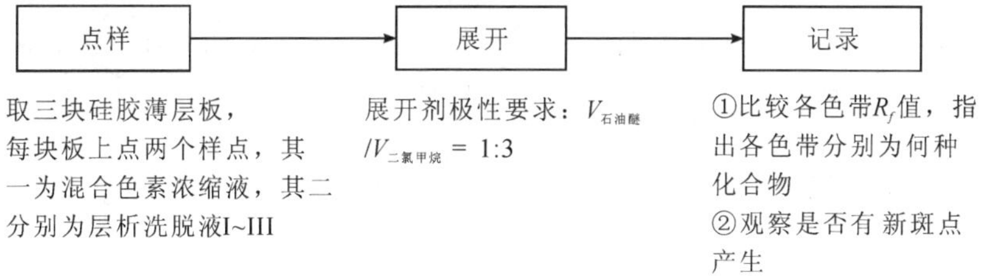


**4. 注释**

［1］若样点分离度不佳或严重拖尾，可酌情减少点样量或增加展开剂中二氯甲烷比例。

［2］若色带分不开，可酌情增加展开剂中二氯甲烷比例。

### 5.4.6　思考题

(1)已知辣椒混合色素浓缩液中 $R_f$ 值最大的三个主要斑点分别是辣椒红素脂肪酸酯、辣椒玉红素和 $\beta$-胡萝卜素，根据这三种化合物的结构，指出薄层层析结果中这三个主要斑点的归属。

(2)根据柱效和色带的薄层检测实验结果，推测柱层析分离是否达到了预期效果。

## 5.5　黄连素的提取

### 5.5.1　实验目的

(1)学习从中草药中提取生物碱的原理和方法。

(2)熟悉固液提取的装置和方法。

### 5.5.2　实验原理

黄连素(也称小檗碱)属于生物碱，是我国特产药材黄连的主要有效成分，除了黄连中含有黄连素以外，黄柏、白屈菜、伏牛花、三颗针等中草药中也含有黄连素，其中以黄连和黄柏中含量最高，黄连中黄连素含量随产地及野生或栽培的不同而不同，含量约为 4%～10%。

黄连素有较强的抗菌作用，有消炎、止泻的功效，对急性菌痢、急性肠炎、百日咳、猩红热等各种急性化脓性感染和各种急性外眼炎症都有效。

黄连素是黄色针状晶体，熔点为 145 ℃，微溶于水和乙醇，较易溶于热水和热乙醇中，几乎不溶于乙醚。黄连素的盐酸盐、氢碘酸盐、硫酸盐、硝酸盐均难溶于冷水，易溶于热水，故可用水对其进行重结晶，从而达到纯化目的。黄连素存在三种互变异构体，但自然界多以季铵碱形式存在。

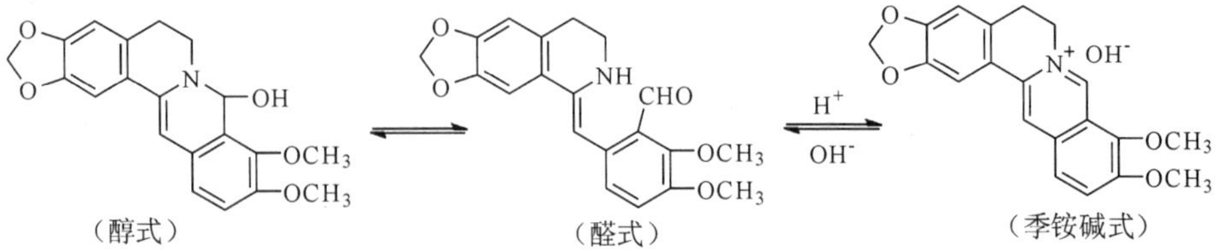


## 5.5.3 主要仪器与试剂

仪器：50 mL 圆底烧瓶，球型冷凝管，吸管，布氏漏斗，抽滤瓶。

试剂：黄连，乙醇，饱和 NaCl 溶液，1%醋酸，浓 HCl。

## 5.5.4 主要实验装置

黄连素的提取需用到图 5-1 中的普通蒸馏装置及图 5-4 中的加热提取装置。

## 5.5.5 实验步骤

**1. 黄连素的提取**

称取 2.5 g 中药黄连，研细，置于 50 mL 圆底烧瓶中，加入 25 mL 乙醇[1]浸泡 30 min，改为加热提取装置[2]，水浴加热回流 1 h，稍冷后用布氏漏斗抽滤，滤渣加入 15 mL 乙醇，重复上述操作处理两次，合并三次所得滤液，经普通蒸馏回收乙醇，剩余 4～6 mL 棕红色糖浆状残余物时停止加热，滴加 1%醋酸[3]6～8 mL，加热溶解，趁热抽滤除去不溶物[4]，滤液转入烧杯，滴加浓 HCl(3～6 mL)或 1：1 稀 HCl(12～15 mL)至溶液浑浊为止(此时溶液 pH 为 1～2)[5]，加饱和 NaCl 溶液 2～3 mL 盐析，静置，有黄色针状盐酸黄连素晶体析出，将烧杯放置于冰盐浴中，晶体充分析出后用布氏漏斗抽滤，滤饼用冰水、丙酮依次洗涤，所得盐酸黄连素粗产品在 50～60 ℃烘干，称重。

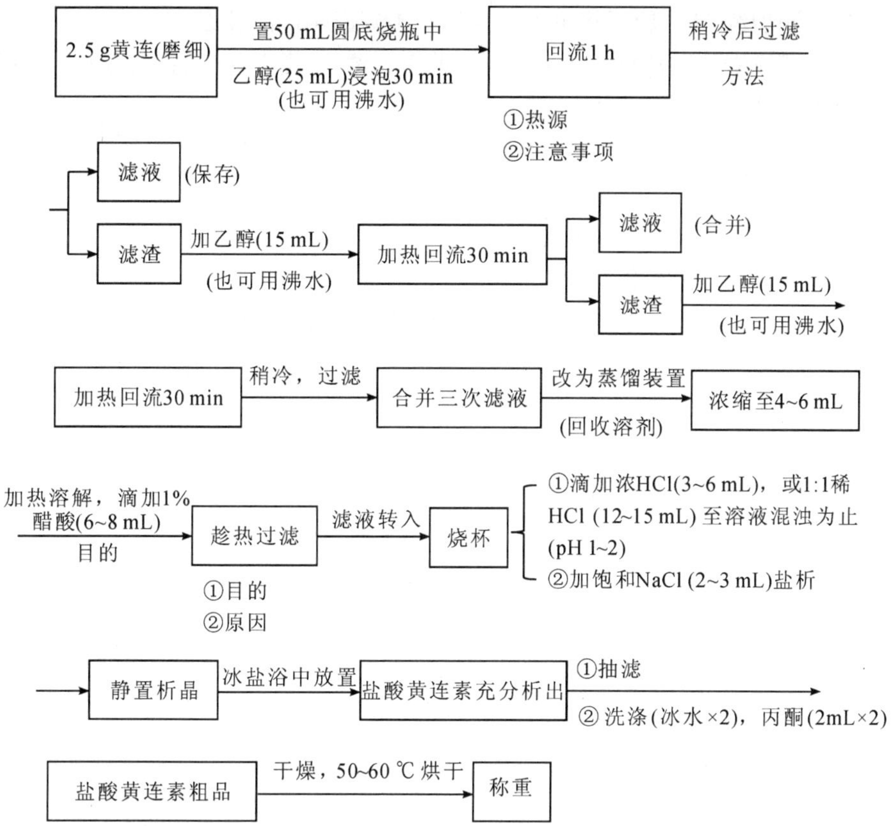


**2. 黄连素的精制**

在黄连素粗品中加入适量热水，置于石棉网上加热煮沸，注意控制水量，使沸腾状态下黄连素粗品刚好溶完为宜。用石灰乳调节 pH 为 8.5～9.5，冰浴冷却，充分析晶后用布氏漏斗抽滤，晶体用冰水洗涤 1 次，50～60 ℃烘干，测定熔点[6]，记录外观、产量，用紫外光谱分析黄连素化学结构。

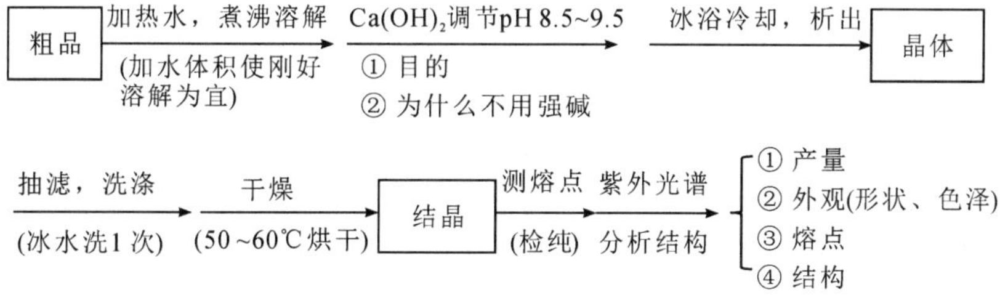


**3. 注释**

[1] 提取溶剂也可换用沸水，下同。

[2] 也可用索氏提取器进行连续抽提。

[3] 黄连素在乙醇中溶解性不好，将其转化为醋酸盐后，在乙醇中的溶解性增加，便于提高提取率。

[4] 滴加浓 HCl 前要将不溶物除尽，否则影响产品纯度。

[5] 黄连素盐酸盐析出受 pH 影响明显，浓 HCl 应逐滴加入，用 pH 试纸检测溶液 pH。

### 5.5.6 思考题

(1)黄连素提取率与哪些因素有关?

(2)怎样鉴别黄连素产物?

(3)在有机合成中若产物不结晶或难结晶，试分析原因?

## 5.6 从槐花米中提取芦丁

### 5.6.1 实验目的

(1)学习从天然产物中提取黄酮苷的原理和方法。

(2)学习重结晶提纯固体物质的原理和方法。

(3)掌握黄酮苷的纸色谱检验操作。

### 5.6.2 实验原理

芦丁(rutin)又称芸香苷，广泛存在于植物组织中，其中槐花米中的含量达12%～16%，可作为提取芦丁的理想原料。芦丁为淡黄色细小针状结晶，含三个结晶水，熔点为 174～178 ℃，无水物熔点 188 ℃。芦丁难溶于冷水，微溶于冷乙醇，可溶于热水和热乙醇，芦丁还难溶于乙酸乙酯、丙酮，几乎不溶于苯、乙醚、氯仿。芦丁具有调节毛细血管壁渗透性的作用，临床常用作高血压症的辅助治疗药物。

本实验以常用中药槐花米为原料，对其主要成分芦丁进行提取和鉴定。利用芦丁易溶于碱性水溶液、酸化后又析出的性质进行提取，并利用它在冷水和热水中溶解度相差较大的特性进行重结晶提纯。芦丁分子中糖苷键在酸性条件下可水解产生对应的苷元——槲皮素，所以可用纸色谱对芦丁进行鉴定。

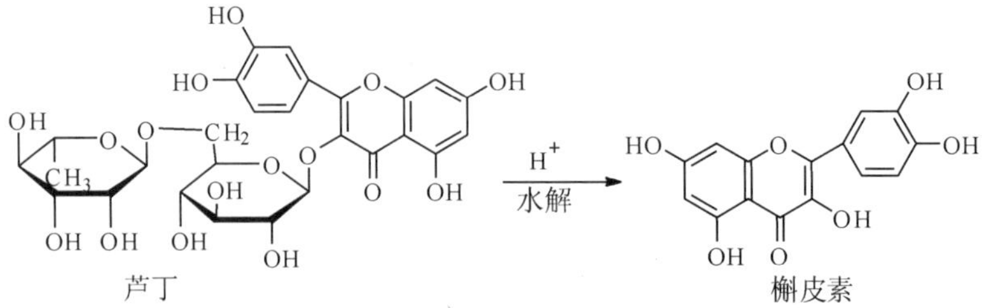

## 5.6.3　主要仪器与试剂

仪器：250mL 烧杯，250 mL 圆底烧瓶，抽滤瓶，布氏漏斗，毛细管，pH 试纸，色谱缸，新华一号色谱滤纸(15 cm ×20 cm)，烘箱，电炉。

试剂：槐花米，石灰乳，浓 HCl，95%乙醇，2% $AlCl_3$ 喷雾，1%芦丁标准品乙醇溶液，1%槲皮素标准品乙醇溶液。

## 5.6.4　主要实验装置

芦丁的提取和鉴定需用到图 5-3 中的减压过滤装置、图 5-4 中的回流装置及图 5-5 中的加热提取装置和纸层析装置。

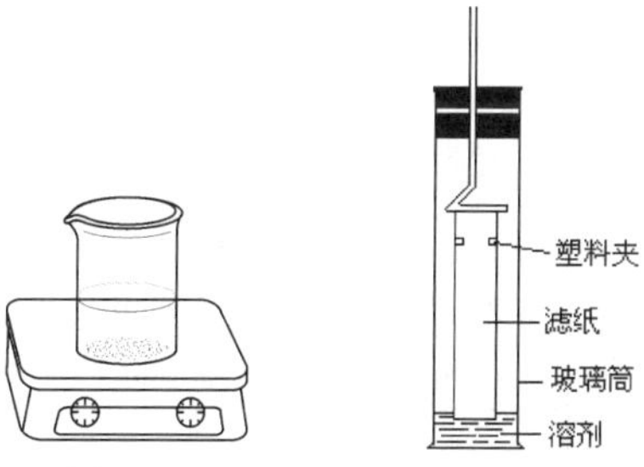


加热提取装置　　纸层析装置

图 5-5　芦丁的加热提取装置和纸层析装置

## 5.6.5　实验步骤

### 1. 芦丁的提取

取 10g 槐花米，研碎[1]，置于 250mL 烧杯中，加入沸水 100mL 及硼砂 0.6 g，搅拌下加入石灰乳调 pH 为 8～9，在此 pH 下保持微沸 20～30 min[2]，趁热用尼龙布挤压过滤，滤渣加 50mL 水及硼砂 0.25 g，同上法再提取一次。合并滤液，在 60～70℃下用浓 HCl 调 pH 为 3～4，静置 30 min，芦丁析出[3]，抽滤，滤饼用少量蒸馏水洗涤，80 ℃烘干得芦丁粗品。

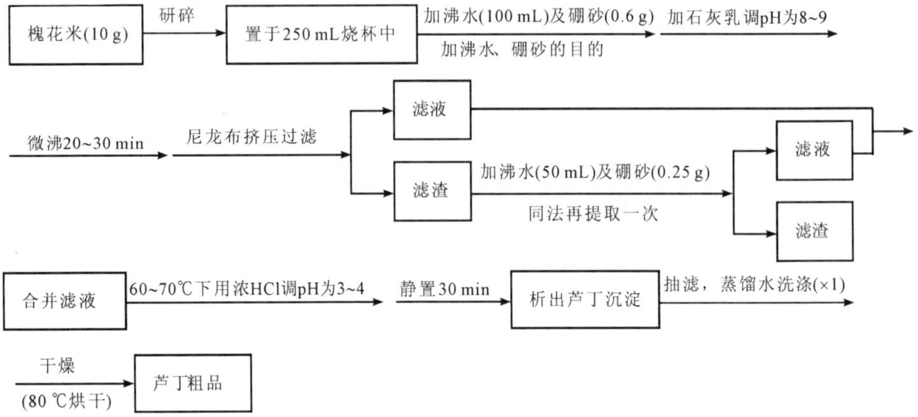


**2. 芦丁的精制**

将芦丁粗品置于 250 mL 烧杯中，加入 100 mL 蒸馏水，微沸 15 min 并不断搅拌。趁热过滤，滤液静置，析出芦丁晶体，冰水浴冷却，充分析晶后用布氏漏斗抽滤，晶体用适量蒸馏水洗涤，干燥，称重，计算产率[4]，测定熔点。

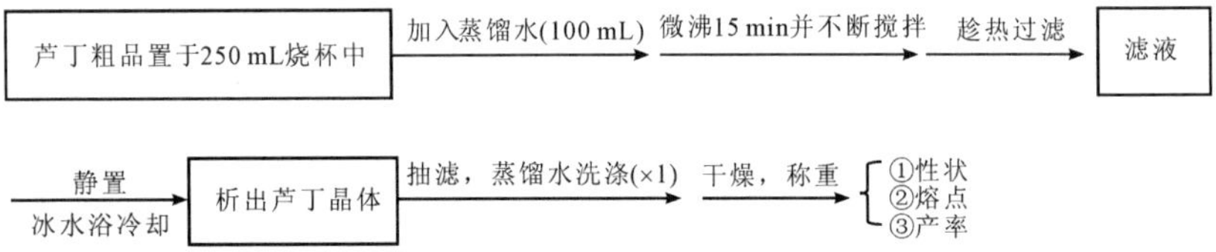


**3. 芦丁的水解和纸色谱鉴定**

1)芦丁的水解

取精制芦丁 1 g，研细后置于 250 mL 圆底烧瓶中，加入 2% $H_2SO_4$ 溶液 80 mL，小火微沸 40 min。开始加热约 10 min 可见溶液澄清，继续加热析出黄色针状结晶，即槲皮素。反应液冷却至室温，抽滤，滤饼用蒸馏水洗至滤液呈中性，得槲皮素粗品。加入 95% 乙醇 50 mL，加热回流，使槲皮素粗品溶解，趁热抽滤，滤液静置 30 min，晶体充分析出后抽滤，滤饼用适量蒸馏水洗涤，干燥，称重，计算产率。

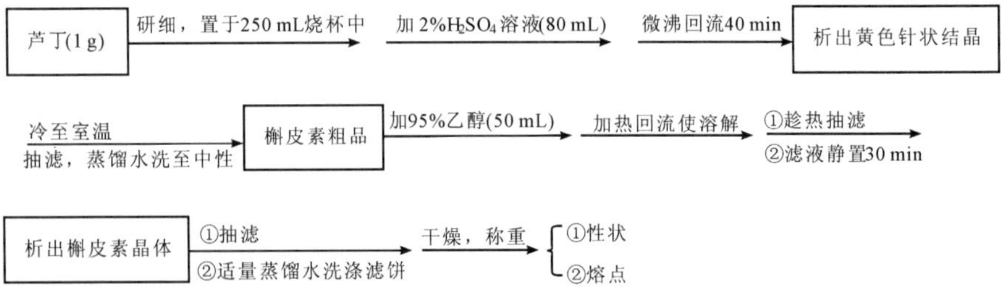


2)纸色谱鉴定

(1)点样：取新华一号色谱滤纸，规格：15 cm × 20 cm，在滤纸下端

2 cm处用铅笔画一直线，间隔 2 cm 用毛细管取下列样品或标准品溶液分别点样：①1％自制芦丁乙醇溶液；②1％芦丁标准品乙醇溶液；③1％自制槲皮素乙醇溶液；④1％槲皮素标准品乙醇溶液。

(2)展开：用极性为$V_{正丁醇}/V_{冰醋酸}/V_{水}=4:1:5$的展开剂上层上行展开。

(3)显色：展开完毕，将滤纸取出，标记溶剂前沿位置，待溶剂挥发后，先在自然光下观察色斑，再用 2％$AlCl_3$喷雾显色后观察。

(4)计算并比较样品与标准品的 $R_f$值。

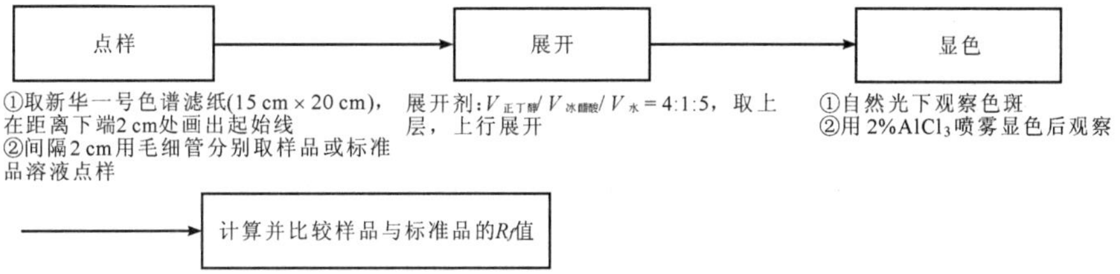


**4. 注释**

[1] 槐花米不宜粉碎得太细，否则用尼龙布过滤时容易堵塞滤孔，导致过滤缓慢，或是细小滤渣穿过滤孔，带入滤液。

[2] 加热前标记水位，加热过程中注意补充蒸发掉的水分，并使 pH 稳定在 8～9。

[3] 粗芦丁中混有杂质故颜色较深，精制后的芦丁产品为淡黄色粉末。

[4] 精制芦丁产率偏低的部分原因：①趁热抽滤时溶液温度下降，芦丁析出留在滤纸上；②部分芦丁未从槐花米中提取出；③芦丁转移过程中损失。

## 5.6.6　思考题

[1] 用浓 HCl 调节 pH 时，如果加入的浓 HCl 过量，pH 小于 3～4，会对实验产生什么影响？为什么？

[2] 通过从槐花米中提取芦丁的实验，总结用酸碱调节法提取中药活性成分的适用条件和一般原理。

# 第 6 章　综合性实验及合成设计实验

## 6.1　三组分混合物的分离

### 6.1.1　实验目的

(1)学习检索(查阅)文献，自拟设计实验方案的方法。

(2)通过学习三组分分离组分混合物(甲苯、苯甲酸、苯胺)的方法，使学生初步了解进行科学研究的一些基本过程和基本思路。

(3)训练和考核学生综合应用分离、提纯有机物的基本技能(萃取、常压、减压蒸馏、重结晶、熔点测定、干燥剂的选择使用等)，提高学生应用知识解决实际问题的能力。

### 6.1.2　实验内容

将甲苯、苯甲酸、苯胺三组分混合物分离并提纯，定性检验其存在，并测定提纯后的纯度，具体要求如下：

(1)自查资料，收集整理后写出设计实验方案(20 分)。

(2)据设计方案结合实验室能配备的条件完成三组分混合物的分离提纯，并定性检验其存在(鉴定)和测定相应的熔点、沸点(检纯)，计算产率(50 分)。

(3)在实验方案、实验操作的基础上完成设计实验的书写报告(30 分)。

### 6.1.3　实验要求

**1. 实验方案**

在归纳整理文献的基础上给出(写出)三组分混合物的分离提纯方法，实验方案应用的理论依据。根据实验室能够达到的条件，实验方案应详细结合实验所需的仪器、药品的规格和数量、实验步骤、实验操作要点、注意事项及环保安全等，最后应附上主要参考文献(至少 5 篇)。

参考文献格式：① [顺序号] 作者名. 文章题目 [J]. 期刊名，期号，页码范围. ② [顺序号] 作者名. 书名 [M]. 版次，出版社. 出版时间，页码范围.

以下列出了供参考的实验方案。

1)分离

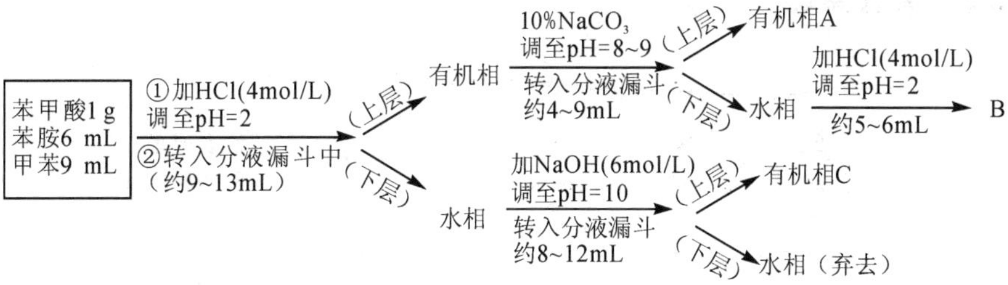


2)纯制

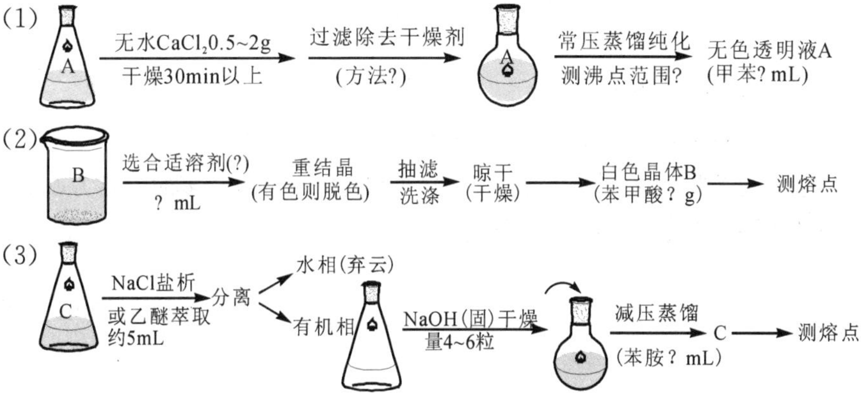


**2. 实验操作**

实验操作要求规范认真(实验过程权重 30 分)。

实验结束应按规范要求提交完整的实验记录(权重 20 分)。

**3. 设计实验报告**

必须具有归纳总结性的内容，对实验所用的方法与装置、详细的操作步骤、药品用量、实验记录和实验结果的完整报告，并对实验结果进行分析讨论。

# 6.2　透明皂的制备

## 6.2.1　实验目的

(1)了解透明皂的性能、特点和用途。

(2)熟悉配方中各原料的作用。

(3)掌握透明皂的配制操作技巧。

## 6.2.2　实验原理

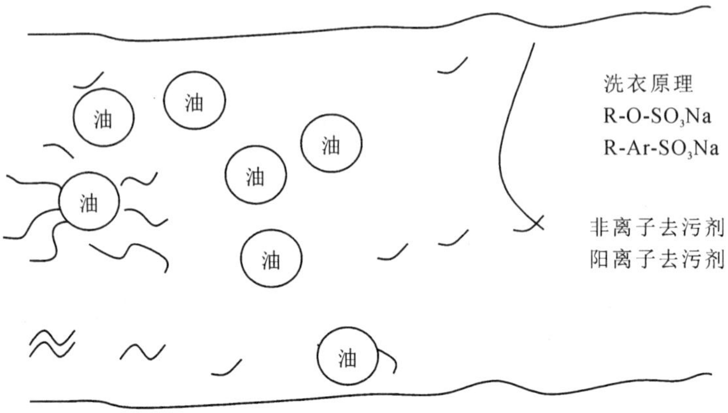


透明皂以牛羊油、椰子油、麻油等含不饱和脂肪酸较多的油脂为原料。与 NaOH 溶液发生皂化反应，反应式如下：

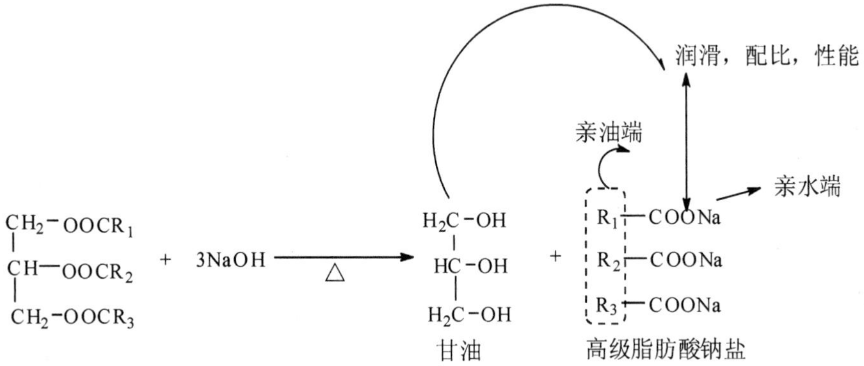

## 6.2.3　实验步骤

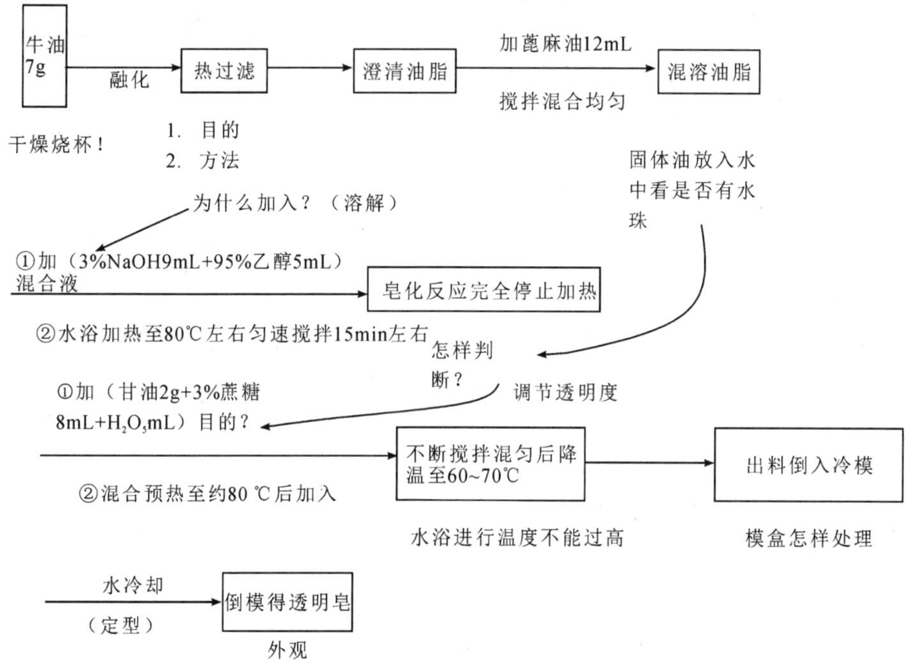


## 6.2.4　思考题

(1)为什么制备透明皂不用盐析，反而加入甘油？

(2)为什么蓖麻油不与其他油脂一起加入，而在加碱前才加入？

(3)牛油、蓖麻油有什么区别？为什么制它要加入多种油脂混合？只用其中一种行吗？

(4)制透明皂中加入甘油、蔗糖、水等溶剂，其目的是什么？为什么？

# 6.3　2，4-二氯苯氧乙酸的制备

## 6.3.1　实验目的

(1)了解 2，4-二氯苯氧乙酸的制备方法。

(2)复习机械搅拌、分液漏斗使用、重结晶等操作。

## 6.3.2　实验原理

本实验遵循先缩合后氯化的合成路线，采用浓 HCl 加 $H_2O_2$ 和 NaClO 在酸性介质中的分步氯化来制备 2，4-二氯苯氧乙酸。其反应式如下：

(1) 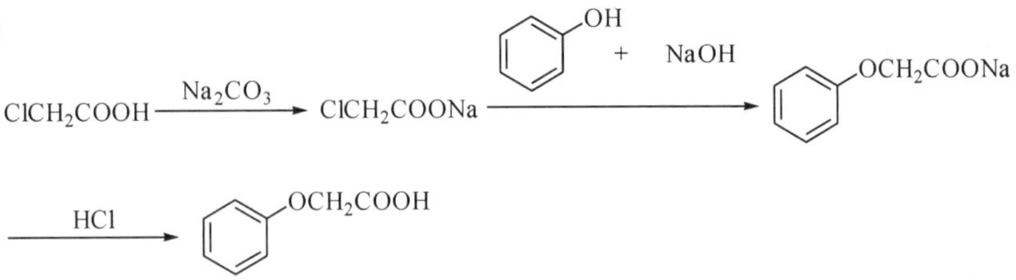

(2) 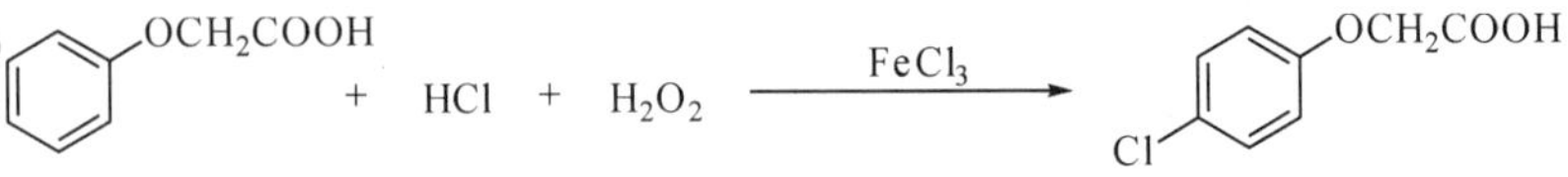

(3) 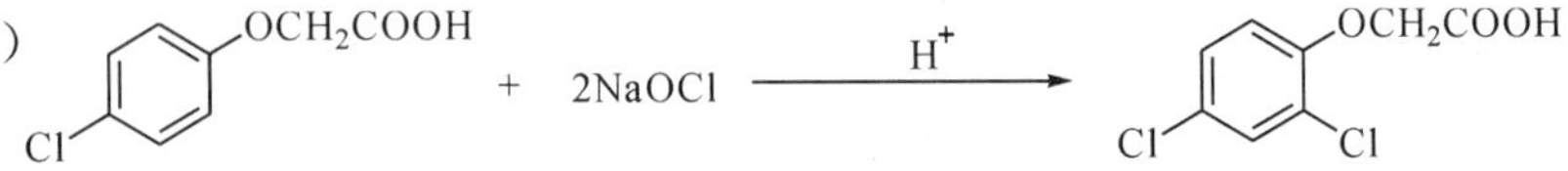

第一步是制备酚醚，这是一个亲核取代反应，在碱性条件下易于进行。

第二步是苯环上的亲电取代，$FeCl_3$ 作催化剂，氯化剂是 $Cl^+$，引入第一个 Cl。

$2HCl + H_2O_2 \rightarrow Cl_2 + 2H_2O$　　$Cl_2 + FeCl_3 \rightarrow [FeCl_4]^- + Cl^+$

第三步仍是苯环上的亲电取代，从 HOCl 产生的 $H_2O$+Cl 和 $Cl_2O$ 作氯化剂，引入第二个 Cl。

$HOCl + H^+ \rightleftharpoons H_2O + Cl$　　$HOCl \rightleftharpoons Cl_2O + H_2O$

## 6.3.3 主要试剂及产品的物理常数

二氯苯氧乙酸的制备过程中所需试剂及产品有氯乙酸、苯酚、饱和 $Na_2CO_3$ 溶液、35% NaOH 溶液、冰醋酸、浓盐酸、33% $H_2O_2$、NaClO、乙醇、乙醚、四氯化碳，表 6-1 中列出了苯酚、苯氯乙酸、氯乙酸及乙醚的物理常数文献值。

**表 6-1　主要试剂及产品的物理常数**

| 名称 | 分子量 | 性状 | $n_D$ | 熔点/℃ | 沸点/℃ | $H_2O$ | EtOH | $Et_2O$ |
|---|---|---|---|---|---|---|---|---|
| 苯酚 | 94.11 | 无色晶体 | 1.0700 | 43 | 181.75 | 热　溶 | 溶 | 易 |
| 苯氧乙酸 | 152 | 无色晶体 | | 98～100 | 285 | 热　溶 | 溶 | 溶 |
| 氯乙酸 | 94.50 | 无色晶体 | 1.5800 | 63 | 189 | 易 | 溶 | 溶 |
| 乙醚 | 74.12 | 无色液体 | 0.7138 | 116.2 | 34.51 | 微 | ∞ | ∞ |

## 6.3.4 基本操作训练

### 1. 操作步骤

1)苯氧乙酸的制备

(1)成盐：向 0.8g 氯乙酸和 10 mL 水的混合液中慢慢滴加 2 mL 饱和的 $Na_2CO_3$ 溶液，调 pH 到 7～8，使氯乙酸转变为氯乙酸钠。

(2)取代：在搅拌下向上述氯乙酸钠溶液中加入 0.5g 苯酚，用 35%NaOH

溶液调 pH 到 12，并在沸水浴上加热 20 min，期间保持 pH 为 12。

(3)酸化沉淀：向上述的反应液中滴加浓 HCl，调 pH 至 3～4，此时苯氧乙酸结晶析出。经过过滤、洗涤、干燥即得苯氧乙酸粗品。

2)对氯苯氧乙酸的制备

0.6g 苯氧乙酸粗品和 2 mL 冰醋酸的混合液在水浴上加热到 55 ℃，搅拌下加入 4 mg$FeCl_3$和 2 mLHCl。在浴温升至 60～70 ℃时，在 3 min 内滴加 0.6 mL 33%$H_2O_2$溶液。滴完后，保温 10 min，有部分固体析出。升温重新溶解固体，并经过冷却、结晶、过滤、洗涤、重结晶等操作即得精品氯苯氧乙酸。

3)2，4-二氯苯氧乙酸(2，4-D)的制备

(1)氯化：在摇动的状态下，向 0.2g 对氯苯氧乙酸和 2.2 mL 冰醋酸的混合液中分批滴加 3.8 mL5%NaOCl 溶液，并在室温下反应 5 min。

(2)分离：用 6mol/L 的 HCl 酸化至刚果红试纸变蓝，接着用乙醚萃取 2 次，在经过水洗涤后，用 10%$Na_2CO_3$溶液萃取醚层。

(3)上述碱性萃取液，加 5 mL 水后，用浓 HCl 酸化至刚果红试纸变蓝，此时析出 2，4-二氯苯氧乙酸。经过冷却、过滤、洗涤、重结晶等操作即得精品 2，4-二氯苯氧乙酸。

**2. 实验流程**

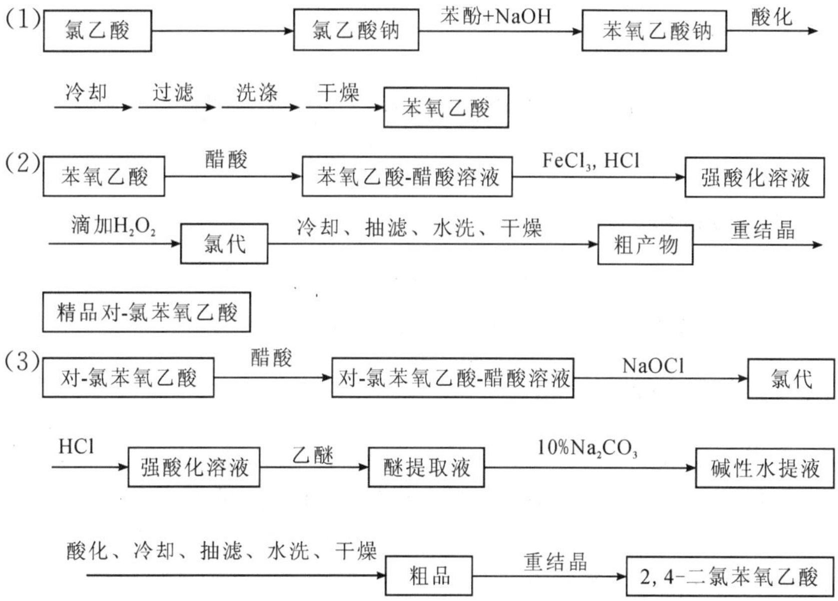


## 6.3.5 实验关键及注意事项

(1)先用饱和 $Na_2CO_3$ 溶液将氯乙酸转变为氯乙酸钠，以防氯乙酸水解。因此，滴加碱液的速度宜慢。

(2)HCl勿过量，滴加$H_2O_2$宜慢，严格控温，让生成的$Cl_2$充分参与亲核取代反应。$Cl_2$有刺激性，特别是对眼睛、呼吸道和肺部器官。应注意操作勿使气体逸出，并注意开窗通风。

(3)开始加浓HCl时，$FeCl_3$水解会有$Fe(OH)_3$沉淀生成，继续加HCl又会溶解。

(4)严格控制温度、pH和试剂用量是2，4-二氯苯氧乙酸制备实验的关键。NaOCl用量勿多，反应保持在室温以下。

### 6.3.6 产品性状、外观及产率计算

(1)2，4-二氯苯氧乙酸为白色粉末。

(2)以苯酚的量来计算2，4-二氯苯氧乙酸的量，其理论产量为：0.0053×221=1.17 g。

### 6.3.7 思考题

(1)从亲核取代反应、亲电取代反应和产品分离纯化的要求等方面说明本实验中各步反应调节pH的目的和作用。

(2)以苯氧乙酸为原料，如何制备对溴苯氧乙酸？为何不能用本法制备对碘苯氧乙酸？

## 6.4 邻苯二甲酸二丁酯的制备

### 6.4.1 实验目的

(1)了解邻苯二甲酸二丁酯的制备原理和方法。

(2)训练减压蒸馏操作及分水装置的操作和应用。

### 6.4.2 实验原理

邻苯二甲酸二丁酯大量作为增塑剂使用，称为增塑剂DBP，还可用作油漆、黏结剂、染料、印刷油墨、织物润滑剂的助剂。它是无色透明液体，具有芳香气味，不挥发，沸点为340 ℃，在水中的溶解度0.03%(25 ℃)，对多种树脂都具有很强的溶解能力。

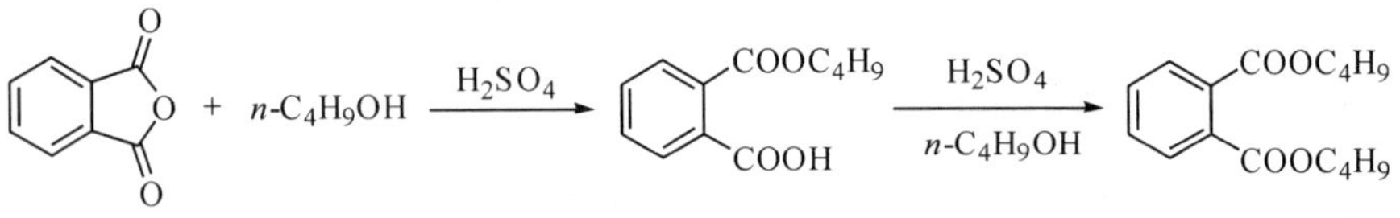

## 6.4.3　主要试剂

邻苯二甲酸酐，正丁醇，浓 $H_2SO_4$。

## 6.4.4　基本操作训练(含仪器装置和主要流程)

邻苯二甲酸二丁酯的制备需用到减压蒸馏操作及分水装置的操作。

**1. 实验流程**

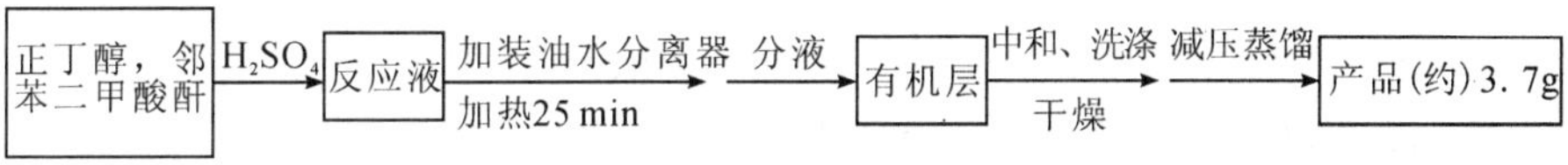


**2. 操作步骤**

(1)将 7.5 mL 正丁醇、3g 邻苯二甲酸酐和 0.2 mL 浓 $H_2SO_4$ 加入 25 mL 三口烧瓶，摇匀后固定在操作平台上。在三口瓶上装上温度计(离瓶底约 0.5 cm)和油水分离器，余下的一口用塞子塞住。分离器上口接装球形冷凝管。在油水分离器中加入水至支管相差 1.5 cm 处。

(2)小火加热让瓶内温度缓慢上升，当温度升至 140 ℃时(约需 25 min)，停止加热，待瓶内温度降至 50 ℃以下时将反应液转入分液漏斗，用 10 mL 5%$Na_2CO_3$ 溶液中和反应液，分出水层。再用饱和食盐水洗涤 2 次，彻底分除水层。有机层用少量无水 $Na_2SO_4$ 干燥后转入 10 mL 圆底烧瓶，加热先除去过量的正丁醇，再减压蒸馏，得产品 3.7g。纯产品沸点 340 ℃，$n_D^{20}=1.4911$。

## 6.4.5　实验关键及注意事项

(1)正丁醇和水易形成共沸混合物，将水带入油水分离器，上层为正丁醇，下层为水，应注意根据反应产生的水量来判断反应进行的程度。

(2)反应温度不可过高，以免生成的产物在酸性条件被分解。

(3)中和时应掌握好碱的用量，否则会影响产物纯度及产率。

## 6.4.6　思考题

(1)计算本次实验反应过程应生成的水量，以判断反应进行的程度。

(2)反应中有可能发生哪些副反应?

(3)若粗产物中和程度不到中性，对后处理会产生什么不利影响?

## 参考文献

关烨第，李翠娟，葛树丰，等. 2002. 有机化学实验. 第 2 版. 北京：北京大学出版社.

胡春. 2007. 有机化学实验. 北京：中国医药科技出版社.

黄涛. 1998. 有机化学实验. 第 2 版. 北京：高等教育出版社.

克劳泽·施韦特利克. 2010. 有机合成实验室手册. 第 22 版. 万均，温永红，陈玉，等译. 北京：化学工业出版社.

兰州大学，复旦大学. 1994. 有机化学实验. 第 2 版. 北京：高等教育出版社.

李霁良. 2013. 微型半微型有机化学实验. 第 2 版. 北京：高等教育出版社.

李晓霞，郭力. 2003. Internet 化学化工资源. 第 2 版. 北京：科学出版社.

宁永成. 1989. 有机化合物结构鉴定与有机波谱学. 北京：清华大学出版社.

王伯廉. 2000. 综合化学实验. 南京：南京大学出版社.

王福来. 2001. 有机化学实验. 武汉：武汉大学出版社.

日本国家高等工业科学术研究所. 有机化合物综合光谱数据库(http://www. aist. g. jp/RIODB/SDBS/Menu-e. html)

汪秋安，范华芳，廖头根. 2012. 化学工作者手册：有机化学实验室技术手册. 北京：化学工业出版社.

尤庆祥. 1998. 药物有机化学实验教程. 成都：成都科技大学出版社.

曾和平，王辉，赵蓓. 2014. 有机化学实验. 第 4 版. 北京：高等教育出版社.

周科衍，吕俊民. 1999. 有机化学实验. 第 3 版. 北京：高等教育出版社.

George W. 2006. 有机化学手册. 张书圣译. 北京：化学工业出版社.

Huckin S N，Weiler L. 1974. Alkylation of dianions of beta-keto esters. J Am Chem Soc，96(4)：1082 - 1087.

John C G，Stephen F M. 2011. Experimental organic chemistry. Fifth Edition. Boston：Brooks Cole.

Mary Fieser. 1990. Reagents for organic synthesis. Now York：Wiley-Interscience Publication.

Mayo D W，Pike R M，Forbes D C. 2013. Microscale organic laboratory：with multistep and multiscale syntheses. Sixth edition. New York：John Wiley&Sons.

Nimitz J S. 1991. Experiments in organic chemistry：from microscale to macroscale. Englewood Cliffs：Prentice-Hall.

Vogel A I. 1989. Vogel's textbook of practical organic chemistry. 5th edition. New York：Halstead Press.

Weiler L. 1970. Alkylation of the dianion of beta-keto esters. J Am Chem Soc，92 (22)：6702 - 6704.

Schoffstall A M. 2000. Microscale and miniscale organic chemistry laboratory experiments. Boston：MeGraw-Hill.

# 附　录

## TLC 常用显色剂

| 适用范围 | 显色剂名称 | 配制方法 | 使用方法 | 显色 |
|---|---|---|---|---|
| 通用 | $I_2$ 蒸气 | 将 $I_2$ 结晶置于密闭容器产生饱和 $I_2$ 蒸气 | 放入 $I_2$ 蒸气数分钟 | 黄棕色 |
| | $H_2SO_4$ | 浓 $H_2SO_4$：MeOH(1：1)或 5%$H_2SO_4$ 乙醇溶液 | 喷雾 110 ℃加热 5 min | 各种颜色 |
| | 磷钼酸试液 | 5%磷钼酸乙醇溶液 | 喷雾 120 ℃加热 | 蓝色 |
| 具还原性物质 | 中性 $KMnO_4$ | 0.05%$KMnO_4$水溶液 | 喷雾 | 淡黄色背景黄色斑点 |
| 生物碱 | 改良碘化铋钾试剂 Dragendoff's reagent | Ⅰ. 碱式硝酸铋 0.85g 溶于 10 mL 冰醋酸和 40 mL$H_2O$<br>Ⅱ. 8gKI 溶于 20 mL$H_2O$<br>贮存液：Ⅰ与Ⅱ等体积混合<br>喷雾剂：1 mL 贮存液、2 mL 冰醋酸和 10 mL$H_2O$ 混合 | 喷雾 | 桔红色 |
| | $I_2$-KI 试剂(wagner's reagent) | 1g$I_2$和 10gKI 加 50 mL$H_2O$ 溶解，再加 2 mL 冰醋酸，用 $H_2O$ 稀释至 100 mL | 喷雾 | 棕褐色 |
| | $Ce_2(SO_4)_3$－$H_2SO_4$ 试剂 | 将 0.1g$Ce_2(SO_4)_3$ 悬浮与 4 mL$H_2O$，加 1g 三氯乙酸煮沸，后滴加浓 $H_2SO_4$ 至混浊消失 | 喷雾 110 ℃加热 8 min | 各种颜色 |
| 还原糖 | 草酸苯胺试剂 | 0.9g 苯胺溶于 0.1 mol/L 草酸水溶液 100 mL 中 | 喷雾 100 ℃加热 | 粉红－棕红 |
| 糖 | 茴香醛-$H_2SO_4$ 试剂 | 1 mL 浓 $H_2SO_4$加至含 0.5 mL 茴香醛的 50 mL 乙醇溶液中(用时配) | 喷雾 105 ℃加热 | 颜色不一 |
| | α-萘酚-$H_2SO_4$ 试剂(Molish' reagent) | 21 mL 15%一萘酚乙醇溶液，13 mL 浓 $H_2SO_4$，87 mL 乙醇，8 mL$H_2O$ 混合 | 喷雾 100 ℃加热 3～6 min | 蓝色(鼠李糖橙色) |
| 黄酮 | 碱性试剂 | $NH_3$，10%NaOH 或 KOH 甲醇溶液 | 喷雾前后在日光和紫外灯下观察 | 本身颜色或荧光加强或改变 |
| | $AlCl_3$ 试剂 | 1%或 5%$AlCl_3$乙醇溶液 | | |
| | 醋酸镁试剂 | 2%$MgAc_2$ 甲醇溶液 | | |
| | $FeCl_3$ 试剂 | 1%～2%$FeCl_3$乙醇溶液 | | |

续表

| 适用范围 | 显色剂名称 | 配制方法 | 使用方法 | 显色 |
|---|---|---|---|---|
| 蒽醌 | 酸性试剂 | $NH_3$，10% KOH 甲醇，3% NaOH 或 $NaCO_3$溶液 | 喷雾日光和紫外灯下观察 | 本身颜色或荧光加强或改变 |
| | 醋酸铝试剂 | 0.5%$AlCl_3$溶液 | | |
| | 醋酸镁试剂 | 0.5%$MgOAc_2$甲醇溶液 | 喷雾 90 ℃显色 5 min | 紫色或红色等 |
| 香豆素，酚芳香胺和能偶合的杂环化合物 | 重氮化氨基苯磺酸试剂 | 0.9g 对氨基苯磺酸加热溶解于 9 mL 12mol/L HCl 中，用水稀释至 100 mL，取 10 mL，冷却，加热冰冷的 4.5% $NaNO_2$ 10 mL，0 ℃放置 15 min，用前加等体积 1%$NaCO_3$ | 喷雾 | 不同颜色 |
| 酚 | $FeCl_3$-铁氰化钾试剂 | Ⅰ．2%$FeCl_3$乙醇溶液<br>Ⅱ．2%铁氰化钾水溶液<br>使用前Ⅰ、Ⅱ等量混合 | 喷雾 | 蓝一紫色 |
| 挥发油 | 香草醛-$H_2SO_4$ 试剂 | 5%香草醛乙醇溶液 100 mL，临用加 4 mL 浓 $H_2SO_4$ | 喷雾<br>110 ℃加热 | 各种颜色 |
| | 茴香醛-$H_2SO_4$ 试剂 | 1 mL 浓 $H_2SO_4$加入 50 mL 冰醋酸中冷却加 0.5 mL 茴香醛 | 喷雾<br>105 ℃加热 | 各种颜色 |
| 有机酸 | 甲红-溴酚兰指示剂 | 1g 甲红、3g 溴酚兰溶于 95%乙醇 100 mL | 如展开剂有 HOAc，先于 120 ℃挥去喷雾 | 黄色背景红色斑点 |
| | 溴甲酚绿指示剂 | 1 mL 浓 $H_2SO_4$加至含 0.5 mL 茴香醛的 50 mL 乙醇溶液中(用时配) | | 蓝色背景黄色斑点 |
| 皂苷 | 血球试液 | 取羊血或兔血 1 份，加玻璃球不断振摇除去玻璃球和凝集的血蛋白，加 pH7.4$H_3PO_4$ 缓冲液 7 份稀释而成 | 喷雾 | 红色背景白色斑点 |
| 皂苷、萜 | 磷钼酸试剂 | 5%磷钼酸乙醇溶液 | 喷雾 140 ℃加热 5～10 min | 深蓝色 |
| 皂苷、强心苷、甾、萜 | $SbCl_3$ 试剂 | 25%或饱和 $SbCl_3$ 氯仿溶液 | 喷雾 100 ℃加热 5 min | 深蓝色 |
| | $SbCl_5$ 试剂 | 25%$SbCl_5$ 氯仿溶液 | 喷雾 100 ℃加热 5 min | 各种颜色 |
| 甾体、三萜 | 氯磺酸-乙酸试剂 | 氯磺酸∶乙酸(1∶2) | 喷雾 130 ℃加热 5 min | 各种颜色紫外灯下观察 |
| 皂苷 | 三氯乙酸试剂 | 三氯乙酸∶乙酸(1∶2) | 喷雾 120 ℃加热 | 黄色 |
| 强心苷、甾体 | 三氯乙酸试剂 | Ⅰ．25%三氯乙酸的乙醇或氯仿溶液<br>Ⅱ．取Ⅰ10 mL 加过氧去氢溶液 4 滴或与新配置的 3%对甲苯磺酰氯胺钠水溶液 4∶1 混合 | 喷雾 110 ℃加热 7～10 min | 紫外灯下观察荧光 |
| 皂甙及甾醇 | 醋酐-浓 $H_2SO_4$ 试剂（Liebermann-Burchard’s reagent) | 冷却下，小心将 5 mL 醋酐与 5 mL 浓 $H_2SO_4$ 混合，并将其加入 50 mL 无水乙醇中(用前配置) | 喷雾 100 ℃加热 10 min | 长波紫外灯下观察 |

续表

| 适用范围 | 显色剂名称 | 配制方法 | 使用方法 | 显色 |
|---|---|---|---|---|
| 强心苷 | 3，5-二硝基苯甲酸 | 2%3，5-二硝基苯甲酸甲醇溶液与2mol/LKOH溶液用前1∶1混合 | 喷雾 | 紫红色 |
| | 碱性三硝基苯试剂 | Ⅰ．间三硝基苯试剂100 mg溶于二甲基甲酰氨40 mL，再加浓$H_2SO_4$3～4滴，加水至100 mL<br>Ⅱ．5%$Na_2CO_3$溶液 | 先喷雾Ⅰ再喷雾Ⅱ90～100 ℃加热5 min | 浅橙色背景橙色红斑点 |
| 氨基酸 | 茚三酮试剂 | 茚三酮0.3g溶于正丁醇100 mL，加冰醋酸3 mL或0.2%乙醇溶液 | 喷雾 110 ℃加热 | 蓝紫色 |
| | 1，2-萘醌-4-磺酸试剂 | 1，2-萘醌-4-磺酸0.02g溶于5%碳酸钠溶液100 mL中(用前配置) | 喷雾室温干燥 | 各种颜色 |

# 有机化学文献常见英文缩写

| | | |
|---|---|---|
| **aa** | acetic acid | 乙酸 |
| **abs** | absolute | 绝对的 |
| **Ac** | acetyl | 乙酰基 |
| **ace** | acetone | 丙酮 |
| **al** | alcohol | 醇 |
| **alk** | alkali | 碱性的 |
| **anh** | anhydrous | 无水的 |
| **aqu** | aqueous | 水溶液 |
| **b** | boiling | 沸的 |
| **Bu** | butyl | 丁基 |
| **bz** | benzene | 苯 |
| **chl** | chloroform | 氯仿 |
| **con** | concentrated | 浓的 |
| **cr** | crystals | 晶体 |
| **dec，d** | decompose | 分解 |
| **dil** | diluted | 稀释的 |
| **sub** | sublime | 升华 |
| **DL，dl** | racemic | 外消旋 |
| **DMF** | dimethyl formamide | 二甲基甲酰胺 |
| **DMSO** | dimethyl sulfoxide | 二甲基亚砜 |
| **Et** | ethyl | 乙基 |
| **eth** | ethyl ether | 乙醚 |

| | | |
|---|---|---|
| **h** | hot | 热的 |
| **i** | insoluble | 不溶的 |
| **liq** | liquid | 液体 |
| **Me** | methyl | 甲基 |
| **mp** | melting point | 熔点 |
| **nd** | needles | 针状 |
| **peth** | petroleum ether | 石油醚 |
| **Ph** | phenyl | 苯基 |
| **py** | pyridine | 吡啶 |
| **pw** | powder | 粉末 |
| **s** | soluble | 可溶的 |
| **soln** | solution | 溶液 |
| **solv** | solvent | 溶剂 |
| **sulf** | sulfuric acid | 硫酸 |
| **temp.** | temperature | 温度 |
| **THF** | tetrahydrofuran | 四氢呋喃 |
| **W** | water | 水 |

# 常用溶剂的沸点、溶解性和毒性溶剂

| 名称 | 沸点/℃ (101.3 kPa) | 溶解性 | 毒性 |
|---|---|---|---|
| 液氨 | −33.35 | 特殊溶解性：能溶解碱金属和碱土金属 | 剧毒性、腐蚀性 |
| 液态二氧化硫 | −10.08 | 可溶解胺、醚、醇、苯酚、有机酸、芳香烃、溴、二硫化碳，多数饱和烃不溶 | 剧毒 |
| 甲胺 | −6.3 | 是多数有机物和无机物的优良溶剂，液态甲胺与水、醚、苯、丙酮、低级醇混溶，其盐酸盐易溶于水，不溶于醇、醚、酮、氯仿、乙酸乙酯 | 中等毒性，易燃 |
| 二甲胺 | 7.4 | 是有机物和无机物的优良溶剂，溶于水、低级醇、醚、低极性溶剂、强烈刺激性石油醚，与丙酮、乙醚、乙酸乙酯、苯、氯仿及甲醇以上高级醇混溶 | 与低级烷相似 |
| 乙醚 | 34.6 | 微溶于水，易溶于盐酸，与醇、醚、石油醚、苯、氯仿等多数有机溶剂混溶 | 麻醉性 |
| 戊烷 | 36.1 | 与醇、醚、氯仿、苯、$CS_2$ 等多数有机溶剂混溶，低毒性 | 低毒，麻醉性强 |
| 二硫化碳 | 46.23 | 微溶于水，与多种有机溶剂混溶 | 麻醉性，强刺激性溶剂 |
| 石油脑 | | 与乙醇、丙酮、戊醇混溶 | |
| 丙酮 | 56.12 | 与水、醇、醚、烃混溶 | 低毒，类乙醇 |

**续表**

| 名称 | 沸点/℃ (101.3 kPa) | 溶解性 | 毒性 |
|---|---|---|---|
| 1，1-二氯乙烷 | 57.28 | 与醇、醚等大多数有机溶剂混溶 | 低毒、局部刺激性 |
| 氯仿 | 61.15 | 与乙醇、乙醚、石油醚、卤代烃、四氯化碳、二硫化碳等混溶 | 中等毒性，强麻醉性 |
| 甲醇， | 64.5 | 与水、乙醚、醇、酯、卤代烃、苯、酮混溶 | 中等毒性，麻醉性 |
| 四氢呋喃 | 66 | 优良溶剂，与水混溶，可很好地溶解乙醇、乙醚、脂肪烃、芳香烃、氯化烃 | 吸入微毒，经口低毒 |
| 己烷 | 68.7 | 甲醇部分溶解，与高级醇、醚丙酮、氯仿混溶 | 低毒，麻醉性，刺激性 |
| 三氟代乙酸 | 71.78 | 与水、乙醇、乙醚、丙酮、苯、四氯化碳、己烷混溶、溶解多种脂肪族、芳香族化合物 | |
| 1，1，1-三氯乙烷 | 74.0 | 与丙酮、甲醇、乙醚、苯、四氯化碳等有机溶剂混溶 | 低毒类溶剂 |
| 四氯化碳 | 76.75 | 与醇、醚、石油醚、石油脑、冰醋酸、$CS_2$、氯代烃混溶 | 是氯代甲烷中毒性最强的 |
| 乙酸乙酯 | 77.112 | 与醇、醚、氯仿、丙酮、苯等大多数有机溶剂溶解，能溶解某些金属盐 | 低毒，麻醉性 |
| 乙醇 | 78.3 | 与水、乙醚、氯仿、酯、烃类衍生物等有机溶剂混溶 | 微毒类，麻醉性 |
| 丁酮 | 79.64 | 与丙酮相似，与醇、醚、苯等大多数有机溶剂混溶 | 低毒，毒性强于丙酮 |
| 苯 | 80.10 | 难溶于水，与甘油、乙二醇、乙醇、氯仿、乙醚、四氯化碳、$CS_2$、丙酮、甲苯、二甲苯、冰醋酸、脂肪烃等大多有机物混溶 | 强烈毒性 |
| 环己烷 | 80.72 | 与乙醇、高级醇、醚、丙酮、烃、氯代烃、高级脂肪酸、胺类混溶 | 低毒，中枢抑制作用 |
| 乙睛 | 81.60 | 与水、甲醇、乙酸甲酯、乙酸乙酯、丙酮、醚、氯仿、四氯化碳、氯乙烯及各种不饱和烃混溶，但是不与饱和烃混溶 | 中等毒性，大量吸入蒸气，可引起急性中毒 |
| 异丙醇 | 82.40 | 与乙醇、乙醚、氯仿、水混溶 | 微毒，类似乙醇 |
| 1，2-二氯乙烷 | 83.48 | 与乙醇、乙醚、氯仿、四氯化碳等多种有机溶剂混溶 | 高毒性、致癌 |
| 乙二醇二甲醚 | 85.2 | 溶于水，与醇、醚、酮、酯、烃、氯代烃等多种有机溶剂混溶。能溶解各种树脂，还是 $SO_2$、氯代甲烷、乙烯等气体的优良溶剂 | 吸入和经口低毒 |
| 三氯乙烯 | 87.19 | 不溶于水，与乙醇、乙醚、丙酮、苯、乙酸乙酯、脂肪族氯代烃、汽油混溶 | 有机有毒品 |
| 三乙胺 | 89.6 | 易溶于氯仿、丙酮，溶于乙醇、乙醚 | 易爆，对皮肤黏膜刺激性强 |

**续表**

| 名称 | 沸点/℃ (101.3 kPa) | 溶解性 | 毒性 |
| --- | --- | --- | --- |
| 丙睛 | 97.35 | 溶解醇、醚、DMF、乙二胺等有机物，与多种金属盐形成加成有机物 | 高毒性，与氢氰酸相似 |
| 庚烷 | 98.4 | 与己烷类似 | 低毒，刺激性、麻醉性 |
| 水 | 100 | 略 | 略 |
| 硝基甲烷 | 101.2 | 与醇、醚、四氯化碳、DMF 等混溶 | 麻醉性，刺激性 |
| 1，4-二氧六环 | 101.32 | 能与水及多数有机溶剂混溶 | 微毒，但其毒性强于乙醚 2～3 倍 |
| 甲苯 | 110.63 | 不溶于水，与甲醇、乙醇、氯仿、丙酮、乙醚、冰醋酸、苯等有机溶剂混溶 | 低毒类，麻醉作用 |
| 硝基乙烷 | 114.0 | 与醇、醚、氯仿混溶，溶解多种树脂和纤维素衍生物 | 局部刺激性较强 |
| 吡啶 | 115.3 | 与水、醇、醚、石油醚、苯、油类混溶，能溶多种有机物和无机物 | 低毒，皮肤黏膜刺激性 |
| 4-甲基-2-戊酮 | 115.9 | 能与乙醇、乙醚、苯等大多数有机溶剂和动植物油相混溶 | 毒性和局部刺激性较强 |
| 乙二胺 | 117.26 | 溶于水、乙醇、苯和乙醚，微溶于庚烷 | 刺激皮肤、眼睛 |
| 丁醇 | 117.7 | 与醇、醚、苯混溶 | 低毒，大于乙醇 3 倍 |
| 乙酸 | 118.1 | 与水、乙醇、乙醚、四氯化碳混溶，不溶于 $CS_2$ 及 C12 以上高级脂肪烃 | 低毒，浓溶液毒性强 |
| 乙二醇一甲醚 | 124.6 | 与水、醛、醚、苯、乙二醇、丙酮、四氯化碳、DMF 等混溶 | 低毒类 |
| 辛烷 | 125.67 | 几乎不溶于水，微溶于乙醇，与醚、丙酮、石油醚、苯、氯仿、汽油混溶 | 低毒性，麻醉性 |
| 乙酸丁酯 | 126.11 | 优良有机溶剂，广泛应用于医药行业，还可以用作萃取剂 | 一般条件毒性不大 |
| 吗啉 | 128.94 | 溶解超过二氧六环、苯和吡啶，与水混溶，溶解丙酮、苯、乙醚、甲醇、乙醇、乙二醇、2-己酮、蓖麻油、松节油、松脂等 | 腐蚀皮肤，刺激眼睛和黏膜，蒸气引起肝肾病变 |
| 氯苯 | 131.69 | 能与醇、醚、脂肪烃、芳香烃和有机氯化物等多种有机溶剂混溶 | 毒性低于苯，损害中枢系统 |
| 乙二醇一乙醚 | 135.6 | 与乙二醇一甲醚相似，但是极性小，与水、醇、醚、四氯化碳、丙酮混溶 | 低毒类，二级易燃液体 |
| 对二甲苯 | 138.35 | 不溶于水，与醇、醚和其他有机溶剂混溶 | 一级易燃液体 |
| 二甲苯 | 138.5～141.5 | 不溶于水，与乙醇、乙醚、苯、烃等有机溶剂混溶，乙二醇、甲醇、2-氯乙醇等极性溶剂部分溶解 | 一级易燃液体，低毒类 |
| 间二甲苯 | 139.10 | 不溶于水，与醇、醚、氯仿混溶，室温下溶解乙腈、DMF 等 | 一级易燃液体 |
| 醋酸酐 | 140.0 | 不溶于水，与乙醇、乙醚、氯仿等混溶 | 一级易燃液体 |

续表

| 名称 | 沸点/℃<br>(101.3 kPa) | 溶解性 | 毒性 |
|---|---|---|---|
| *N*，*N*-二甲基甲酰胺 | 153.0 | 与水、醇、醚、酮、不饱和烃、芳香烃等混溶，溶解能力强 | 低毒 |
| 环已酮 | 155.65 | 与甲醇、乙醇、苯、丙酮、己烷、乙醚、硝基苯、石油脑、二甲苯、乙二醇、乙酸异戊酯、二乙胺及其他多种有机溶剂混溶 | 低毒类，有麻醉性，中毒几率比较小 |
| 环已醇 | 161 | 与醇、醚、$CS_2$、丙酮、氯仿、苯、脂肪烃、芳香烃、卤代烃混溶 | 低毒，无血液毒性，刺激性 |
| *N*，*N*-二甲基乙酰胺 | 166.1 | 溶解不饱和脂肪烃，与水、醚、酯、酮、芳香族化合物混溶 | 微毒类 |
| 糠醛 | 161.8 | 与醇、醚、氯仿、丙酮、苯等混溶，部分溶解低沸点脂肪烃，无机物一般不溶 | 有毒品，刺激眼睛，催泪 |
| *N*-甲基甲酰胺 | 180～185 | 与苯混溶，溶于水和醇，不溶于醚 | 一级易燃液体 |
| 苯酚<br>(石炭酸) | 181.2 | 溶于乙醇、乙醚、乙酸、甘油、氯仿、$CS_2$ 和苯等，难溶于烃类溶剂，65.3 ℃以上与水混溶，65.3 ℃以下分层 | 高毒类，对皮肤、黏膜有强烈腐蚀性，可经皮吸收中毒 |
| 1，2-丙二醇 | 187.3 | 与水、乙醇、乙醚、氯仿、丙酮等多种有机溶剂混溶 | 低毒，吸湿，不宜静注 |
| 二甲亚砜 | 189.0 | 与水、甲醇、乙醇、乙二醇、甘油、乙醛、丙酮乙酸乙酯、吡啶、芳烃混溶 | 微毒，对眼睛有刺激性 |
| 邻甲酚 | 190.95 | 微溶于水，能与乙醇、乙醚、苯、氯仿、乙二醇、甘油等混溶 | 参照甲酚 |
| *N*，*N*-二甲基苯胺 | 193 | 微溶于水，能随水蒸气挥发，与醇、醚、氯仿、苯等混溶，能溶解多种有机物 | 抑制中枢和循环系统，经皮肤吸收中毒 |
| 乙二醇硫 | 197.85 | 与水、乙醇、丙酮、乙酸、甘油、吡啶混溶，与氯仿、乙醚、苯、$CS_2$ 等难溶，对烃类、卤代烃不溶，溶解食盐、氯化锌等无机物 | 低毒类，可经皮肤吸收中毒 |
| 对甲酚 | 201.88 | 参照甲酚 | 参照甲酚 |
| *N*-甲基吡咯烷酮 | 202 | 与水混溶、除低级脂肪烃可以溶解大多无机物、有机物、极性气体、高分子化合物 | 毒性低，不可内服 |
| 间甲酚 | 202.7 | 参照甲酚 | 与甲酚相似，参照甲酚 |
| 苄醇 | 205.45 | 与乙醇、乙醚、氯仿混溶，于 20 ℃在水中溶解 3.8%(wt) | 低毒，黏膜刺激性 |
| 甲酚 | 210 | 微溶于水，能与乙醇、乙醚、苯、氯仿、乙二醇、甘油等混溶 | 低毒类，腐蚀性，与苯酚相似 |
| 甲酰胺 | 210.5 | 与水、醇、乙二醇、丙酮、乙酸、二氧六环、甘油、苯酚混溶，几乎不溶于脂肪烃、芳香烃、醚、卤代烃、氯苯、硝基苯等 | 皮肤、黏膜刺激性、经皮肤吸收 |

**续表**

| 名称 | 沸点/℃ (101.3 kPa) | 溶解性 | 毒性 |
|---|---|---|---|
| 硝基苯 | 210.9 | 几乎不溶于水，与醇、醚、苯等有机物混溶，对有机物溶解能力强 | 剧毒，可经皮肤吸收 |
| 乙酰胺 | 221.15 | 溶于水、醇、吡啶、氯仿、甘油、热苯、丁酮、丁醇、苄醇，微溶于乙醚 | 毒性较低 |
| 六甲基磷酸三酰胺 | 233 | 与水混溶，与氯仿络合，溶于醇、醚、酯、苯、酮、烃、卤代烃等 | 毒性较大 |
| 喹啉 | 237.10 | 溶于热水、稀酸、乙醇、乙醚、丙酮、苯、氯仿、$CS_2$等 | 中等毒性，刺激皮肤和眼睛 |
| 乙二醇碳酸酯 | 238 | 与热水、醇、苯、醚、乙酸乙酯、乙酸混溶、在干燥醚、四氯化碳、石油醚中不溶 | 毒性低 |
| 二甘醇 | 244.8 | 与水、乙醇、乙二醇、丙酮、氯仿、糠醛混溶，与乙醚、四氯化碳等不混溶 | 微毒，经皮肤吸收，刺激性小 |
| 丁二腈 | 267 | 溶于水，易溶于乙醇和乙醚，微溶于$CS_2$、己烷 | 中等毒性 |
| 环丁砜 | 287.3 | 几乎能与所有有机溶剂混溶，除脂肪烃外能溶解大多数有机物 | |
| 甘油 | 290.0 | 与水、乙醇混溶，不溶于乙醚、氯仿、$CS_2$、苯、四氯化碳、石油醚 | 食用对人体无毒 |

# 常用溶剂极性表

| 溶剂 | 极性 | 黏性/$10^{-3}$Pa·s(20 ℃) | 沸点/℃ | 紫外吸收/nm |
|---|---|---|---|---|
| 异戊烷 | 0.00 | — | 30 | — |
| 正戊烷 | 0.00 | 0.23 | 36 | 210 |
| 石油醚 | 0.01 | 0.30 | 30～60 | 210 |
| 己烷 | 0.06 | 0.33 | 69 | 210 |
| 环己烷 | 0.10 | 1.00 | 81 | 210 |
| 异辛烷 | 0.10 | 0.53 | 99 | 210 |
| 三氟乙酸 | 0.10 | — | 72 | — |
| 三甲基戊烷 | 0.10 | 0.47 | 99 | 215 |
| 环戊烷 | 0.20 | 0.47 | 49 | 210 |
| 正庚烷 | 0.20 | 0.41 | 98 | 200 |
| 丁基氯；丁酰氯 | 1.00 | 0.46 | 78 | 220 |
| 三氯乙烯；乙炔化三氯 | 1.00 | 0.57 | 87 | 273 |
| 四氯化碳 | 1.60 | 0.97 | 77 | 265 |
| 三氯三氟代乙烷 | 1.90 | 0.71 | 48 | 231 |
| 异丙基醚；丙醚 | 2.40 | 0.37 | 68 | 220 |

**续表**

| 溶剂 | 极性 | 黏性/$10^{-3}$Pa·s(20 ℃) | 沸点/℃ | 紫外吸收/nm |
|---|---|---|---|---|
| 甲苯 | 2.40 | 0.59 | 111 | 285 |
| 对二甲苯 | 2.50 | 0.65 | 138 | 290 |
| 氯苯 | 2.70 | 0.80 | 132 | — |
| 邻二氯苯 | 2.70 | 1.33 | 180 | 295 |
| 二乙醚；醚 | 2.90 | 0.23 | 35 | 220 |
| 苯 | 3.00 | 0.65 | 80 | 280 |
| 异丁醇 | 3.00 | 4.70 | 108 | 220 |
| 二氯甲烷 | 3.40 | 0.44 | 40 | 245 |
| 二氯化乙烯 | 3.50 | 0.79 | 84 | 228 |
| 正丁醇 | 3.90 | 2.95 | 117 | 210 |
| 醋酸丁酯；乙酸丁酯 | 4.00 | — | 126 | 254 |
| 正丙醇 | 4.00 | 2.27 | 98 | 210 |
| 甲基异丁酮 | 4.20 | — | 119 | 330 |
| 四氢呋喃 | 4.20 | 0.55 | 66 | 220 |
| 乙醇 | 4.30 | 1.20 | 79 | 210 |
| 乙酸乙酸 | 4.30 | 0.45 | 77 | 260 |
| 异丙醇 | 4.30 | 2.37 | 82 | 210 |
| 氯仿 | 4.40 | 0.57 | 61 | 245 |
| 甲基乙基酮 | 4.50 | 0.43 | 80 | 330 |
| 二噁烷；二氧六环；二氧杂环已烷 | 4.80 | 1.54 | 102 | 220 |
| 吡啶 | 5.30 | 0.97 | 115 | 305 |
| 丙酮 | 5.40 | 0.32 | 57 | 330 |
| 硝基甲烷 | 6.00 | 0.67 | 101 | 380 |
| 乙酸 | 6.20 | 1.28 | 118 | 230 |
| 乙腈 | 6.20 | 0.37 | 82 | 210 |
| 苯胺 | 6.30 | 4.40 | 184 | — |
| 二甲基甲酰胺 | 6.40 | 0.92 | 153 | 270 |
| 甲醇 | 6.60 | 0.60 | 65 | 210 |
| 乙二醇 | 6.90 | 19.90 | 197 | 210 |
| 二甲基亚砜 | 7.20 | 2.24 | 189 | 268 |
| 水 | 10.20 | 1.00 | 100 | 268 |

# 一些基团的红外特征频率

| 基团 | $\sigma$/ $cm^{-1}$ | 强度 |
|---|---|---|
| 1. 烷基 | | |
| C—H(伸缩) | 2853～2962 | (m—s) |
| $—CH(CH_3)_2$ | 1380～1385 及 1365～1370 | (s)及(s) |
| $—C(CH_3)_3$ | 385～1395 及～1365 | (m)及(s) |
| 2. 烯基 | | |
| C—H(伸缩) | 3016～3095 | (m) |
| C═(伸缩) | 1620～1680 | (v) |
| $R—CH═CH_2$ | 985～1000 及 905～920 | (s) |
| $R_2C═CH_2$ | 880～900 | (s) |
| Z—RCH═CHR | 675～730 | (s) |
| E—R—CH═CHR | 960～975 | (s) |
| 3. 炔基 | | |
| C═C(伸缩) | ～3300 | (s) |
| CC(伸缩) | 2100～2260 | (v) |
| 4. 芳基 | | |
| Ar—H(伸缩) | ～3030 | (v) |
| 芳环取代类型(C—H 面外弯曲) | | |
| 一取代 | 690～710 及 730～770 | (v，s)及(v，s) |
| 邻二取代 | 735～770 | (d) |
| 间二取代 | 680～725 及 750～810 | (s) |
| 对二取代 | 790～840 | (s) |
| 5. 醇、酚和羧酸类 | | |
| OH(醇、酚) | 3200～3600 | (宽，s) |
| OH(羧酸) | 2500～3600 | (宽，s) |
| 6. 醛、酮、酯和羧酸 | | |
| C═O(伸缩) | 1690～1750 | (s) |
| 7. 胺 | | |
| N—H(伸缩) | 3300～3500 | (m) |
| 8. 腈 | | |
| CN(伸缩) | 2200～2600 | (m) |

注：s—强，m—中，v—不变。

# 核磁共振谱中 $CH_3$、$CH_2$、CH 基的化学位移

位移是按 H 的类型划分：(1)甲基、(2)亚甲基、(3)次甲基。

| 化合物 | 化学位移 | | 化合物 | 化学位移 | |
|---|---|---|---|---|---|
| | τ | δ | | τ | δ |
| (1)甲基 H | 5.7 | 4.3 | $CH_3CON(CH_3)_2$ | 7.9 | 2.1 |
| $CH_3NO_2$ | 5.7 | 4.3 | $(CH_3)_2S$ | 7.9 | 2.1 |
| $CH_3F$ | 6.1 | 3.9 | $CH_2{=}C(CN)CH_3$ | 8.0 | 2.0 |
| $(CH_3)_2SO_4$ | 6.1 | 3.9 | $CH_3COOCH_3$ | 8.0 | 2.0 |
| $C_6H_5COOCH_3$ | 6.3 | 3.7 | $CH_3CN$ | 8.0 | 2.0 |
| $C_6H_5{-}O{-}CH_3$ | 6.4 | 3.6 | $CH_3CH_2I$ | 8.1 | 1.9 |
| $CH_3COOCH_3$ | 6.6 | 3.4 | $CH_2{=}CH{-}C(CH_3){=}CH_2$ | 8.2 | 1.8 |
| $CH_3OH$ | 6.8 | 3.2 | $(CH_3)_2C{=}CH_2$ | 8.3 | 1.7 |
| $(CH_3)_2O$ | 7.0 | 3.0 | $CH_3CH_2Br$ | 8.4 | 1.6 |
| $CH_3Cl$ | 7.1 | 2.9 | $C_6H_5C(CH_3)_2$ | 8.7 | 1.3 |
| $C_6H_5N(CH_3)_2$ | 7.2 | 2.8 | $C_6H_5CH(CH_3)_2$ | 8.8 | 1.2 |
| $(CH_3)_2NCHO$ | 7.3 | 2.7 | $(CH_3)_3COH$ | 8.8 | 1.2 |
| $CH_3Br$ | 7.3 | 2.7 | $C_6H_5CH_2CH_3$ | 8.8 | 1.2 |
| $CH_3COCH_3$ | 7.4 | 2.6 | $CH_3CH_2OH$ | 8.8 | 1.2 |
| $CH_3SCN$ | 7.4 | 2.6 | $(CH_3CH_2)_2O$ | 8.8 | 1.2 |
| $C_6H_5COCH_3$ | 7.5 | 2.5 | $CH_3(CH_2)_3Cl(Br, I)$ | 9.0 | 1.0 |
| $(CH_3)_2SO$ | 7.7 | 2.3 | $CH_3(CH_2)_4CH_3$ | 9.1 | 0.9 |
| $C_6H_5CH_2CH_2COCH_3$ | 7.7 | 2.3 | $(CH_3)_3CH$ | 9.1 | 0.9 |
| $C_6H_5CH_3$ | 7.8 | 2.2 | (2)亚甲基 H | | |
| $(CH_3CO)_2O$ | 7.8 | 2.2 | $EtOCOC(CH_3){=}CH_2$ | 4.5 | 5.5 |
| $C_6H_5OCOCH_3$ | 7.8 | 2.2 | $CH_2Cl_2$ | 4.7 | 5.3 |
| $C_6H_5CH_2N(CH_3)_2$ | 7.8 | 2.2 | $CH_2Br_2$ | 5.1 | 4.9 |
| $CH_3CHO$ | 7.8 | 2.2 | $(CH_3)_2C{=}CH_2$ | 5.4 | 4.6 |
| $CH_3I$ | 7.8 | 2.2 | $CH_3COO(CH_3)C{=}CH_2$ | 5.4 | 4.6 |
| $(CH_3)_3N$ | 7.9 | 2.1 | $C_6H_5CH_2Cl$ | 5.5 | 4.5 |
| $(CH_3O)_2CH_2$ | 5.5 | 4.5 | *p*-$CH_3OC_6H_4CHO$ | 0.2 | 9.8 |

续表

| 化合物 | 化学位移 | | 化合物 | 化学位移 | |
|---|---|---|---|---|---|
| | $\tau$ | $\delta$ | | $\tau$ | $\delta$ |
| $C_6H_5CH_2OH$ | 5.6 | 4.4 | $CH_3CHO$ | 0.3 | 9.7 |
| $CF_3COOCH_2C_3H_7$ | 5.7 | 4.3 | 吡啶($\alpha$) | 1.5 | 8.5 |
| $Et_2C(COOCH_2CH_3)_2$ | 5.9 | 4.1 | $p$-$C_6H_4(NO_2)_2$ | 1.6 | 8.4 |
| $HCCCH_2Br$ | 6.2 | 3.8 | $C_6H_5CH{=}CHCOCH_3$ | 2.1 | 7.9 |
| $BrCH_2COOCH_3$ | 6.3 | 3.7 | $C_6H_5CHO$ | 2.4 | 7.6 |
| $CH_3CH_2NCS$ | 6.4 | 3.6 | 呋喃($\alpha$) | 2.6 | 7.4 |
| $CH_3CH_2OH$ | 6.4 | 3.6 | 萘($\beta$) | 2.6 | 7.4 |
| $EtCH_2Cl$ | 6.6 | 3.4 | $p$-$C_6H_4I_2$ | 2.6 | 7.4 |
| $(CH_3CH_2)_4N^+I^-$ | 6.6 | 3.4 | $p$-$C_6H_4Br_2$ | 2.7 | 7.3 |
| $CH_3CH_2Br$ | 6.6 | 3.4 | $p$-$C_6H_4Cl_2$ | 2.8 | 7.2 |
| $C_6H_5CH_2N(CH_3)_2$ | 6.7 | 3.8 | $C_6H_6$ | 2.7 | 7.3 |
| $CH_3CH_2SO_2F$ | 6.7 | 3.3 | $C_6H_5Br$ | 2.7 | 7.3 |
| $CH_3CH_2I$ | 6.9 | 3.1 | $C_6H_5Cl$ | 2.8 | 7.2 |
| $C_6H_5CH_2CH_3$ | 7.4 | 2.6 | $CHCl_3$ | 2.8 | 7.2 |
| $CH_3CH_2SH$ | 7.6 | 2.4 | $CHBr_3$ | 3.2 | 6.8 |
| $(CH_3CH_2)_3N$ | 7.6 | 2.4 | $p$-苯醌 | 3.2 | 6.8 |
| $(CH_3CH_2)_2CO$ | 7.6 | 2.4 | $C_6H_5NH_2$ | 3.4 | 6.6 |
| $BrCH_2CH_2CH_2Br$ | 7.6 | 2.4 | 呋喃($\beta$) | 3.7 | 6.3 |
| 环戊酮 $\alpha$-$CH_2$ | 8.0 | 2.0 | $CH_3CH{=}CHCH_3$ | 4.2 | 5.8 |
| 环己烯 $\alpha$-$CH_2$ | 8.0 | 2.0 | 环己烷 | 4.4 | 5.6 |
| 环庚烷 | 8.5 | 1.5 | $(CH_3)_2C{=}CHCH_3$ | 4.8 | 5.2 |
| 环戊烷 | 8.5 | 1.5 | $(CH_3)_2CHNO_2$ | 5.6 | 4.4 |
| 环己烷 | 8.6 | 1.4 | 溴代环戊烯 | 5.6 | 4.4 |
| $CH_3(CH_2)_4CH_3$ | 8.6 | 1.4 | $(CH_3)_2CHBr$ | 5.8 | 4.2 |
| 环丙烷 | 9.8 | 0.2 | $(CH_3)_2CHCl$ | 5.9 | 4.1 |
| (3)次甲基 H | | | $C_6H_5CCH$ | 7.1 | 2.9 |
| $C_6H_5CHO$ | 0.0 | 10.0 | $(CH_3)_3C{-}H$ | 8.4 | 1.6 |
| $p$-$ClC_6H_4CHO$ | 0.1 | 9.9 | | | |

# 常见有机溶剂间的共沸混合物

| 共沸混合物 | 组分的沸点/℃ | 共沸物的组成(质量)/% | 共沸物的沸点/℃ |
|---|---|---|---|
| 乙醇—乙酸乙酯 | 78.3，78.0 | 30∶70 | 72.0 |
| 乙醇—苯 | 78.3，80.6 | 32∶68 | 68.2 |
| 乙醇—氯仿 | 78.3，61.2 | 7∶93 | 59.4 |
| 乙醇—四氯化碳 | 78.3，77.0 | 16∶84 | 64.9 |
| 乙酸乙酯—四氯化碳 | 78.0，77.0 | 43∶57 | 75.0 |
| 甲醇—四氯化碳 | 64.7，77.0 | 21∶79 | 55.7 |
| 甲醇—苯 | 64.7，80.4 | 39∶61 | 48.3 |
| 氯仿—丙酮 | 61.2，56.4 | 80∶20 | 64.7 |
| 甲苯—乙酸 | 101.5，118.5 | 72∶28 | 105.4 |
| 乙醇—苯—水 | 78.3，80.6，100 | 19∶74∶7 | 64.9 |

# 实验室常用酸、碱的浓度

| 试剂名称 | 密度(20℃)/(g/mL) | 浓度/(mol/L) | 质量分数 |
|---|---|---|---|
| 浓 $H_2SO_4$ | 1.84 | 18.0 | 0.960 |
| 浓 $HCl$ | 1.19 | 12.1 | 0.372 |
| 浓 $HNO_3$ | 1.42 | 15.9 | 0.704 |
| $H_3PO_4$ | 1.70 | 14.8 | 0.855 |
| 冰醋酸 | 1.05 | 17.45 | 0.998 |
| 浓 $NH_3$ | 0.90 | 14.53 | 0.566 |
| 浓 $NaOH$ | 1.54 | 19.4 | 0.505 |

# 一些溶剂与水形成的二元共沸物

| 溶剂 | 沸点/℃ | 共沸点/℃ | 含水量/% | 溶剂 | 沸点/℃ | 共沸点/℃ |
|---|---|---|---|---|---|---|
| 氯仿 | 61.2 | 56.1 | 2.5 | 甲苯 | 110.5 | 85.0 |
| 四氯化碳 | 77.0 | 66.0 | 4.0 | 正丙醇 | 97.2 | 87.7 |
| 苯 | 80.4 | 69.2 | 8.8 | 异丁醇 | 108.4 | 89.9 |
| 丙烯腈 | 78.0 | 70.0 | 13.0 | 二甲苯 | 137～140.5 | 92.0 |
| 二氯乙烷 | 83.7 | 72.0 | 19.5 | 正丁醇 | 117.7 | 92.2 |

**续表**

| 溶剂 | 沸点/℃ | 共沸点/℃ | 含水量/% | 溶剂 | 沸点/℃ | 共沸点/℃ |
|---|---|---|---|---|---|---|
| 乙腈 | 82.0 | 76.0 | 16.0 | 吡啶 | 115.5 | 94.0 |
| 乙醇 | 78.3 | 78.1 | 4.4 | 异戊醇 | 131.0 | 95.1 |
| 乙酸乙酯 | 77.1 | 70.4 | 8.0 | 正戊醇 | 138.3 | 95.4 |
| 异丙醇 | 82.4 | 80.4 | 12.1 | 氯乙醇 | 129.0 | 97.8 |
| 乙醚 | 35 | 34 | 1.0 | $CS_2$ | 46 | 44 |
| 甲酸 | 101 | 107 | 26 | | | |

# 用于有机溶剂的中等强度的干燥剂

| 干燥剂 | 容量 | 速率 | 注解 |
|---|---|---|---|
| $CaSO_4$ | $1/2H_2O$ | 极快(1) | 以商品名 Drieritt 出售，加或不加颜色指示剂；非常有效，干时，指示剂($CoCl_2$)呈蓝色，吸水后变成粉红色(容量 $CoCl_2 \cdot 6H_2O$)；适用的温度范围为－50～＋86 ℃。某些有机溶剂能使 $CoCl_2$ 沥出或改变颜色(如丙酮，醇类，吡啶等) |
| $CaCl_2$ | $6H_2O$ | 极快(2) | 不是很有效；只用于烃或卤代烃(与含氮和含氮化合物形成溶剂化物、络合物，或发生反应) |
| $MgSO_4$ | $7H_2O$ | 极快(4) | 出色的通用干燥剂；非常惰性单可能呈弱酸性(避免用于对酸极敏感的化合物)，可能溶于某些有机溶剂 |
| 4Å 分子筛 | 高 | 块(30) | 非常有效，建议先用普通干燥剂后用此物，3Å 分子筛也是出色的干燥剂 |
| $NaSO_4$ | $10H_2O$ | 慢(290) | 非常温和，非常有效，便宜，高容量，适于初步干燥，但不可以使溶剂受热 |
| $K_2CO_3$ | $2H_2O$ | 快 | 对于酯、腈、酮，特别是醇，是良好的干燥剂，不可以用于酸性化合物 |
| NaOH，KOH | 极高 | 快 | 高效，但只适用于不会使它们溶解的惰性溶液，特别适用于胺 |
| $H_2SO_4$ | 极高 | 极快 | 极为有效，但只限于用来干燥饱和烃或芳香烃或卤代烃($H_2SO_4$ 会与烯或其他碱性化合物作用，而使之损失) |
| $Al_2O_3$ 或硅胶($SiO_2$) | 极高 | 极快 | 特别适用于烃，应该研细；用过后加热($SiO_2$ 加热活化温度为 300 ℃，$Al_2O_3$ 活化温度为 500 ℃)就可以重新活化 |